钢铁视野

于 勇 编著

北 京
冶 金 工 业 出 版 社
2020

内 容 提 要

本书是一本企业家与媒体人的对话集，收录了世界钢协主席，河钢集团党委书记、董事长于勇2014年以来接受媒体采访的59篇访谈文章，展示了作者对钢铁产业适应经济发展新常态、去规模化的供给侧结构性改革、关注客户与市场、全球化定位、高质量发展等的深度思考和真知灼见。本书既反映了钢铁企业高质量发展的实践探索过程，又展现了一位改革开放中成长起来的企业家的思想发展过程。

本书可供企业管理人员阅读参考。

图书在版编目(CIP)数据

钢铁视野/于勇编著．—北京：冶金工业出版社，2020.7
ISBN 978-7-5024-8576-4

Ⅰ.①钢… Ⅱ.①于… Ⅲ.①钢铁企业—工业企业管理—研究—中国 Ⅳ.①F426.31

中国版本图书馆CIP数据核字(2020)第103556号

出 版 人 陈玉千
地　　址 北京市东城区嵩祝院北巷39号 邮编 100009 电话 (010)64027926
网　　址 www.cnmip.com.cn 电子信箱 yjcbs@cnmip.com.cn
责任编辑 刘小峰 雷晶晶 美术编辑 郑小利 版式设计 孙跃红
责任校对 王永欣 责任印制 李玉山
ISBN 978-7-5024-8576-4
冶金工业出版社出版发行；各地新华书店经销；三河市双峰印刷装订有限公司印刷
2020年7月第1版，2020年7月第1次印刷
169mm×239mm；23.5印张；293千字；366页
89.00元

冶金工业出版社 投稿电话 (010)64027932 投稿信箱 tougao@cnmip.com.cn
冶金工业出版社营销中心 电话 (010)64044283 传真 (010)64027893
冶金工业出版社天猫旗舰店 yjgycbs.tmall.com
(本书如有印装质量问题，本社营销中心负责退换)

序

《钢铁视野》是一本企业家与媒体人的对话集，内容涵盖了世界钢协主席，河钢集团党委书记、董事长于勇同志对钢铁产业适应经济发展新常态的市场化变革、供给侧结构性改革、全球化发展定位的不懈探索和深度思考。在真诚的对话沟通和精彩的思想碰撞中，呈现出一位改革践行者的独特视角和真知灼见，既是钢铁企业高质量发展的实践探索过程，又是一名改革开放中成长起来的企业家的思想发展过程。

现在说到钢铁，不少人会想到这是一个传统产业，甚至是夕阳产业。但我认为，钢铁业是一个常青产业。为什么这样讲？人类社会自使用铁器替代青铜器，2000 多年来，作为基础材料的钢铁深刻影响和改变了世界政治经济、社会文化、科技进步、生产生活形态方式的历史演进。近现代三次工业革命以来，尽管新业态、新产业层出不穷，各种新材料不断涌现，但钢铁犹如粮食之于人类，支撑着工业的骨架，地位依然无法撼动。特别是对于中国这样（产业门类齐全）的大国，钢铁不可或缺，至少在可以预见的未来，还将如此。

河钢这几年从一个地方国有企业迅速成长为中国国际化程度最高、极具品牌影响力的跨国集团，令人刮目相看。造就这种变化的根源在哪里？通读此书，我以为以下三点最为关键。

不拘一域的视野和格局。“为众人眺望远方，比别人先行一步”，说到底是一种能力。我尤其赞同书中的一个观点：“理念领先优于资源领先”。这其实源于每个时代的可用资源皆由想法决定，做企业如果只能“看菜下饭，量体裁衣”，终究不可能有质的飞跃。对话当中呈现的河钢实践很好地诠释了这一点，从中我们可以看到，在钢铁行业潮起潮落的变革时代，河钢如何以敏锐的洞察力，放眼世界谋篇、携手强者共舞；如何以系统思维凝聚合力、激发动力、增添活力；如何不断打开束缚企业的“条框”“心结”，破解制约瓶颈，带来潜能释放。

“不谋全局者，不足谋一域”。今天，全球视野和全球责任担当，已经成为新商业文明的核心部分。未来的中国企业家尤其需要具备这样的认知格局，洞察行业有哪些新变化、技术和商业模式上有哪些创新、企业面对哪些重大机遇和挑战，并时刻为解决这些问题未雨绸缪，勿临渴而掘井。

不拘一时的使命和担当。钢铁其实是一个载体，承载的是钢铁人的价值信仰和使命追求。“一代人有一代人的使命，一代人有一代人的担当”。能负重前行，敢担当，事业才能一往无前。谋求以未来决定现在的发展抉择尤需如此，《钢铁视野》勾勒出一条清晰的战略脉络：严峻的市场形势倒逼机制组织变革，河钢收获了比短期效益更加珍贵的可持续发展能力；市场由大众化、同质化向定制化、个性化转变的趋势，催生了河钢去规模化变革机制，形成了适应和引领中、高端需求的供给方式；敏锐的机遇把握能力，让河钢迅疾捕捉到国际产业资本重组的窗口期，构建起基于“营销服务、技术研发、生产制造”三大平台的产业链全球化布局。顺势而为，谋定后动；环环紧扣，步步为营。我们从中感受到的既有企业领导者将产品、行业、国家经济命运凝合成一的理想坚守；也有把有限的空间资源、瞬息万变的机会价值重组的远见卓识；更有企业家在机制体制变革、市场资本融合共进中的纵横捭阖。“功成不必在我，功成必定有我”，说到底是一种责任。河钢的态度和行动恰是对此的生动诠释、有力注解。

不拘一格的创新和定力。作为行业精英和中国高度国际化钢铁集团领导人，于勇在与央视财经主持人陈伟鸿对话时提出的问题：“国际钢铁产业已经进入‘中国时代’，我们能为世界带来什么?”催人警醒。

解决方案源自问题本身。以“鼎新”带动“革故”，从共生迈向协同。他在河钢与华为、东北大学战略签约时讲，今天的钢铁相比昨天，理念、思路已经发生很大变化，中国钢铁业处于从点的突破向系统提升转换的关键时期，需要不断打破边界，汇聚现代社会最活跃的元素，实现深度互联并洞悉因果趋势的核心要义，开辟数字智能化时代的换道超车。这样的理性判断对于澄清迷思、促进实践意义深远。

创新不可能一蹴而就，关键技术和商业领域的突破是在不懈探索、不断修正中寻求最佳方案，别无他途。因此，需要一种定力，营造具有包容心、宽容度的创新氛围。唯有如此，我们才能够为世界贡献原创，并在新一轮产业价值链分工中获得先机。“勇者不惧，好谋而成”，说到底是一种胆识。河钢敢为人先并坚守与强者为伍的实践，让我们有理由相信，以创新之手推开机遇之门，最终会将命运牢牢握在自己手中。在这个大有可为的新时代，包括河钢在内的中国制造业必将更加奋发有为。

海德格尔给自己书的注解：道路而非著作。我觉得这句话很适合《钢铁视野》的定位。本书能使人受益，不仅在于认知层面，更在于具体实践层面，许多见解独具匠心，许多案例颇具操作性。管理是一种实践，更是一种理论思考。坚持从学习实践中持续思考，将思考融入当下的每一个行动，相信我们必会遇见更好的明天！

殷瑞钰
2020年5月18日
于北京

目　录

在改变中寻求希望与未来　/　91

当一条路走不下去的时候，并不一定是走到了尽头，更多的时候是应该转弯了。

与大势同向　与时代同行　/　165

企业走到一定阶段，认识和定位往往决定着它的未来。

在开放中分享机遇，为人类社会可持续发展和文明进步提供钢铁动力。

Part 1

到中流击水

超常的发展需要超常的勇气。要与强者为伍，与时代同行。

全球经济中的中国创新

2019年12月26~27日，世界钢铁协会主席，河钢集团党委书记、董事长于勇受邀出席了由中央广播电视总台财经频道、大公报在香港举行的第十届“央视财经论坛”，以“全球经济中的中国创新”为主题，围绕“创新的底气”“创新进行时”“创新的未来”三个话题，同金融界人士、知名专家学者、企业家做了深入交流研讨。

陈伟鸿：欢迎大家收看我们的“对话”。这里是香港，我们在第十届央视财经《香港论坛》的现场为各位制作和呈现本期对话。在今天节目一开始，我们先请大家来看大屏幕呈现的这样三个数字。第一个数字28.1%，这个数字是过去五年的时间当中，中国对世界经济增长的平均贡献率，排在全球第一。我们再来看中间的这个数字12.01%，这是我们中国承担的联合国会费的比例，目前我们中国是联合国会费的第二大提供国。接下来我们看第三个数字11.8%，作为全球最大的货物贸易国家，这是中国进出口占世界的一个比例。

所以这三个数字呈现在大家的眼前，我们看到的是中国经济对世界的贡献，也看到了我们中国承担的责任以及中国的担当。当中国经济在世界舞台上有了越来越亮眼表现的时候，未来中国会提供

本文为2020年1月5日中央电视台《对话》栏目访谈。

给世界怎样的动力，以怎样的创新去继续引领世界呢？

陈伟鸿：首先欢迎于总，在这期《对话》当中，我们会站在香港来关注中国和世界。就河钢而言，跟香港之间有什么样的渊源？

于勇（世界钢铁协会主席，河钢集团党委书记、董事长）：中国经济发展已经到了一个新的阶段，从原来主要是吸引外资到中国投资，引进国外的先进技术和装备，到推动产品出口，现在开始逐步地要走到海外去投资，做技术输出。在这个发展进程中，香港成为了中国企业进行海外投融资的一个平台，而且未来我们看到它的作用会越来越重要。河钢这些年的高速发展，应该说也得益于香港独特的金融和全球的结算体系。举个简单的例子，河钢现在一年从境外运来的铁矿粉突破1亿吨，这1亿吨的交易是在香港完成的，人民币的总值突破了500亿元。

陈伟鸿：我们看到，随着我国日益融入全球经济体系，越来越多具有国际视野，熟悉国际规则的企业家和专家在国际竞争与合作中迅速成长，开始在国际组织机构、行业协会中担任重要职位，他们身上的思维方式与中国经验，能够为世界经济发展贡献怎样的中国智慧？于总，首先对您的当选表示祝贺，有一个问题，世界钢协主席是如何产生的？您是如何当选的？

于勇：先给大家介绍一下世界钢协。世界钢铁协会于1967年7月10日成立，是一家非营利的行业组织，总部设在比利时布鲁塞尔，2006年4月在北京设立代表处。世界钢铁协会是世界上规模最大、活跃度最高的行业协会之一，会员遍布世界各主要产钢国，覆盖钢铁生产企业、国家和地区钢铁行业协会及钢铁研究机构，粗钢产量占全球粗钢总产量的85%左右。从行业协会组织来讲，它也是很有分量的一个组织，不仅在全球钢铁事务中发挥核心作用，也在事关全球钢铁行业发展的主要战略性问题上具有很强的话语权，尤其是在经济、环境和社会可持续发展方面，与联合国经济及社会理事会经济合作与发展组织的商业和行业咨询委员会具有合作关系，是联合国气候变化框架公约的认可观察员。比如说每年，像经济合作与发展组织论坛等世界级的会议，都会有世界钢协的声音和建议。

我是今年的10月15日，在墨西哥蒙特雷举行的第41届世界钢铁大会上被推举担任主席一职的。能够荣幸地当选世界钢协主席，应该说背后是中国钢铁行业取得巨大进步的强力支撑。2018年，我们国家钢铁总量已经占了全球的一半。世界上有两个国家在两个时间点，达到过产能接近全球一半。一个是美国，“二战”时期，产能是8000万吨，那时世界整个钢铁总产能是在1.5亿吨左右。2018年世界钢铁的总产量达到18亿吨，中国占了9亿吨。纵观160多年世界钢铁工业的发展历程，全球格局不断调整，“生产和消费重心”几经转移，依次从英国、美国到苏联、日本，现在进入“中国时代”。历经改革开放40年的快速发展，中国钢铁工业拥有了世界上最好的装备、工艺和技术，拥有了世界上最庞大、最职业的产业工人和全新的绿色制造理念，钢铁产量从1996年开始，连续23年保持世界第一，产量和消费量占据全球半壁江山，不仅有力地支持了中国改革开放和经济的飞速发展，也为世界钢铁行业提供了巨大的市场和合作平台，带动了全球钢铁及相关产业的大发展。中国钢铁工业的发展已成为本轮世界钢铁工业发展的主要推动力，也得到了世界同行的认可。

陈伟鸿：就是说，我们绝对是以实力胜出的。

于勇：对。河钢成为世界钢铁协会的主席单位，不是一个偶然、孤立的事件，这是中国强大综合国力的象征，也是世界同行对中国钢铁工业发展的高度认可。我们可以自豪地讲，目前世界钢铁工业发展已经进入“中国时代”，钢铁产业本轮的引领正由中国担当。为什么这样讲？世界钢协这个组织下面有一个14个成员单位构成的执委会，这个执委会成员由我们大家耳熟能详的钢铁业的巨头，像美国钢铁公司、奥钢联、纽柯、浦项、新日铁，以及安赛乐米塔尔等，这都是世界级的企业，来自十几个成员国的董事长或者CEO（首席执行官）作为执委会成员来投票选举，这十几位钢铁界的巨头对主席的要求是很苛刻的，必须要全票。一个人，甭说他不同意，不表态的话这个主席也是当不成的。所以，能够被一致认可，就意味着实力。这个实力背后是国家力量，是一个行业的高度。

陈伟鸿：我们看到了越来越多在快速发展中不断呈现出来的创新的力量，这就是我们期待将中国方案提供给世界的一个重要的理由。您刚才介绍了自己当选的过程，上任之后，您做的第一件事是什么？随着中国产业力量的提升，我们能带给世界经济怎样的动力？

于勇：当选世界钢协主席之后，我在第一时间思考，中国钢铁产业走到了世界舞台的中央，仅仅大是不够的。纵观钢铁工业的发展，无论是十九世纪初中叶，英国作为钢铁产业领导国家，还是后来的美国、日本、德国，历史上这些传统的工业国给钢铁行业都留下了很珍贵的财富，比如工艺的创新、技术的变革等。那么这次轮到中国了，轮到中国企业了，我们能够给世界留下什么？除了有体量，我们还应该有技术含量。在会上，作为新任主席有个发言，我发自内心地讲了一句话，在任期内，我将立足和广大会员一起，把世界钢铁带到一个新的高度。个人认为，未来中国钢铁的腰杆能不能硬起来，能不能为世界钢铁工业的发展做出新贡献，能不能成为引领钢铁行业发展的“世界第一”，最终取决于创新能力。所以我回国第一件事就是到了中国钢铁工业协会传递了这样的信息，另外我也和中国钢协其他成员们一并形成高度的共识，就是中国钢铁工业下一步就是质的提高，就是创新，要为世界钢铁工业发展史留下中国印记。我们需要深刻思考资源—能源约束、环境—生态约束等带来的挑战，通过高质量发展，解决更为高远的迈向绿色化、智能化等深层次命题，集中力量攻克关键共性技术难题，开发更高强度、更好性能、更长寿命的高效绿色钢材产品，充分体现出钢铁产业的绿色低碳价值。

在回到河钢集团后召开的第一个董事会上，我和全体董事达成了一个共识，就是河钢要率先在中国钢铁企业中，推广氢能冶炼工艺。这个项目将从分布式绿色能源、低成本制氢、焦炉煤气净化、气体自重整、氢冶金、成品热送、二氧化碳脱出等全流程进行创新研发，探索出一条世界钢铁工业发展低碳，甚至“零碳”经济的最佳途径，从改变能源消耗结构入手，彻底解决钢铁冶金过程产生的环境污染和碳排放问题，从而引领传统钢铁冶金工艺变革。这是代表世界未来钢铁工业一个发展方向的，同时也是向关注中国钢铁工业的世界同行表明一个态度，中国钢铁业不仅在规模上发展，也要在质量上提升，更重要的我们将会在能源结构、在实现绿色钢铁上，引领世界，引领全球。

陈伟鸿：在全球经济不确定性增强、经济下行压力增大的背景下，中国的创新会给世界经济增长注入怎样的新动能？

于勇：沟通与合作从来就是人类的共同需求，要在新一轮变革中实现钢铁工业可持续发展，必须加深与世界先进企业交流沟通，获取先进理念、信息、技术；必须积极有效地融入到全球价值链中，提高资源要素的配置能力和协同创新能力，共同创造一个良性发展、共创共赢的产业生态圈。

创新是引领发展的第一动力，也是实现钢铁产业高质量发展的决定性因素。在今天，“中国速度”已享誉世界，如何创造能够同样享誉世界的“中国质量”，显得尤为重要。因此，创新提高产品和服务质量，形成一批具有国际竞争力的高质量品牌企业和产品，既是钢铁工业作为国之基石，支撑国民经济转向高质量发展的使命与担当，也是抓住历史“窗口期”，创新比较优势、再造发展动力，提升行业发展质量和效益的新一轮机遇。

当今世界正处在一个大发展、大变革、大调整时期，只有更加开放合作才能实现钢铁行业的美好未来，中国钢铁的发展离不开世界，世界钢铁同样需要中国。自主创新从来都不意味着闭门造车。我们强调自主创新，但同样仰赖于灵活的市场机制和开放的竞争环境，站在促进钢铁产业更上一层楼的高度，我们当以更开放的心态聚合全球资源。在今天，中国钢铁早已深深烙上了全球资源要素互补和产业链协同的显著特征。随着中国经济结构的深度调整和世界钢铁产业发展格局的不断变化，快速发展的中国钢铁产业迫切需要新的空间，与世界顶级企业一起，在行业发展的原始创新方面携手共进。“十三五”以来，我国钢铁产业技术水平和装备水平不断提高；高效低成本冶炼技术、新一代控轧控冷技术、一贯制生产管理技术等一批关键共性技术广泛应用，新一代可循环钢铁流程在新建成企业中得到应用；企业主体装备总体达到国际先进水平。接下来，我们要瞄准世界科技和钢铁产业发展前沿，强化基础研究，实现前瞻性基础研究、引领性原创成果重大突破；提高原始创新、自主集成创新能力，进行行业基础和关键共性技术产业化创新，建立健全以企业为主体、市场为导向、产学研深度融合的技术创新体系；鼓励研究开发以基础零部件用钢、高性能海工用钢等为代表的先进钢铁材料；充分利用我国钢铁产业链完整的优势，围绕低能耗冶炼、节能高效轧制、钢铁流程智能控制等技术升级需求，突破关键共性技术和前沿引领技术，为实现我国钢铁工业由大到强的历史性跨越提供战略支撑。

“十三五”以来，河钢深化供给侧结构性改革，坚定走产品高端路线，以客户结构的优化推动产品升级，实现了品种结构的快速提升和效益空间的强力释放，找到了河钢高质量发展的“路径自信”。以产品升级和结构调整为例，2014年至今年一季度，河钢高技术含量、高附加值品种钢比例从29%提升到71%，成为企业历史上品种结构提升速度最快、幅度最大的时期。河钢已经成为国内最大的家电板和第二大汽车用钢供应商，实现了“整车造”和知名家电品牌“全覆盖”。未来制造业可能实现的最大价值和技术体现，不是在我们能看到的宏观里，而是在我们看不到的微观里，而且越微观的，是技术含量越深的。

陈伟鸿：走在这样的一条创新之路上，您关注的重点是什么呢？

于勇：从我国作为世界第二大经济体的稳健发展态势以及发展潜能来看，中国引领世界钢铁工业的时间跨度必将是一个较长阶段。未来中国钢铁为经济社会、世界钢铁工业发展的贡献，必须站在可持续发展的高度，从技术革新的角度去寻找突破口，持之以恒付诸实践，为世界烙下中国的钢铁印记。

一方面，在创新和服务上实现新的突破。人类对高质量生活的美好追求，正在呼唤着新的钢铁工序、新的钢铁创造。所以需要深刻解读绿色发展应有的内涵，引领传统钢铁冶炼技术的创新与变革。目前，河钢正在积极推进氢能在钢铁领域的应用。利用世界最先进的制氢和氢还原技术，打造世界上第一条氢冶金示范工程生产线，从改变能源消耗结构入手，彻底解决钢铁制造过程产生的环境影响和碳排放问题，从而引领传统钢铁冶金工艺变革。

另一方面，由关注钢铁本身向关注材料转变。钢铁行业更广阔发展空间，在于从钢铁向材料的转变。未来，要逐步建立材料研发和下道工序的对接机制，在做好钢铁产品本身的同时，围绕下道工序乃至再下游行业提供材料解决方案，提高系统研发能力，在钢铁新材料中传递专有技术，更好地引领世界钢铁工业的发展。

另外，尽快在智能制造上实现新的突破。随着智能制造的应用特别是5G技术的出现，钢铁行业原先实现不了的工业场景将变成现实。未来，将通过智能制造更好地应对客户端小型化、个性化、定制化的需求，匹配多元化的细分市场。目前，中国钢铁工业在智能制造上已经走在世界的前列，进一步实现新的突破，既有重大的现实意义，也将产生出示范效应，为世界钢铁工业带来指数级的变革。对企业来讲，创新可能更重要的是链接。最近，我们和华为、东北大学共同签署了行业很重要的一个协议，在5G和工业互联网支撑下实现中国钢铁工业的智能制造。中国现在走向世界舞台，那么我们未来带给钢铁行业重大的突破在哪？我们一致认为，未来中国钢铁工业一个颠覆性的、指数级的改变，可能不再依靠重大的装备或者工艺优化，而是在这些物质基础上，通过智能，通过链接，实现重大的颠覆性变革。为什么在这个阶段大家都关注智能制造？是因为社会发展到了这个历史阶段，离智能制造越来越近，而且我们有最好的物质、人才条件的积累和储备，让智能制造变为现实，成为可能。

陈伟鸿：创新的天空并不是永远都艳阳高照，有的时候创新的路恐怕真的不那么好走。我知道在2019年年底的时候，国际货币基金组织，再一次调低了他们对2020年世界经济增速的预期，已经低到3.4%，所以这样一个低增速的预期，会不会成为阻碍创新的一个小小的障碍？

于勇：不会的，创新除了有个好的外部环境以外，更重要的是内在的创新动力。我们并不看好的经济数据，会给我们做实体的人带来一种危机感，那么这个危机感恰恰会触动我们，激起我们的创新欲望，用我们的持续创新颠覆性发展、指数级变革来对冲外部环境的诸多不利。

以钢铁行业为例，我认为在经济高速增长期，企业不是真正靠核心竞争力拿到的效益，主要是依靠市场的利好。在行业高速发展期、高盈利期固化了的粗放型的发展模式是不可持续的。钢铁企业的健康发展就要颠覆这些传统思维和传统的经营模式。这两年来，河钢集团通过推进市场化的商业模式变革，让高盈利期屏蔽的企业内部问题得以暴露出来，靠产品创新、靠结构调整、靠流程改造，彻底改变了高盈利期形成的经营发展方式，还原了市场本来的面目，也因此收获了比效益更珍贵的可持续发展能力。

从另一个角度讲，作为一种基础材料，钢铁是工业化的粮食，在可以预见的未来，还未出现可以规模化取代钢铁的材料，因此，钢铁产业还将在现代工业体系中扮演主角。新中国成立特别是改革开放以来，我国能够成为全球唯一可以生产全部525种工业类产品的国家，作为原材料的钢铁功不可没。新世纪以来，中国钢铁工业在高端产品开发和新材料研制上不断实现重大突破，以百万千瓦级核电用钢、超超临界火电机组用钢等为代表的高端装备用钢已实现产业化，高强船板产量大幅提高，约占船板产量的一半，电工钢板、冷轧卷板、镀锌板等高端产品逐步替代进口，为“中国制造”奠定了坚实的原材料基础。同时，中国钢铁坚持绿色发展理念，在节能降耗、资源综合利用和改善环境方面取得了显著进步，可持续发展能力明显增强，已经具备了成为引领世界钢铁工业创新引擎的基础和能力。

陈伟鸿：我们希望创新，给这个世界，给我们的国家，给我们的行业，给我们的生活带来什么样的变化呢？于总会写什么样的关键词呢？

于勇：“新机遇”。其实每一次经济的波动，都预兆一次新的开始，我们面临的这次全球经济的整合期，同样会给河钢提供更多更好的优质资源，让河钢在全球资源配置上能够获得更多的机会。我相信这个机遇也一定会促使钢铁工业获得更大的发展。

在难中进，向高处行，把握“难”与“进”的辩证法，为理解中国钢铁工业未来提供了一个重要视角。我们身处一个非凡的时代，一个百年未遇的大变局中，经济形态和技术力量深远地改变着世界。这注定我们这些制造业者要担负起一种责任和使命，蹚出一条前人未行之路，完成新时代中国钢铁产业的换道超车。

历史已经把中国钢铁产业，把河钢推向了更加宽广的舞台，河钢人必将在新的时代有更大的担当、更大的作为。赢得未来，关键在先行一步。我们将不断把供给侧结构性改革向纵深推进，开拓企业发展的新境界。我们将抓住全球产业结构调整和资源整合的历史机遇，树立“全产业链、全资本链”理念和全球化的“跨界思维”，以“纵向更深、横向更宽”的新视角构建传统产业发展的新路径新业态，实现从传统产业的“追随者”向新产业、新业态的“引领者”转变。我们将积极响应国家“走出去”战略和“一带一路”倡议，持续推进河钢海外布局，以更加开放、包容的姿态积极融入全球钢铁产业链，在更高层次上建设“世界的河钢”。我们将努力回馈社会，用更绿色、更智慧的钢铁，让世界更加美好。

以改革创新适应行业“新常态”

习近平总书记2014年5月在河南考察时首次提出，“从当前我国经济发展的阶段性特征出发，适应新常态，保持战略上的平常心态。”以新常态来判断当前中国经济的特征，并将之上升到战略高度，表明中央对当前中国经济增长阶段变化规律的认识更加深刻，正在对宏观政策的选择、行业企业的转型升级产生方向性、决定性的重大影响。对于钢铁产业来讲，“新常态”将会有哪些影响，钢铁企业如何正确认识和适应“新常态”？就此，新华社记者专访了河钢集团党委书记、董事长于勇。

还原钢铁主业应有的先进性和竞争力

记者：在“新常态”这一历史阶段，作为传统产业，钢铁行业未来与之的契合点在哪里？河钢又是从哪里着手的？

于勇：可以说，在中国经济新常态的大背景下，作为传统产业的钢铁行业，已提前进入“新常态”。而这种新常态与整个中国经济的发展丝丝相扣、息息相关。我最近注意到《经济日报》评论员文章这样表述：新常态之“新”，意味着不同以往；新常态之“常”，意味着相对稳定。

当前，我国经济发展进入新常态已经成为共识，经济增长放缓以

本文原载于新华网2014年10月9日。

及经济结构调整带来的市场环境变化将对钢铁行业产生深远影响。新常态下，我国钢铁行业面临着一系列问题，主动适应新常态、把握新常态、引领新常态，是当前和今后一个时期行业发展的大逻辑。

我在集团内部会议上讲，现在不是我们产品竞争力不强、装备不先进，而是产品和产业链上有太多的附加成本，让我们失去了竞争力。原来高盈利期的时候，高附加成本是可以消化掉的。现在经济发展到了一个相对平衡的阶段，巨大的附加成本，就把钢铁企业原本已经不足的竞争力彻底抹杀掉了。现在钢铁行业的问题绝对不是产品、装备问题，而是我们在新的经济发展时期整体需要变革的问题，是高盈利期遗留下来的传统经营模式如何适应新形势的问题。

建立起适应“新常态”的生产经营模式，河钢集团恰是从削减附加成本、还原钢铁主业竞争能力入手，破解生存发展困境。年初时，我给大家算了一笔账：如果去除原料、动力、人工、财务费用四大基本要素，河钢附加成本，即与生产经营没有直接关系的非生产性开支，在总成本中占比20%，按当时成本计算，吨钢非生产性开支高达700元！一年下来就是300多亿元！这真是一个惊人的数字，同时也意味着惊人的潜力！

以此为依据，我们明确了全年资金管理刚性目标：不仅一分钱贷款不增加，还要大幅降低贷款规模！集团对子分公司实行一企一策的经营业绩考核办法，强化现金流与工资总额控制，将员工工资总额和管理人员薪酬与效益目标“双挂钩”，季度动态考核与年度考核相结合——“完不成绩效任务，全员收入都会直接受到影响”。以极其严酷的资金管控大环境，形成了资金费用控制的高压线和推动力。

上半年，我们在保持生产经营稳定的情况下，大力削减非生产费用支出，大幅度削减外委、外包、外雇费用，依法依规同比压减54%的用工成本。充分利用社会资源降低企业成本，推行“零库存”采购、商务车改革。这一系列“组合拳”逐步还原了钢铁主业应有的先进性和竞争力。一季度，在全国钢材平均价格跌至20年来最低点的困难形势下，河钢集团营业收入、利税、利润同比均实现大幅度增长。

通过产线对标挖掘更深层次潜力

记者：对标是企业的一个老话题，尤其是河钢旗下的河钢邯钢曾经成为全国工业企业学习的一面旗帜，在“新常态”下，河钢是如何运用好对标机制的？

于勇：任何事物都需要与时俱进。经济环境变了，企业装备、产品、工艺等方方面面也变了，如果支撑企业的理念体系依然没有变，这个企业就不会有活力。我们在实践中，创新提出“产线对标”的概念，聚焦点不再是单一产品成本、单项技术指标费用的对标，而是产线之间装备能力、产品档次以及劳动效率提升、人力资源配置等更深层次的对标，从根本上解决高端产线生产低端产品问题，更有效提高企业的管理水平和实际竞争力。

产线对标，让我们找到了真正的差距所在。产线对标的核心是产线资源配置。一个钢铁企业，除了高炉、炼钢转炉、轧机线，有多少人员在市场营销的岗位上？现实情况是大部分人员都在为这些产线服务，也就是说我们围绕着产线，衍生了太多的管理岗位和管理部门，这些管理岗位和部门不仅不直接创造效益，还极大地削弱了产线的效率、人员配置、分配制度。该去产线的人到了管理岗，产线该拿的高收入给了管理岗，产线该花的钱没有花到位。

在此基础上，我们以盈利能力和市场需求指导生产线，以创新改革思维推动产线效能提升，向浦项等国际先进企业看齐。2014年5月，河钢唐钢通过对标，围绕打造热轧薄规格产品、汽车用钢等8大类重点创效产品，倒逼管理架构、薪酬体系、技术人才队伍等一系列改革措施出台。

产线对标充分折射出我们在体制机制方面存在的突出问题，为了解决问题，我们提出了“两个关键”：关键人才向关键岗位配置，关键待遇向关键岗位倾斜。通过体制设计、制度安排和分配导向的激励作用，让沉淀在不同岗位的优秀专业人才愿意去生产一线、营销一线、科研一线。一是通过“三项制度”改革，让一线薪酬上升，二线薪酬降低，吸引专业技术人才去一线；二是通过加大培训力度，提升人员素质，让想去一线的员工有能力胜任一线工作；三是通过技术比武机制，加大对优秀技术人员的奖励力度，吸引大家重视技能提升。新的绩效考核制度实行后，河钢邯钢已从机关部室和二级单位选拔 110 名技术型人员充实到营销队伍，分赴上海、重庆、山东等 11 个驻点，不断开拓新市场和新用户，强化售后服务，使汽车板、优特钢等重点品种在上海、重庆、合肥等驻点形成了稳定的客户群体，实现稳定批量销售。

通过产线对标攻关，钢铁子分公司进一步明确了自身生产经营任务的重点和努力方向，盈利水平实现了总体提升；各条产线在人才资源配置、市场对接等方面也进行了较大幅度的改革和优化。今年上半年，集团总体优质品种钢比例提升 8.5 个百分点。

创新“普钢借鉴特钢”跨界销售模式，培育渠道和服务差异化优势

记者：销售是企业运营的核心环节，在“新常态”下，河钢经营模式上有哪些改变？

于勇：新常态之下，企业间的竞争，已经由原来的装备、产品与

成本的差异化，转变为渠道与服务的差异化。我们讲特钢思维，更多体现在产品定位、市场定位和客户定位上，体现在营销机制贴近市场上，从这个意义上说，这也代表着钢铁行业未来的方向。尤其是在技术服务营销上，一方面，技术人员面向生产线开发市场，从售前、售中到售后全过程参与，“一对一”为用户提供个性化、差异化技术服务；另一方面，企业与用户共建研发平台，将研发链条深度嵌入到战略用户的研发制造环节，持续为用户创造价值。

品种结构决定营销模式，营销模式反过来也制约品种结构和企业效益的提升，“大营销”理念的核心，绝对不是越集中越好，统得越死越好。直销、品种钢市场的开发和服务，既是对集团化销售模式的一种补充，更重要的是，能够培养一支适应河钢未来、形成市场化拉动、适应产销模式转变的新军。而懂技术、能够面向生产线开拓市场正是这支新军的必备素质。而培育具有稳定批量和发展前景的中高端用户群，以客户的需求引领产品结构的调整和产品档次的提升也是钢铁企业未来营销模式转型的重点。河钢集团创新营销模式是行业“新常态”下，深化营销系统市场化改革，积极培育渠道和服务差异化优势的立足点和着力点，也是企业制胜市场的重要法宝。上半年，河钢集团与49家大客户建立战略联盟，近200万吨拳头产品打入近百项国家重点工程，板材直供比例达到65%，比去年同期提高近5个百分点。

推进国际化战略，提高全球资源配置能力

记者：河钢在“走出去”上有哪些考量？目前取得了哪些成效？

于勇：中国作为世界最大的产钢国，河钢作为中国最大的钢铁企业，理应具有国际视野，我们也正在努力实现在全球拥有资源、市场

和客户，在全球展现中国钢铁的影响力。目前，河钢集团推进国际化战略已初见成效。集团借助瑞士德高等国际著名企业的全方位战略合作，上半年，累计出口钢材 327 万吨，较去年同期提高 64%，其中镀锌板、彩涂板等高附加值产品比例达到38%。与西门子奥钢联、浦项、德高等企业在节能环保产业等方面展开深层次合作，借鉴世界一流企业的发展理念和经营模式，河钢管理与发展水平在不断提升。

中国钢铁产业正快速融入全球市场，钢铁企业须尽快适应这一新常态，彻底打破封闭式的管理模式，创新全球市场一体化的经营理念，面向全球配置资源，向国外寻求发展出路，拓宽国际化发展道路。未来，河钢集团将充分借助海外市场和海外资源，提高国际化经营水平，释放海外投资效益。河钢集团的南非 PMC 公司资源优势转化为经济效益取得较大进展，2014 年铁精粉产销量将由去年的 600 万吨提高到 1000 万吨。集团全球化营销服务和市场渠道网络构架也已初步建成，利用德高公司和香港、新加坡公司三大贸易和融资平台，在提高“两种资源、两个市场”的开发利用水平上收到良好成效。

用市场化改革激发企业潜力

记者： 作为特大型钢铁企业集团的掌门人，您对当前行业面临的境遇有哪些认识和感受？

于勇： 当前，宏观经济形势的变化对钢铁行业的发展提出了新的要求，国家经济转型是在完成了量的积累基础上，实现质的转变的必然选择。物质丰富，供大于求是市场成熟的表现，未来没有哪一个行业长期高利润、长期资金宽松，这是钢铁企业必须面对的现实。就钢铁行业的发展来讲，改革开放30多年来，虽然也多次进行了改革的尝试和探索，但发展最快的还是装备和规模，经营理念特别是市场化的进程相对滞后。这就出现了我们在技术装备等“生产力”层面逐步与国际接轨，但在理念、模式、体制、机制等“生产关系”层面不能与之相匹配的矛盾。如果不能彻底解决钢铁企业“生产关系”不能完全适应“生产力”发展需要的问题，继续抱着传统的思维定式和经营模式不放，就会难以为继，更谈不上发展。

深化改革，必须冲着问题去，必须有明确的方向和目标，否则难免做无用功。钢铁企业需要改革，但是哪里要改？如何推进？如何保障？这是需要全行业深思和探索的问题。

事实上，当我们一条路走不下去的时候，就应该提倡另辟蹊径。现在，钢铁行业感觉到外部环境越来越严峻，压力越来越大，许多企业面临着生存与发展的双重考验。但这并不是说钢铁企业的路走到了

本文原载于《中国冶金报》2014年11月4日。

尽头，而是到了该转弯的时候，也就是钢铁行业到了真正要大变革的时期。

改革和创新会激发企业的内生动力，往往会事半功倍。所以，我们不能等，要敢于颠覆、敢于放弃一些传统的理念和做法。没有大胆的创新、大胆的变革，没有体制机制上的根本变化，我们是没有出路的。改变当前状况，需要紧紧抓住改革创新这条主线，通过改革创新注入新的活力，来破解工作中的难题，这是解决问题的关键所在。

记者：您认为采取哪些措施能够有效应对当前的挑战？

于勇：应该说，钢铁行业现在所遇到的环境不是特有的，现在也并不只是钢铁行业自己的日子不好过，只能说新常态到来之际，宏观经济变化对我们行业提出新要求的时候，如果沿用旧有的方式来应对，肯定是过不去的，所以必须改变做法，改变对策。

我最近读到著名经济专栏作家吴晓波的一篇文章，他说“弱者是改革创新的发动机”，如果引申一下，我认为，弱势行业同样是改革创新的发动机。

哈佛大学商学院教授克里斯坦森上世纪末在《创新者的窘境》一书中，提出了颠覆性创新的概念。我认为，钢铁产业走出当前困境，实现脱胎换骨转变的根本路径是立足于完全竞争行业的需要，彻底颠覆高盈利期固化下来的体制机制障碍，积极寻求变革，建立应对成熟市场、应对完全竞争行业的理念、机制和完全面向市场的生产经营模式，最大限度地去行政化，用市场的手段激发企业蕴藏的巨大潜力和活力。

以河钢的实践为例，我们把突破口选在了打破思维定式，进一步解放思想，颠覆传统习惯，全面推进市场化改革创新上。认识的高度、先进的理念、科学的观念是改革创新的前提，没有“破釜沉舟、颠覆传统”的勇气，没有“不改革、不创新企业便无路可走”的共识，没有“跨行业、跨时期”的认识高度，就难以设计出理想的改革模型。10月16日，河钢召开了以“市场化”为关键词的改革创新工作会议，明确提出2015年为河钢集团的“改革创新年”，在2014年成功实现“止血保链”的基础上，进一步释放改革红利，以市场化手段激发企业内生动力和活力。我们走出的第一步首先是打破思想藩篱，实现思维方式和思想观念的彻底转变。凡是计划经济体制和高盈利期形成的，没有体现出完全市场化的内容，都要大胆地解放思想、大胆地变革、大胆地颠覆。

改革创新是河钢集团适应行业新常态，解决企业在高盈利期形成的管理、运行模式、体制机制等诸多问题的重要抓手。今年以来，集团通过产线对标工作，折射出企业在管理体制、资源配置、运行机制等方面的一系列深层次问题，折射出企业在成本结构、工艺水平、产品结构，特别是分配制度和管理体制等诸多方面存在的差距。要全方位解决这些问题和差距，仅仅在原有工作上加大力度、增加强度是无法实现的。必须以改革创新的勇气，从根本上求变、求突破，在管控架构、管理体制、机制上进行大胆尝试和触碰。

记者：从今年以来的生产经营成效看，河钢取得了非常明显的进步，也得到了行业的高度关注，您是否能够具体谈谈河钢改革创新的着力点有哪些？

于勇：河钢重点围绕管理模式和经营方式进行市场化改革创新，最大限度地去行政化。我们充分认识到，行政化手段无法解决目前河钢面临的现实问题，当务之急是引入市场机制，用市场的手段解决高盈利时期下的管理结构、运营模式和机制体制问题。我们将通过改革创新与国际接轨，引入市场化理念和手段，彻底解决分配上的“大锅饭”问题、人力资源“错位配置”问题和选人用人渠道单一等问题。

管理模式改革重点是要在三项制度改革中加大力度。我们首先是从用人和分配的结构上进行调整。企业的竞争力和创效能力最终体现在产线和产品上，而企业历史形成的分配制度，把优秀人才配置到远离产线、远离技术、远离产品、远离市场的岗位上，这是在市场变革当中企业最陈旧、最落后的一面。我们通过分配制度市场化，解决思想理念上存在的重管理、轻生产或重生产、轻技术、轻市场的问题，充分发挥分配制度的导向和杠杆作用，把最优秀的人才吸引到生产、技术、营销一线，把最优质的资源配置到生产、技术、营销一线，把最优厚的待遇倾斜到生产、技术、营销一线，使员工以在一线工作为荣，进而激发每一个人的创造潜力和工作热情。未来，河钢集团很多关键岗位还将启动社会招聘，利用社会化的机制和手段，把国内外最优秀的人才吸引到河钢集团的工作岗位上来，包括集团总部、海外公司总部要实现跨国界工作，进一步融入国际发展的大环境。

记者：钢铁行业迈入渠道和服务差异化竞争的新常态后，创新营销模式、深化营销系统市场化改革变得尤为重要，在这方面，河钢有哪些做法？

于勇：经营方式的改革就是要推进营销体制的市场化。在营销理念、经营管理上，更多地融入市场管理，真正把营销团队变成市场团队，与研发、生产互为推动，共同提升产品竞争实力。强化特钢营销理念，加强战略营销、技术营销和服务营销，以高端客户拉动产品的升级换代，是河钢新常态下彻底颠覆传统经营方式、加快产品结构升级、提高产品盈利能力和品牌竞争力的有效手段。2014 年，集团推行普钢的特钢管理、特钢营销理念，取得了明显成效。1~9 月，集团板材产品直供比例达到 65%，比去年同期提高近 5 个百分点；旗下河钢唐钢汽车用钢等 8 大系列重点品种产销量达 171 万吨，创出历史最高水平；河钢邯钢高档产品比例突破 50%。

今年初，我们启动了销售总公司、采购总公司、国贸公司三大经营公司市场化改革，将专业公司变成独立法人，成为既服务集团内部又面向市场的创效单位。9月，按照去行政化，建立适应市场的国际化、效率型集团总部和创新型、学习型精英管理团队的原则，对集团总部管理机构进行了改革，集团总部管理人员由年初127人精干为85人。适应集团国际化发展需要，启动了国际化人才选拔、招聘、培养工作。

改革需要担当和勇气，更需要方法和智慧。员工是企业不可复制的竞争力，改革绝不能以牺牲员工利益为代价，改革要为企业长远发展负责，更要为员工长远利益负责。未来，河钢集团将以市场化的理念、国际化的视野、跨行业的思维全面推进改革创新，打造让员工信赖，受社会各界普遍尊重的全球最具竞争力钢铁企业。

改革要冲着问题去

记者：钢铁企业应对“新常态”需要改革已是共识，那么您认为怎样改？从哪里改？

于勇：首先，作为一个完全市场化的行业，产品完全进入市场化竞争的企业，管理体制机制依然沿寻几十年的管理经验去支撑，不改的确是不行了，我们的一切改革就是为了支撑产品完全市场化竞争的格局。

改革，必须冲着问题去，必须有明确的方向和目标。河钢目标非常明确，就是将改革的“刀锋”直接挥向自身生存发展的“瓶颈”。无论是削减附加成本、发展非钢产业，还是优化产品结构、改革销售格局，其目的只有一个，就是降低成本、提高售价，增强盈利能力。

从哪里改？我认为，第一，应当从思维方式和理念开始。任何一件事，认识不到，就不可能把这事做好。改革的前提要有认识高度，在国际、国内先进企业已经发生巨大变化的时候，在我们装备完全大型化、自动化、信息化的时候，依然用历史的标准去衡量一个完全现代化的企业，这样的认知程度怎么能驾驭这个企业的发展？这样的理念和思维方式怎么能跟上整个经济社会发展的步伐？所以说改革创新最核心的问题就是要解决认识问题、理念问题、思想意识问题，我们绝对不能让理念和思维方式阻碍企业改革创新的步伐。

第二，从根本上引入全面的市场机制。选择哪一条道路，需要从

本文原载于《中国冶金报》2015 年 1 月 12 日。

客观实际出发，也就是说要实事求是。就钢铁行业来讲，已经成为一个完全竞争的行业，钢铁产品已经成为一个最普通不过的商品，这个时候，就必须建立与之相适应的市场化管理体制机制，激发我们改革创新的动力和活力。河钢这次改革的目标，就是在内部每一个环节都全面引入市场化机制，要让大家直接感受市场的压力。

第三，加大分配制度、用人制度、考核制度市场化改革力度。一是引进市场理念解决分配制度问题。我们在用人结构、用人机制、经济杠杆上做了大胆的尝试，在重管理、轻生产，重生产、轻技术、轻市场的理念上实现大的突破，这也是解决我们企业深层问题，进一步激发每一个人潜力和工作行之有效的手段。二是逐步实现用人市场化。用人的市场化体现在破格提拔、队伍的年轻化上，更重要的是利用市场化的人才机制和手段把行业的优秀人才吸引过来。一个完全市场化的企业，很多资源必须是在市场上配置。三是管理机制的市场化改革。管理结构优化更重要的是在管理机制上真正实现扁平化，解决产线资源配置问题、管理架构问题、分配问题、层级过多问题。

河钢改革抓手是产线对标。与过去常规意义上的对标不同，产线对标不仅要对技术经济指标，还要对售价、品种结构、人员配置和工资待遇等指标，相当于从一条生产线透视出整个企业在生产效率、组织能力、管理水平和营销体系上的差距。

作为直接连接上游原燃料供应和下游用户需求的环节，钢铁企业的成本构成和产品售价最终都要体现在生产线上，生产线的竞争力直接决定着钢铁企业的生存和发展。由于生产线均由一线生产人员直接操作，产线对标无疑最大限度地将生产人员直接推向市场，引导他们去了解用户、了解竞争对手，从而使市场化的机制在企业内部充分地发挥作用。河钢的改革也因此实现了顶层设计和基层落实的有效结合。这也说明选准突破口是正确的改革方向能够落实在实际工作中的关键所在。

另外一个就是还原钢铁主业的先进性。行业发展到今天，并不是有先进技术和产品高度就能包打天下，这说明企业靠单个产品盈利，靠几个专利品种打天下的时代已经过去了，现在企业拼的是综合实力。这就是还原钢铁主业先进性的内涵。对于一个年产量4500万吨钢的企业来说，占据产量绝大部分比例的仍然是量大面广的产品，如何提高这部分产品的售价、降低生产成本，是事关河钢生存的关键问题。河钢正是抓住这一关键推进改革，才使企业发生了脱胎换骨的变化。

记者：改革会触动企业固有的利益格局，深化改革往往是非常困难的事情，河钢是如何推进的？

于勇：不再依赖外部的任何条件去减轻自身负担和压力，这是一句说起来容易做起来难的事情，有数不清的企业已经倒在了等待和依赖之中。一个企业最大的信心来源于能看到自己的问题，而且能够有办法解决这些问题。河钢的改革过程有一条清晰的主线，即针对宏观经济转型下企业已经暴露但尚未解决的问题，突破惯性思维的自我束缚，构建起适应新常态的发展模式和生产经营方式。这一主线引导着我们的思路更加清晰、措施更加有效，效果也就更加明显。

改革重在顺应人心，不能逆流而动。一个好的改革，必须以统一思想为先导。河钢的改革，我们始终坚持问题导向，搞好顶层设计，将营造奋斗环境和统一全员思想放在非常重要的位置，连根拔掉员工对外部环境的依赖，让大家能够理性看待变革、理性接受变革甚至主动变革，形成改革创新合力。

改革创新要敢于动真碰硬，敢于颠覆传统，要用重点领域和环节的创新，带动全局的变革和突破。当前企业内部“低垂的果实已经摘完”，一般性的措施很难挖出更深层次的潜力。河钢通过员工工资总额、管理人员薪酬与效益目标的“双挂钩”机制，以及动态考核与年度考核相结合的考核方式，将干部职工的利益与企业自身改革的效果紧密结合在一起，形成了员工和企业共同迎接挑战、推进改革的局面。强有力的保障是改革措施得到全员认可和推动的关键所在。

正如刘振江书记讲的，钢铁行业正在进行的结构调整，头脑之冷静、目标之明确、思考之全面、推进之稳妥是前所未有的。对于河钢同样如此，只有进行这样一场有目标、有措施、有保障的改革，才能让我们真正走上脱困图强之路。

建立适应“新常态”的生产经营模式

据中国钢铁工业协会日前发布的资料，2014 年前 4 个月，大中型钢铁企业销售利润率为-0.10%，由去年全年微利再次转入亏损状态。钢铁企业如何看待和应对当前严峻形势，日前，《中国冶金报》记者就此题采访了河钢集团党委书记、董事长于勇。

生产关系滞后于生产力发展的矛盾导致了产业现状

记者： 2014 年，是中央开启全面深化改革之年，是贯彻落实党的十八届三中全会和中央经济工作会议精神要求的关键之年。当前，钢铁行业经营形势日趋严峻，您如何看待这样的局面？

于勇： 造成钢铁企业盈利水平持续下滑的根本原因在于钢铁行业长期形成的粗放型经营模式难以适应钢铁产业结构调整的需要，导致积重难返、陷入困境。

过去持续高盈利的市场形势，掩盖了企业早已存在的深层次问题。比如，长期依靠高负债支撑的发展模式、高成本支撑的生产方式、低效率的资源配置模式、与用户和产品结构升级相脱节的商业模式等。这些暴露出来的体制机制和营销模式上的问题，使钢铁产业链附加了过高的成本，积淀了大量的低效资产，制约了竞争力的提升。从本质

本文原载于《中国冶金报》2014 年 6 月 21 日。

上讲，生产关系滞后于生产力发展的矛盾导致了产业现状。要解决当前的新问题和历史遗留问题，唯有以改革促发展，以创新促转型。

必须建立适应“新常态”的生产经营模式

记者：面对当前形势，钢铁行业如何才能走出困境？

于勇：改革创新是党的十八届三中全会和中央经济工作会议的核心关键词，中央要求把改革创新贯穿于经济社会发展的各个领域、各个环节，用改革的精神、思路、办法来激发市场活力，增强发展后劲。对我国钢铁行业来讲尤是如此。要真正摆脱困境，必须理性认识并适应市场的新常态，勇于挑战自我，敢于颠覆传统，以国际化的视野和市场化的思维，加快建立适应“微利时代”要求的生产经营模式和资源配置方式，收获观念转变、体制变革、机制创新带来的改革红利。

当前的客观形势表明，钢铁行业已到了必须直面市场、颠覆传统，以改革求生存、以创新求突破的转型发展时期，这将是未来钢铁行业运行的新常态。对于钢铁企业来说，只有坚持把改革创新贯穿于生产经营的各环节、各要素中，坚持以改革创新激发生存发展动力和创造活力，坚持以改革创新换思路、换做法，啃下“硬骨头”，扫除“拦路虎”，以超常的胆识和举措，使经营理念、发展模式、运行机制、管理体制等都很好地适应新形势的要求，才能开辟出更加广阔的新天地。

还原钢铁企业应有的先进性和竞争力

记者：面对当前形势，河钢有哪些应对的举措？取得了哪些成效？

于勇：一个企业最大的潜力是善于发现自己的问题，最大的信心来源于能够找到解决这些问题的方法。就像一个人一样，如果善于洞悉自己的不足，而且有勇气提升改进，就是一个优秀的人。河钢挖潜的突破口选在企业的改革和创新上。通过一系列“组合拳”，还原钢铁企业应有的先进性和竞争力。

一方面，河钢集团最大限度地削减附加成本，彻底颠覆高盈利时期形成的资源配置模式，着手建立低资金保障、低成本支撑的生产组织方式；大力削减原材料、动力、人工成本、财务费用四大基本要素以外的非生产费用支出，全面建立低廉的结构成本模型，依法依规清退产业链上各种外委、外雇、外包。

另一方面，全面推进产线对标，学习借鉴韩国浦项等世界一流企业的成功经验，通过体制变革和机制创新，将企业最优质的资源配置到产线上，将企业最优秀的工程技术人才吸引到产线上。未来，河钢集团最好的资源、最高端的人才、最丰厚的待遇将在产线上，我们的技术精英团队和产业工人队伍也将以自己工作的产线为荣。

与此同时，紧紧围绕产品和用户升级转变营销模式，积极培育渠道和服务差异化优势，以适应产业结构调整的新常态。河钢集团彻底颠覆以生产为中心的传统营销模式，强化“特钢”营销理念，加强战略营销、技术营销和服务营销，大力培育具有稳定批量和发展前景的中高端用户群，以用户群体的高端化，来拉动品种结构和品牌形象的高端化。1~5 月，我们已与 49 家大客户建立战略联盟，集团拳头产品打入近百项国家重点工程，板材直供比例达到 61%，比去年同期提高近 6 个百分点。

理念的领先优于资源的领先

记者：应对“新常态”，您有哪些思考和体会？

于勇：对于企业来讲，“新常态”来临，不仅改变经济运行的轨迹，也纠正和颠覆了长久以来影响人们的认知偏差与理念。“新常态”必须具有“新心态”，这就需要我们从变思路、换做法开始，敢于改变和颠覆传统做法。我认为理念的领先在一定程度上优于资源的领先。对于我们钢铁人来讲，几十年打拼到现在，我们从不缺乏勤劳奉献的精神。钢铁工业发展到今天，比勤奋、勤劳、勤俭更珍贵的东西，应该是理念、眼界和勇气。当前日趋严峻的行业形势，正是钢铁企业真正折射内部问题、挖掘内部潜力、提升竞争力的最佳窗口期。建立适应行业新常态的生产经营模式，恰恰是钢铁企业实现持续健康发展的根本出路。

前两天我看到有关资料介绍华为的“归零做法”，就是从“零”开始重新洗牌。如果根据企业现在的经营状况，重新设定各种费用指标，许多看似合理的费用根本就没有必要。这种“归零做法”就是在颠覆传统企业的原始做法，不是简单地将哪些费用降低多少，而是从根本上取消某些费用。这种做法对我们是有启发的，随着企业发展、技术进步、工艺完善、装备提升，我们不能再用传统的办法来核算成本、管理费用。

中国钢铁产业正快速融入全球市场。我们必须尽快适应这一新常态，彻底打破封闭式的管理模式，强化全方位的开放意识，树立全球市场一体化的经营理念。6月上旬，河钢集团与西门子奥钢联成功举办战略合作技术峰会，双方将共同打造资源能源利用效率显著提升、工艺保障能力不断增强、产品综合性能持续改进的全新经营发展模式。这也是河钢集团以全球视野推进国际化战略、提高资源配置能力的又一有力措施。目前，我们与西门子奥钢联、浦项、德高、哈斯科、威立雅等世界知名企业建立了战略合作关系，充分借鉴其发展理念和经营模式，提升管理与发展水平。

到中流击水

2014 年，在强大的市场压力之下，钢铁企业实施了一系列强有力的改革措施，尤其是河钢集团的产线对标、营销模式和三项制度改革等举措，取得了突出成效，“降低融资规模 270 亿元，实现全面扭亏”。从“突破口”的选择到全员的努力执行，河钢以改革创新为动力，建立适应新常态的发展模式、生产经营方式的战略思维和切实措施，对全行业都具有借鉴意义。为此，时任中国冶金报社社长陆闻言邀请河钢集团党委书记、董事长于勇详解河钢的改革思路及发展战略。

陆闻言： 过去的一年，资金风险不断在行业蔓延，一些企业先后爆出资金链断裂危机，警惕资金风险成为业界最常提到的字眼儿。正是在大多数企业为资金发愁之时，河钢集团 2014 年不仅没有增加一分钱贷款，还偿还了 30 亿元贷款，相当于比 2013 年同口径缩小融资规模 270 亿元。河钢有哪些独特的做法？您在实践中有哪些体会和感受能够与业内分享交流？

于勇： 任何一个事物的改变，包括一个企业发生巨大变化，都涉及各方面的关系和广泛的利益调整，如果没有相关方的参与和支持，就不可能形成强大的合力，所以说，变革必须从营造环境开始，这是第一位的。我们的思路很明确，要想达到企业发展的目标，必须把大家对外部环境的依赖感连根拔掉，不要再依赖外部的任何条件去减轻

本文原载于《中国冶金报》2015 年 1 月 10 日。

你的负担和压力，只能依靠自己。这是河钢产生积极变化的根本原因。

我们的第一个做法是营造艰苦奋斗的环境。着力点就是通过刚性的资金管控，让全体员工直接感受到来自外部环境的巨大压力。我给大家算了一笔账，钢铁企业维持正常的生产经营有四大基本要素，主要是原材料、动力、人工成本、财务费用。这四大要素成本在河钢约占吨钢成本的80%，剩下的20%是与企业维持基本生存无关的附加成本。按吨钢售价3700元计算，20%就是740元，4500万吨钢就是300多亿元。这是长期沉淀在钢铁产品上的附加成本。如果我们下定决心砍掉这些不必须的支出，是完全能够做到的！这样一算，降本空间也一下子明晰起来，从这个意义上讲，当外部市场发生变化以后，恰恰给企业带来了改变自己的机遇。2014年，河钢最大的变化是让全体员工对外部环境的巨大压力有了一个重新认识到适应改变的过程，也正是在此基础上，我们通过市场化改革创新，极大地激发了企业的内生活力和全员干事创业的热情，把企业蕴藏的巨大潜力，包括人才潜力、技术潜力、产品潜力、装备潜力等充分发挥了出来。

河钢改革创新的第二个做法是，重视全员思想的高度统一。从营造环境到对企业认识的高度一致，进而实现全员思想的高度统一，是改革创新顺利推进的关键和前提。一年来，集团不遗余力地向员工讲现状、讲局势，让大家更加明确企业所处的环境和面临的问题。我在干部大会上讲，现在所面临的一切问题都不是我们这些人造成的，但是这些问题为什么在这个时候爆发？因为我国经济发展转型，经济增速换档，供需关系发生变化，导致钢铁高盈利期结束，这些问题就浮出了水面。我们改革创新正是要解决这些问题，但是这些问题必须靠自己来解决。要理性看到这一点，把困难告诉干部职工，把改革创新的必要性、紧迫性告诉职工，让干部职工能够理性看待变革，这就形成了改革创新的合力。

河钢改革创新的第三个做法是还原主业先进性。首要的是最大限度地削减附加成本，对河钢来说，这比其他方法和手段来得更直接、更有效。河钢要追求技术进步和产品高度，但是并不是拥有了先进技术和产品高度就能包打天下。企业靠单个产品盈利，靠几个专利品种打天下的时代已经过去了，现在企业拼的是综合实力。

陆闻言：您刚才提到一个新词，“还原钢铁主业先进性”，那么在具体实践中应当从哪里入手，涵盖哪些方面的内容？

于勇：我认为，应当从三个方面入手。第一，根据自己的优势调整结构。我们在企业内部要大力倡导产品升级和结构优化，但更重要的是根据自身的装备水平和区位特点，最大限度地发挥自身的优势，而不是盲目地调整产品结构。现在一说调整结构就得出汽车板，一说产品升级就得说不锈钢。当然，这些确实是企业实力的象征，我们也在努力提升，但如果中国钢厂现在全部生产汽车板，那么汽车板也卖白菜价了。结构调整的真谛在于让产品能够适合市场需求。结构调整绝对不是简单地出高端产品，它既包括产品结构的调整，也包括生产组织方式和经营模式的调整。

第二，要切实减轻主业负担。国内钢铁企业综合盈利水平不高，并不是钢铁主业本身竞争力不行，而是附加在主业上的资源效益没有得到充分利用，导致附加成本过高。因此，发展非钢产业已经作为河钢集团的一个战略目标提出来了。根据我们的规划，第一个 4 年，非钢产业最主要的目标是消化 60 亿元人工成本，这是对还原钢铁主业先进性的最大贡献。河钢现有资产 3000 多亿元，非钢就占到 1300 亿元，非钢资产的利用效率提升对河钢至关重要。目前，非钢产业占用钢铁主业的很多资源没有得到充分利用，原因是多方面的。一是过去我们对非钢资产的效率没有整体评价，没有全局性发展目标。现在对非钢资产进行统计分析，下一步就要提出年度创效目标。钢铁主业现在有

30%～40%的资源已经配置给非钢了，但是并没有取得本该拿到的经济效益，我们必须对非钢资产提出明确的效益目标。二是盘活非钢资产，光靠钢铁企业自身还不够，所以下一步我们要加快引入社会资本发展混合所有制，解决长期以来钢铁企业的所谓包袱问题。

第三，管理模式变革。也就是通过压缩管理层级，优化管理流程，实现管理的扁平化、高效化。河钢唐钢新上的二冷轧，是完全按照国际一流企业的标准建设的。原设计定员 1200 人，年产 160 万吨钢。我们与奥钢联合作后，按照新的生产管理模式设计组织架构和岗位定员，还是 160 万吨钢，人员降至 320 人。当大家走进这个工厂之后会发现，在占地 1000 多亩的厂区内，除了几个具有现代感的厂房之外，只有一个三层的楼用于办公加食堂。除此之外，你们看不到任何一栋建筑，是绝对的扁平化管理。生产业务一线没有办公场所，从厂长到工段长到普通工人，全部围绕产线配置，各种管理层级都没有了，是极其高效的管理模式。

陆闻言：对标是钢铁行业降低成本的一个传统做法，2014 年河钢提出了一个产线对标的新概念，请您诠释一下它的内涵，与我们过去讲的对标有哪些异同？

于勇：我们的产线对标是全方位的，包括相同产线的售价、产品结构、人员配置、技术水平配置等都要对，可以说是河钢内部各产线的一个大起底。目的就是要让大家真正感受到，相同的产线和产品，从原料的投放到产线技术人员的配置，到每个人员的待遇分配，存在哪些问题？看清楚我们赖以生存的产线，需要多少人员配置？能够带来多大的收益？我们相同装备水平的产品结构和售价存在哪些差距？

全国来看，长江以南的企业到目前为止很多已经走出困境了，而北方的很多企业却困难重重，原因在哪里？我们看到，南方很多企业产线并不追求规模，更普遍的做法是产品对应着特定的行业和用户。

为什么南方企业能更早地走出来？这是市场理念差异的结果，这恰恰是最终决定企业生死的最重要因素。我们差的不是装备和规模，不是技术，也不是吃苦耐劳的精神，而是理念和思路。从某种意义上说，理念的领先更优于资源的领先，理念和思路的解放，对打开局面更有价值。

河钢十几万人，生存靠的就是这几十条生产线。那么，这些产线对应的是哪些行业？这些行业又对应了哪几个企业，有哪些人在管？我们现在对企业的管理远远没有细化到这种程度，而我们改革就是要让这样的市场理念充实到企业的各个角落。

陆闻言：*2014 年，河钢有一个大动作，就是收购了世界最大的钢铁贸易商瑞士德高。这个轻资产并购受到业界广泛关注，毋庸讳言，业内甚至有些人不理解，一个卖钢材的你收购它干什么？在这方面，河钢有哪些考量，最终是如何决策的？*

于勇：我们判断，未来钢铁企业之间的竞争将越来越表现为渠道的竞争。收购德高这样成熟的全球化商业网络，代表我国钢铁行业转型升级的发展方向。中国钢铁行业现在不缺一流的装备、产品，缺的是全球范围内响当当的渠道。河钢作为中国钢产量最多的国有钢铁企业，我们应该拥有全球最大的营销网络。我们现在的企业，花几十亿元买一大堆设备，放在那里没人说你什么，但你要收购无形资产，一个商业品牌，一个全球化商业网络，人家倒会来问，这买得合适不合适啊？这是比较狭隘的看法。你要想想，我们可是通过收购就拥有了一个遍及全球的销售网络！几万个全球客户，在 110 多个国家设置了销售点，这对企业、对行业都是至关重要的！如果没有适当机遇，可以说不是钱能够解决问题的！收购德高拉开了河钢全球化的序幕，也拉开了大量培养国际化人才、大量使用国际资本的序幕！

接下来，我们要继续关注国外的装备制造业。我认为，下一步钢铁发展的重点在下游钢铁深加工。未来我们除了把钢铁主业做好，把德高全球网络做好，在适当的时候，我们还要收购市场相对成熟的欧洲地区的一些拥有先进技术水平，拥有真正知识产权的钢铁下游制造企业。

陆闻言：在您看来，未来的河钢应该是一个什么样的企业？

于勇：身处全球第二大经济体，世界第二、全国最大的钢铁企业，我们就是一个全球性企业，就应该成为最具竞争力的钢铁企业。给河钢一张蓝图，河钢人有信心绘得更好。河钢的经营理念、产品能力、技术团队、营销网络，可以在全球任何一个区域和竞争对手进行竞争。在2014~2018年海外发展战略规划中，河钢集团将通过实施海外发展战略，成为全球拥有资源、全球拥有市场、全球拥有客户的最具竞争力的钢铁企业，培育海外服务国内钢铁主业和海外新事业两大功能事业集群；搭建两大投融资上市平台；打造资源、制造、贸易三大核心业务板块；依托德高建设集团国际市场开发主基地，依托南非PMC建设集团海外实业发展主基地。到2018年，年营业收入达到200亿美元，占集团营业收入比重达到30%。

世界的河钢要站在代表民族工业的高度，去定位我们应有的战略角色，在成为钢铁行业高端品种引领者、布局全球产业链条先行者的同时，也要做绿色制造的示范者。现在，河钢核心企业被誉为“世界最清洁钢厂”，清洁能源和环保技术集中了中国钢铁工业现在最发达的技术。很多国外同行参观后，希望在其国内建造“河钢翻版”。我们拥有3066项自主知识产权，参与起草了30项国家标准，是国内核电用钢“领军者”、唯一能够自主生产大厚度海洋平台用调质高强钢的企业。我坚信，通过河钢人的不懈努力和奋斗，我们有能力也终将成为最具竞争力的钢铁企业。

新常态下的理性思考与应对

2015年，河钢集团生产生铁4671万吨，粗钢4775万吨，钢材4436万吨，与2014年基本持平；全年实现营业收入2850亿元，利税85.2亿元，其中实现利润12.05亿元，同比增长6.83%。河钢集团是如何实现逆势发展，成为钢铁“寒冬”中最富活力的企业之一？记者就此采访了河钢集团党委书记、董事长于勇，从中我们看到了一条个性鲜明的引领河钢创新、蜕变、提升、奋进的思想轨迹。

钢铁行业面对的是我国经济社会发展必然经历的一个过程和阶段，需要理性面对，积极应对

记者：河钢是目前全国产能规模最大的钢铁企业，在钢铁行业步入“寒冬”“冰冻”期的大背景下，实现了逆势而上，创新发展。河钢的每一个重大举措都受到业界和社会的高度关注，请您谈谈河钢是如何应对新常态的？有哪些思考和体会？

于勇：这段时间，我们越来越感觉到中国钢铁行业面对的环境，是我们国家宏观经济发展必然要经历的一个阶段，这个过程我们不能

本文原载于《冶金企业文化》2016年第1期。

越过，无论你想选择或是不想选择。当前国内钢铁企业都很困难，发展和转型相重叠，河钢的态度是理性面对，积极应对。静下心来反思，客观地讲，我们前些年的发展模式是不可持续的，在分享高增长这一盛宴的同时，带来能源、环境、行业无节制发展以至于造成总量过剩等很多的问题。我特别赞成国家经济增速调整，没有比增速调整解决诸多问题来得更快更好的办法。如果我们能够理性看待世界经济发展过程中发生过什么，我们就能清楚知道我们现在面临着什么。发达经济体都有过类似的经历，就是经济发展达到一定程度就要改变发展方式，增速开始下降，由量的积累转向质的提升。从行业来讲，原来高速增长的市场在换档期产生过剩很正常。从世界钢铁行业看，包括德国、美国都是这样。美国大发展时期也生产了几亿吨钢，有好几个大的钢铁公司，最后就剩了一个美钢联，一个纽柯。现在一些专家学者、一些重要会议一味埋怨钢铁生产多了，更有许多人炒作经济出问题了。我认为，钢铁走到这一步不是钢铁人咎由自取，它是一个客观过程，是历史的选择。我们所面对的是一个发展阶段，经济增速由高速转到中高速，去规模、减量化，对于企业来说，去的是产能，提高的是竞争力。“十三五”是中国改革开放后又一个新的发展时期、历史性变化的时期，这个发展时期的变化会让中国有更加强大的自信。我们原来是数量级的，未来是质量级的，是由数量到质量的转变，这个过程更有意义。从数量到质量转变需要外部压力，不会是“阵痛”，不是忍一忍、咬一咬牙关就能够过去，这是一个较长时期的过程。有的钢铁企业过不去要转型，有的要在这个行业继续走下去，国家需要这个行业。河钢这5000万吨是优质产能，它是国家的财富，我们在这个时期要保障它的发展，这是我们的责任。

高增长高盈利期屏蔽了企业自身太多的问题，摆脱困境就要颠覆传统思维和传统的经营模式

记者： 您认为当前形势下，钢铁行业亟须做出哪些改变？

于勇： 在经济高速增长期和钢铁行业高盈利期，企业不是真正靠竞争力获得的效益，更多是依靠市场的利好。在钢铁行业高速发展和高盈利期固化了的以产量为中心的生产组织模式，远离终端客户、依赖"中间商"的"批发式"营销模式，以高费用支撑的发展模式，这些都是不可持续的。钢铁企业适应新常态就要颠覆这些传统思维和传统的经营模式。以韩国浦项为例，浦项与我们相隔并不远，3500 万吨钢，没有什么资源，市场覆盖面又小，我们一分钱不赚的时候，它一直没有低过两位数的利润，你能简单说成是市场的问题吗？只能说在回归理性市场的情况下，把我们企业诸多的不适应暴露出来。高增长高盈利屏蔽了太多的问题，包括人员问题、负债问题、成本问题等。这两年来，河钢通过实施严格的资金管控和现金流管理，营造严酷的资金环境，把高盈利期屏蔽的企业内部问题暴露出来。减少四五百亿贷款这个硬性的"大单"，是靠结构调整、流程改造、管理、流通、降成本、增加附加值体现的，彻底改变了高盈利期形成的生产经营方式，子分公司承受了很大的压力。我在高管开会时经常说的一句话，当前这种严酷资金管理压力，不是集团给大家制造危机，而是还原市场本来的面目。

"为计划而生产，为生产而销售"的生产组织模式和营销模式是诞生在计划经济体制下、沿袭到高盈利期直至现在的传统模式，生产好干的，销售找中间商，产品的低端决定了客户的低端，十几万人的团队用比别人还要高端的装备，生产的钢材售价却与别的企业有着巨

大的差距，极大制约和屏蔽了产品创效的压力和动力。现在我们倒过来了，从客户关系建立开始，先找客户后订产品，客户的高度决定产品的高度，以高端客户倒逼产品升级，推动生产组织模式的改变，这种转变对集团产生很大的冲击。企业是靠产品来提升竞争力的，我们花了昂贵的价格买来的装备，不是装饰，更不是工艺品，而是要产生价值和效益。

现在企业面临的主要问题，市场困难是表象，企业竞争力才是根本

记者： 当前钢铁企业面临的问题，您认为解决的根本之道在哪里？

于勇： 以前的高盈利更多应归功于市场，并不代表企业真正有多强的竞争力。如果钢材还卖5000元一吨，行外人都能赚钱，那不是本事。现在企业面临的主要问题，表面看是市场带来的，其实是企业自身的深层次问题，竞争力才是根本。国有钢铁企业从计划经济延续到现在，与直接生产无关的东西太多了，与国外先进企业相比，我们成本报表上有太多的费用不是必须的。我们对浦项进行了深度解读，浦项的理念是“资源效率最大化”。在浦项的钢铁流程链条中，从原材料到冶炼到成品，整个链条资源化，没有哪一块是丢掉的。对比我们，除炼焦、喷吹煤、炼铁、轧钢这一块，原料系统、成品以外的其他大量资源都放在了社会上。这样的短链条在最终产品盈利高的时候能支撑这个企业，当最终产品盈利差的时候，你的短链条就无法支撑这个企业了。当前整个经济社会正处于转型期，钢铁行业面临异常严峻的形势，财务报表没有前几年好看，但恰恰在这个时期，企业内生动力提升很快。企业的竞争力有了大幅度提升，原来羡慕国外同行的做法

我们逐步做到了，财务报表比以前“干净”了，增强了我们在全球任何一个区域与任何一个企业竞争的自信。现在我们对走出去踌躇满志，胆子大了，因为有这个竞争实力了。

市场是推动企业创新变革的最有力推手，现在是解决企业沉淀问题的最佳时机

记者：尽快改变行业现状已经成为业界共识，但如何改才是关键所在，您认为应当从何入手呢？

于勇：根据这一段河钢的工作实践和对国外一些企业的演变过程的分析研究，真正感觉到能够改变一个企业命运的还是市场。十多年前，我去过德国巴登钢铁，相当不错的钢铁企业，厂区很干净，看不到大堆的金属料、大批的备品备件，看不到有什么检修厂房，生产流程8~12个小时一个周期，资金周转效率很高，我特别羡慕，回来想学没那个条件和环境。现在，我们也没有了大堆的金属料、大批的备品备件，资金周转也达到很高的效率。回过头来看，真正能激发企业潜能的、让企业创新的动力还是市场。我们不要高估西方企业的自觉性，西方这些钢铁企业经历的市场危机比我们来得早，国外先进企业管理水平的提升，离不开市场的约束作用，是严酷的市场环境带来的推动力。

为什么说市场是企业变化的推手？我们那些年从国外考察回来也觉得资金周转率太低、存货太高、各种费用高，抓了半天也不见效。为什么？没那个大环境。在大把赚钱的时候，你能下决心干那个吗？这几年大家都说困难，企业没赚到钱，但我们收获的东西是金钱衡量不了的。中国钢铁企业与世界钢铁企业的差距极大地缩小了，如果前几年缩小的差距是装备、规模，那么这几年更多是管理、技术营销和监管模式，有得有失，失去的经济效益不会白白失去。我们应该感谢

这段经济社会全面转型的时期，让我们破釜沉舟、主动求变，市场是企业改变的最有力推手，没有外部压力改变不了自己，相信这一点。

钢铁企业摆脱困境要从改变自身做起，靠别人做不到。面对严峻的形势，我们不要一味去埋怨市场，也不要存有幻想，期待过了这段时期就会好转。不困难就不会暴露、发现和提出自己要解决的问题。高盈利时期不知道自己有多大本事，都说自己好，现在谋生存都困难了，还是静下心来，研究自己的工作。企业要生存发展，关键是做好自己的工作，找出行之有效的措施和办法，困难会让我们更清晰认识到自身的长处和不足。

2015年，我们收购了全球最大的钢铁贸易商瑞士德高，拥有了全球营销网络。德高在世界上100多个国家有办事机构，全球4万多个客户，成为河钢全球拥有资源、全球拥有市场、全球拥有客户的国际化“桥头堡”。另外，我们控股了海尔特钢，延伸产业链与海尔家电链条对接，把我们的深加工和下游产品原材料紧密结合在一起。这是典型的渠道收购，把我们的链条由卖钢卷向卖半成品或卖深加工产品拉长。这既是消化我们的费用，也是提升我们的价值。台湾地区一年不到2000万吨钢，围绕钢铁做产业的公司有700多家。我也反思服务业这个概念，过去把服务业理解为是消费层面的，现在感到生产制造行业的服务就是做深做细。从钢铁行业来说，未来把产业链条做深做细、客户细分还有很大工作量。在钢铁本身盈利低的情况下，能增加竞争力的点和面我们都比较关注。

认识越来越理性，目光越来越集中，工作越来越专注

记者：今年是进入“十三五”的第一个年头，河钢如何定位未

来的发展？

于勇：企业往往到了一个特定时期，认识和定位就决定着企业的未来。如果不知道“十二五”经历了什么，“十三五”的发展定位就是模糊的。如果我们再一味地等待，等钢价涨，等市场好，这就会使我们失掉机遇，把整个思路与宏观经济变革期的契合点打断。我们必须保持定力，不能因一时困难就改变业已制定的战略方针。越是下行压力大，经济运行中存在的各种深层次矛盾、长期积累的问题暴露得就越充分、越集中。影响竞争力的沉疴与新忧叠加，让改革的任务更重、难度更大、时间更紧。向重点关键环节开刀，在瓶颈与矛盾集中处着力，积极转换思路、转变方式、创新模式、探索路径，在变中解难题、在变中谋突破。现在，河钢广大干部职工面对当前市场、面对当前困难认识越来越理性，目光越来越集中，工作越来越专注，心态越来越淡定从容，企业进入困难初期时的那种恐慌心理没有了，那种等、靠、要的心理没有了，对企业未来充满信心。这几年市场环境没变，但企业发生了巨大变化，这个变化是成熟的，是可持续的，是极其珍贵的。

中国钢铁产业已经到了“去规模化”时期

今年1~10月，河钢在提前两个月超额完成2016年度化解过剩钢铁产能任务、粗钢产量同比降低6%的情况下，品种钢比例和高端产品销量分别同比提升14%和126%，预计汽车板、家电板、管线钢、海洋用钢等高端产品全年销量达到1172万吨，创历史新高。通过产品结构调整等措施，河钢吨钢综合售价提高156元，营业收入提高13%，利润增长21%。

如何适应新常态？如何把握去产能和提升企业竞争力这一看似矛盾的关系，实现逆势发展？日前，河钢集团党委书记、董事长于勇结合近几年来企业发展的思考与实践，给出了河钢对产业发展的形势判断及路径建议。

把握钢铁行业发展新方位

记者： 值此国家经济结构深度调整和钢铁产业全面转型升级的关键时期，如何判断并把握好钢铁行业发展新方位？

于勇： 首先，我们要从尊重历史、尊重产业发展规律、尊重社会消费结构的角度来正确看待钢铁行业现状。钢铁行业结构调整和产业升级是分历史阶段的，一个行业的发展高度和一个国家的经济发展阶

本文原载于《中国冶金报》2016年12月7日。

段是相辅相成的，不能超越社会的消费结构去讲产业产品结构。作为国民经济发展中最重要的基础原材料行业，钢铁行业快速发展的背后，是过去30多年里整个国民经济快速发展对钢铁的强劲需求拉动所形成的。

改革开放30多年来，国家大规模基础设施建设需要包括钢材在内的大量建材，这为钢铁行业发展提供了一个很好的外部环境。在强劲需求的拉动下，钢铁企业只要快速扩张产能规模，就能迅速获取市场红利，同时也吸引了大量资本进入。其间，巨大的利润和财富积累，让中国钢铁产业有条件实现自身大发展，也让中国一跃成为世界最大的钢铁制造国。在自身快速发展过程中，中国钢铁工业为推动国家经济社会发展提供了重要支撑，做出了卓越贡献。

进入经济新常态后，宏观经济环境和市场供求关系发生了根本性变化，我国经济步入深度调整期。中央提出，推进供给侧结构性改革是当前和今后一个时期我国经济工作的主线。去产能作为国家强力推进供给侧结构性改革的首要任务，已经不仅仅是市场的要求，更是上升到国家战略高度。

随着国家经济增长由高速转向中高速、产业结构向中高端水平迈进，世界科技的高速发展和全球经济的空前发达，让企业、客户之间所有的关系都在发生新的变化，钢铁企业必须改变传统的盈利模式和发展方式。原来追求“量大面广”的同质化产品，转到了现今满足个性化、差异化需求为主的发展阶段，钢铁企业的盈利模式、品种结构必须适应这种市场环境变化。

综合钢铁去产能、钢铁需求形势以及需求结构发生的新变化，我认为，中国钢铁产业已经到了“去规模化”的时期。唯有主动适应环境的变化，尤其是需求结构的变化，改变传统的发展方式和商业模式，才是实现企业可持续发展的根本路径。

“去规模化”打开发展新空间

记者：一面是市场的持续低迷，另一面是企业综合竞争能力的迅速提升；一面是规模的主动压减，另一面是效益空间的强力释放。您怎样解读供给侧结构性改革为企业发展带来的重大契机？

于勇：钢铁行业“去规模化”发展，为行业结构调整和产业升级带来了新的机遇。未来的钢铁工业将不再以规模大小衡量企业价值和竞争力，而是追求满足供给侧多样化需求，以“定制化制造”满足“个性化需求”。也就是说，追求规模效益的单一发展路径已经走到了尽头，而压减产能不但是为了更好地生存，而且是为了更优地发展。产能压减为企业技术创新、结构优化带来了新的重大机遇。

“去规模化”给中国钢铁工业释放装备能力提供了巨大空间。企业的核心竞争力最终体现在产线上。过去30多年，中国钢铁业完成了生产规模化、装备大型化和工艺现代化，我国钢铁企业主体装备总体达到了国际先进水平。以河钢为例，主要钢铁子公司已经汇集了世界上最先进的产线和工艺配置，几乎“武装到了牙齿”。通过持续不断的技术改造，河钢与世界一流企业在装备上的差距逐步缩小，有些装备已经达到了世界领先水平。但我们在盈利能力上还差距较大，这直接反映出我们在装备潜能和产线效能发挥上的差距。“去规模化”时期的到来，让中国钢企可以把更多的精力从“增量”向“提质”转移，将企业最优良的资源配置到产线上来，从而让企业装备技术的潜力得以充分释放。

“去规模化”正在为企业带来更加广阔的效益增长空间。如果说我们原来的发展是行进在一条羊肠小道上的话，那么供给侧结构性改革就给我们提供了一条平坦的高速公路，能够让企业发展前景更广，路径更优。过去二三十年，我们更多地把发展重点放在了增量上，发展路径比较单一。在“去规模化”的道路上，我们要抓住在国家宏观经济的深度调整和转型期间涌现出来的新的投资领域和发展的新业态，特别是结构性改革给我们带来的新机遇，加大力度介入新能源、新产业、互联网经济以及绿色生态发展项目等，通过提升国有企业资源配置能力，加大多元化发展力度，加快海外布局，加速推进企业转型升级。而多元化的发展路径，比“规模化”本身潜力更大、空间更广。

“去规模化”能够极大地激发企业人、装备、管理等资源能力，是一种全要素总动员，对企业资源配置、流程管理、产线管理是一种极强的推动。供给侧结构性改革可以把企业多年来积累的技术、人才、创新能力、改革以及管理能力进行总动员和总释放。在钢铁庞大的流程中，产品本身只是一个末端价值链，生产流程各道工序、各个中间环节都是创效链。当末端价值链不能支撑整个价值体系的时候，供应链、工序链的每个环节、每道工序，都应该承担起创效责任，要以市场化、平台化为支撑，集中企业所有创效资源打造全流程的价值链。

“去规模化”需要从内部打造相适应的机制和体制。以河钢实践为例，围绕加快结构调整和产品升级，去年四季度，河钢借鉴西门子的管理经验，组建了客户服务中心，全面推行大客户经理制，用客户结构的高端化倒逼产线技术进步，拉动产品升级；今年 8 月，开启了以产线为独立市场单元的组织结构扁平化变革，这是为了解决产线与市场脱节问题，对层级式、行政化、金字塔式传统管理模式进行的一种颠覆性变革。核心是通过对各类要素的重新配置，实现“去中间层”和“去行政化”，挖掘一个流程最短、资源配置最优、路径选择最合理的制度设计。通过实施这两大举措，河钢营造出了全员关注市场、关注用户的氛围，以客户结构的调整直接带动了产品结构的优化。

世界先进钢企“大公司管理、小微化经营”可为中国钢铁“去规模化”提供借鉴

记者：当前，钢铁产业已经成为全球性的产业，在这样的历史阶段下，中国钢铁如何与世界同行？

于勇：应该学习和借鉴国外先进企业的成功做法，这在中国钢铁工业发展当中是一个很重要的环节。历经20世纪全球钢铁业三次联合重组浪潮，钢铁企业向大型化、专业化发展：一是成为品种多元的大型集团，如安赛乐米塔尔、美国钢铁公司、新日铁住金等；二是成为结构单一的专业公司，如瑞典SSAB、美国纽柯钢铁公司等。为克服企业规模扩张后带来的“大企业病”，提高对市场的快速响应能力，国外大型钢铁企业纷纷围绕市场细化和产品细分进行内部业务资源优化重组，通过业务整合，使以产线为中心、产线直面市场的业务线条更加清晰化，组织架构更加扁平化。

那些在全球备受瞩目的世界性钢铁企业，尽管有庞大的集团体量，但具体到每一个单体生产基地，极少有上千万吨规模，而且多数都是相对独立的、以满足特定区域市场或客户特殊需求为主的专业化生产公司。这些企业，一般体量适度，产品方向明确，客户群相对固定，直接面对客户的就是产线。世界先进钢铁企业“大公司管理、小微化经营”这种模式值得我们学习和采纳。

“去规模化”的种种考验是中国钢铁产业必须经受的“阵痛”。中国钢铁产业由以规模扩张为主转向以品种质量为主，是对钢铁行业延续数十年以规模扩张为主要经营方式的一种彻底颠覆。任何改革，都将涉及利益格局的深刻调整。中国钢铁产业“去规模化”也必将为大多数已经习惯于传统经营方式的钢企带来改革的“阵痛”。比如，在

历史的发展进程中，有些企业习惯于依靠产量的增加“摊薄”成本费用，但在“去规模化”的新形势下，此种方式将无以为继；同时，由于这种变化打破了企业原有的生产组织格局，企业不得不面对部分员工重新安置的新课题……所有这些，都将不同程度地为企业带来变革后的考验。

有些改变是需要外部动力的，也是需要付出代价的。当传统路径已经行不通，企业亟须寻求一种全新发展路径的时候，没有什么比“倒逼机制”来得更加有效。“去规模化”正是经济发展新常态下，倒逼企业颠覆传统思维模式与生产组织方式，在求新、求变、求突破中不断超越自我，实现可持续发展的必经之路。

改革面前的“阵痛”，是一种破茧成蝶的成长之痛，是一种凤凰浴火的涅槃之痛。只要我们用发展的眼光看待它，用改革的办法对待它，就一定能够找到顺利化解“阵痛”的良方。跨过这一“关”，中国钢铁产业必将迎来更加广阔的发展空间。

河钢近两年发展实践为“去规模化”增强信心

记者：在“去规模化”方面，河钢有哪些可资借鉴的做法？

于勇：去规模不仅是河钢作为特大型钢铁企业、国有骨干企业贯彻落实国家去产能工作要求的责任担当；也是河钢加快结构调整和产品升级、加快产业转型、全面提升竞争力的主动选择。产能的适度压减，不仅不会影响河钢的竞争力，反而会让河钢在结构调整、产品升级、企业竞争力方面获得大幅提升。

河钢把压减产能作为加快实现产品和用户结构升级的重大机遇，逐步退出普通产品的“低端循环”和同质化“价格战”，实现“产能压减、效益提升”的目标。目前河钢正在推进两大核心工作：一是以技术进步为主导的产品升级和结构调整，二是以管理体制创新为抓手的企业活力激发和效率提升。河钢将围绕两大核心，通过用户结构的高端化引领产品结构升级，持续推进“以产线为基本市场单元”的体制创新，到“十三五”末，高附加值、高技术含量品种钢比例由41%提高到70%以上，高端与战略产品比例由13%提高到54%以上。

在做精钢铁主业的同时，河钢按照“纵向更深、横向更宽”的发展理念，以延伸产业链、提升价值链为主线，围绕产业链衍生资源的深度加工与利用，培育和发展新材料、新能源、生产性服务业等非钢产业，加快实现由传统产业跟随者向新产业、新业态领先者的转变。

放眼全球，深化国际合作，构建全球产业发展平台。河钢继去年控股全球最大的钢铁营销服务网络——瑞士德高公司之后，今年收购了塞尔维亚斯梅代雷沃钢厂。“十三五”期间，河钢将抓住国际钢铁及相关产业重组的“窗口期”和我国深化国际产能合作的机遇期，主动参与全球资源配置，进一步加快产业链的全球化布局，构建基于“全球营销服务平台”“全球钢铁制造平台”“全球技术研发平台”的竞争优势。建成与全球一流钢铁企业比肩、受社会普遍尊重、最具盈利能力和品牌影响力的大型跨国企业集团。

产能合作不是落后产能转移

2015 年 4 月 28 日，以“互利共赢的国际产能合作·聚焦河北”为主题的第十一届“蓝厅论坛”在外交部举行，外交部部长王毅和河北省省长张庆伟分别发表主旨演讲。河钢集团党委书记、董事长于勇作为特邀嘉宾出席论坛做专题发言并答记者问。

记者：您如何理解和看待国际产能合作？

于勇：在中国成为世界第二大经济体之后，一方面，中国经济需要更好地融入世界，另一方面，世界经济发展同样离不开中国经济发展的驱动。全球经济一体化和“一带一路”建设，为中国企业“走出去”创造了空前有利的条件。钢铁产业是目前中国技术最为成熟、市场竞争力最强的基础产业之一。中国钢铁工业经过改革开放以来的快速发展，完成了资本、技术、人才的积累，逐步由钢铁大国向钢铁强国迈进。

实施国际产能合作，是优势产能的合作，不是“落后产能”的转移，更不是“污染”的输出。河钢“走出去”是以互利共赢为基础的企业自主行为。作为中国最大和最具竞争力的钢铁企业之一，河钢集团致力于打造“全球拥有资源、全球拥有市场、全球拥有客户”“世界的河钢”，成为全球最具竞争力钢铁企业之一，这需要更好地融入

本文原载于《中国冶金报》2015 年 5 月 7 日。

世界，参与全球资源的配置，共同创造并分享世界钢铁工业进步的成果。

通过在海外建立制造基地，河钢实现企业产业链的全球化布局，同时，实现资源利用的本土化和资源创效的本土化，使当地资源得到更高效的利用，依法缴税，解决当地就业问题，真正造福当地人民。

以河钢与世界最大的钢铁贸易商瑞士德高的合作为例，双方从2009年即开始进行贸易合作，随着合作的不断加深，领域的持续拓宽，至2015年河钢集团以51.4%的比例控股德高，双方发展成为融资、技术、资本、项目、人才等全面战略合作的利益共同体，正是源于一种彼此需要、相互依存的吸引。这种吸引，不仅在于河钢与德高企业理念的高度认同和发展战略的高度契合，更在于双方特有优势的天然互补。

因为拥有了德高，河钢迅速拥有了自己全球最大的钢铁材料营销和服务网络，打造了遍布全球的营销服务平台和金融贸易平台、资源配置平台、国际化人才整合平台。目前，河钢德高公司有来自40多个国家和地区的300多名总部员工，有3600多名员工在110多个国家和地区从事商业活动，与全球331个钢厂建立业务往来，产品销往43000多家客户……所有这些，都已经成为建设全球性钢铁企业、打造“世界的河钢”重要的组成，构建起河钢迈向国际高端市场的“桥头堡”；因为加入了河钢，德高公司也拥有了自己产品规格最为齐全、可持续发展能力世界领先、钢铁制造经验极其丰富、产业链资源极其庞大的钢铁企业，产品优势和规模经济的强大支撑，获得了更加广阔的发展平台和更加强劲的发展动力。两者的融合，开启了中国最大钢铁材料制造供应商与全球最大钢铁贸易与综合服务商一体化运营的全新模式。

企业成功“走出去”首先要解决好一个认识问题，即要知道自己想要什么，同时能给对方带来什么。正是由于河钢与德高公司对自我及对方需求的清晰认知，同时河钢集团以开放包容的姿态创新管控模式，最大限度地保持其相对独立的全球市场地位，使得双方都获得了巨大成功和收益，在全球极其严峻的市场条件下，经营业绩实现了新的提升，赢得了世界的瞩目和赞许。

未来几年，河钢将在积累了一定的国际市场投资经验，并初步完成全球钢铁营销服务网络布局之后，钢铁生产制造平台在欧洲乃至全球布局的步伐势必进一步加快。

记者：在您看来，中国钢铁企业在走出去方面具备哪些优势？实践中您有哪些体会？

于勇：市场是企业变革的最有力推手，没有外部压力改变不了自己，我们应该感谢这段经济社会全面转型的时期，让我们破釜沉舟、主动求变。经过改革开放30多年的快速发展，我国钢铁工业已经拥有了世界上最好的装备、最好的工艺和技术，拥有了世界上最庞大、最专业的产业工人和全新的绿色制造理念，在收购海外资源、开拓海外市场等方面也积累了宝贵的经验，中国钢铁企业已经具备了走出去的产业发展优势。

就河钢而言，一是产业规模优势，河钢具备5000万吨优质钢铁产能，拥有庞大的产业链资源。二是技术装备优势，河钢有些装备已经达到世界领先水平。三是绿色制造优势，河钢主要节能环保指标均达到国际先进水平，在绿色制造方面形成了具有世界影响力的品牌效应。四是海外经营优势，河钢拥有23家境外公司，控制运营海外资产60亿美元。特别是河钢控股了全球最大的钢铁贸易商——瑞士德高，实现了钢铁深加工及营销服务网络的全球布局。

推进海外布局，既是企业成长需要，又契合国家战略发展方向。钢铁产业具有全球配置资源的特征，全球化是钢铁工业发展的必经之路。在转变经济发展方式的大背景下，在跨国优势企业都力争通过科技创新把握未来钢铁工业工艺、技术、产品发展方向的竞争压力下，我国作为钢铁生产大国，也应努力成为世界钢铁工业最重要的创新驱动者，在全球范围内打造我国钢铁产业长期竞争优势。目前，河钢正致力于建设最具竞争力钢铁企业，加快实施海外发展战略，实现“全球拥有资源、全球拥有市场、全球拥有客户”的产业链布局。在实践中，我有三点体会：

一是应善于运用全球化思维促进自我提升。目前，河钢与世界一流企业在管理、研发、营销等方面仍存在一定差距，迫切需要融入世界市场，适应国际规则，敞开吸收和充分利用世界先进理念和实践成果。运用全球化思维审视自己，在国际产业发展格局和分工体系中寻求准确定位，善于整合利用全球资源与要素，不断提高企业发展水平。

二是企业发展必须与国家战略同向同行。作为国有骨干企业，必须在贯彻国家产业政策、执行国家战略中勇担当、做表率，这是义不容辞的责任；同时，企业的发展方向只有契合国家战略，才会跟上时代发展的要求，拥有更加广阔的发展空间。

三是中国钢铁人应当坚定产业发展的自信。在过去 30 多年里，我国钢铁工业经历了欧美发达国家 100 多年的发展进程，综合竞争力显著提升，已经成为世界钢铁工业发展的中心，在技术装备、营销网络、绿色制造、人才储备等方面已经具备了融入海外市场、配置全球资源的综合实力。像河钢一样，我国众多钢铁企业通过技术进步和管理创新，实现品牌实力的全面提升，应当主动参与全球产业资源配置，在世界钢铁产业的舞台上发出清晰的“声音”，寻找明确的定位，共同创造并分享世界钢铁工业的发展成果。

在供给侧结构性改革中加快转型升级

2015 年，河钢集团生产生铁 4671 万吨，粗钢 4775 万吨，钢材 4436 万吨，与 2014 年基本持平；全年实现营业收入 2850 亿元，利税 85.2 亿元，其中实现利润 12.05 亿元，同比增长 6.83%。

在去产能的大背景下、在全行业陷入大面积亏损的困境中，河钢集团为什么能够逆势发展？未来，河钢如何推进供给侧结构性改革？怎样实现既定发展目标？3 月 18 日，《河北经济日报》记者采访了河钢集团党委书记、董事长于勇。

企业压减产能与提升竞争力并不矛盾

记者：全国两会期间，我省压减钢铁产能的消息引起社会的广泛关注。在您看来，压减产能与企业竞争力之间是一个什么样的关系？

于勇：企业压减产能与提升竞争力相互间并不矛盾。改革开放 30 多年来，得益于国家宏观经济的利好，钢铁企业普遍走了一条依靠规模化经营取胜的单一路径，发展的重点放在增量上，发展的路径更多是为了满足强大的需求，无论钢铁企业装备多先进、聚集了多少人才、积累了多少技术优势，但我们规模化的思维定式还没有得到及时的转

本文原载于《河北经济日报》2016 年 3 月 25 日。

变，关注增量，路径单一，管理相对粗放，以追求规模化效益为主。

在宏观经济进入新常态后，单一的发展路径已经走到了尽头，其表现之一就是产能过剩，及由此引起的全行业亏损。从这个意义上讲，压减产能不仅是为了更好地生存，而且是为了更优地发展。应该辩证地看待产量和质量的关系，那种单纯认为企业压减产能会影响竞争力的认识是不正确的，应当是产能压减了，但产品的质量提高了，进而实现一个从量到质的变化。这也是为什么说“十三五”期间河钢产量会压减，但竞争力会大幅提升的原因。

对于去产能，河钢的态度是坚决支持，而且要做表率，目前我们在适度压减钢铁产能的同时，正集中力量做产品升级，满足高端客户的个性化需求，跳出低端竞争、低端循环的圈儿，实现高端产出，参与高端竞争，从结构调整、产业升级、价值链上体现河钢的竞争力，在“十三五”的前三年，即到2018年，河钢的利润将突破100亿元。

供给侧结构性改革为河钢的发展提供了新机遇

记者：近期，多则报道频频把供给侧改革与中央经济工作会议的核心话题相关联。对于推进供给侧结构性改革，您是如何理解和认识的？钢铁行业如何推进供给侧结构性改革？

于勇：供给侧结构性改革不仅仅是对某个行业的要求，更是表明我国的经济发展已经进入一个新阶段，如果说我们原来的发展是在一条羊肠小道上，那供给侧结构性改革就给我们提供了一条平坦的高速公路，供给侧改革可以把企业多年来积累的技术、人才、创新能力，以及管理能力进行总动员和总释放。因为当一个行业陷入一种单一发展路径的时候，在只要有量就赚钱的时代，行业表面上得到了很多利润，但同时也屏蔽掉了很多东西，这也是客观环境的必然。现在进入宏观经济深度调整期，供需矛盾越突出的地方，对供给侧改革的需求应当越迫切。因此，对钢铁行业而言，行业目前进行的去产能、降成本、优结构、提效率、保资金、重创新等都是供给侧改革的内容。作为企业，发展路径必须改变，必须要关注技术、关注创新、关注人才、关注产线这些核心力量的提升。可以预见的是，供给侧结构性改革会使钢铁企业的产品更加适应市场，更有针对性。届时，市场的主要矛盾可能不再是供需矛盾，而是企业创新能否满足市场对企业创新的需要的矛盾。

记者：如何抓住新机遇，河钢的发展有哪些想法？

于勇：供给侧结构性改革给河钢发展带来了新的机遇，进入新的机遇期，河钢已经逐步改变了原来的发展路径，从规模效益、粗放发展、以量取胜，转变为注重供给端，注重有效供给，注重产品质量的提升和结构调整。从投入产出来说，就是要利用有限的资源创造出更好的供给，创造出更有价值、更高端的产品。对于河钢来讲，将量的基础转化为质的优势有很大潜力，我们将充分挖掘企业装备技术的潜力，充分发挥人才优势、技术优势、创新能力，包括充分运用国有企业的资源配置能力、已经进行的海外布局战略等，抓住供给侧改革的机遇，提升企业竞争力，使河钢成为世界级企业。

需求侧一旦具备了个性化需求的时候，供给侧就具备了走高端路线的条件。适应供给侧结构性改革的要求，河钢已经重新构筑了新型的客户关系，以高端客户倒逼产品的高标准，实现产品质量的提升。

企业所经受的困难，是由于对外部环境变化不适应造成的，当外部环境发生了改变，而企业没有适应这些改变时，企业就陷入了困境。企业最大的能力就是用足用好政策的能力、改变自我和自我修复的能力；企业如果抱着自己的成规不变，外部环境是不可能为企业改变的，结局只能是被淘汰；企业要发展，就必须要有开放的心态，要敢于放大自身的不足，勇于修复自己，甚至颠覆自己，通过自我改变和自我修复能力适应外部环境，从而摆脱困境，使企业竞争力提升，使自己更大更强，这样的企业才有未来。

在只追求产量的时期，抓好生产就可以发展，但在供给侧改革的新阶段，必须使企业多年来积累的技术优势、人才优势、创新能力、改革优势以及管理能力、品牌优势等实现总动员和总释放，从而加速推进企业转型升级。

行业永远存在，大浪淘沙，我们无从去改变世界经济，无从去改变环境，唯有改变自己，适应环境，走出困境就是企业从不适应到适应的过程。

未来销售收入会更加多元

记者： 供给侧改革也为企业从传统产业向新兴产业布局、转型提供了机遇，河钢将有哪些布局？

于勇： 河钢是靠钢铁起家的，未来钢铁依然是我们板块中的一个重要环节，是集团的支撑。但河钢未来的发展将更加趋向多元化，方向之一就是抓住国家经济深度调整的机遇、经济转型期间涌现的新产业和新业态，特别是落实供给侧结构性改革的要求，借助国家“一带一路”倡议和中国中东欧合作，包括京津冀协同发展等新的历史发展机遇，力争在绿色能源、装备制造业、电动汽车、互联网经济，包括科技投资等，加大投资力度，到“十三五”末，河钢的海外板块销售收入将突破 1000 亿元，成为以钢铁板块为主，真正多元化的大型跨国集团，具备极强的抗风险能力和竞争能力。

目前，河钢已积极介入新能源汽车生产，进军城市钢结构市场，大力推进化工深加工及制造领域合作。目标是要迈上行业发展的新高度，在新的发展领域中要有河钢的投资、河钢的项目、河钢的利润点；在钢铁主业方面，我们将紧紧抓住供给侧改革给我们提供的补齐短板的机会，发挥长处、补齐短板，进而由传统产业的跟随者成为新兴产业的领先者或者先行者。

河钢未来的发展定位就是在必要的产能压减基础上，通过提升发展理念，优化发展路径，实现结构调整产品升级；拓展新产业、新业态等多元发展空间，打造新的效益增长极，实现企业竞争力的大幅提升。到“十三五”末，企业实现做大做强，综合竞争力进一步提升，建成与全球一流钢铁企业比肩、受社会普遍尊重、最具盈利能力和品牌影响力的大型跨国企业集团。

做好“加减法” 实现精彩蝶变

作为河北省钢铁产业的龙头企业，近几年来，河钢集团在供给侧结构性改革中主动把握机遇，在转型中实现绿色可持续发展。2017年河北两会召开期间，新华网就转型升级、发展规划等问题专访河北省人大代表、河钢集团党委书记、董事长于勇。

记者：请您谈一谈河钢是如何处理去产能与提升竞争力之间关系的？

于勇：作为一个负责任的大型国有企业，河钢始终把自身发展融入国家经济社会发展大环境之中，因势而谋，顺势而为，在认识新常态、适应新常态、引领新常态的大逻辑中，勇做贯彻国家产业政策的先行者，把握转型发展主动权。压减产能，钢铁行业是重中之重。河钢作为我国最大钢铁企业和我省最大国有企业，带头贯彻落实国家“去产能”要求，既是进一步改善京津冀环境质量的主动担当，更是以此作为加快实现产品和用户结构升级的重大机遇，逐步退出普通产品的“低端循环”和同质化“价格战”，以产品结构高端化和客户结构高端化，推动河钢集团进入“高端循环”，实现“产能压减、效益提升”的目标。

当前的产能过剩是结构性的过剩，真正符合市场要求的高端产品

本文原载于新华网2017年1月10日。

供给不足。一切都要按照市场的要求而调整，切实提高发展质量效益，才能尽快走出困境，大幅提升竞争力。所以说，压减产能与提升竞争力并不矛盾，那种单纯认为企业压减产能会影响竞争力的认识是错误的，应该是产能压减了，但产品的品质提高了，从而实现一个从量到质的变化。正因为在压减产能方面走在了前面，我们才在钢铁行业最困难的这两年更加主动。党的十八大以来，河钢集团着眼改善区域环境质量、调整自身产业结构和产品升级换代，致力于通过管理模式的创新和商业模式的创新，推动生产组织模式和经营模式根本转变，钢铁企业经营最困难阶段，反而成为河钢历史上品种结构提升速度最快、幅度最大的时期。因此，推进供给侧结构性改革对河钢来说是重大机遇，外部环境的倒逼让河钢收获了比短期利益更珍贵的可持续发展能力。

记者：河钢在去产能、提高竞争力上都做了哪些工作？取得了哪些成效？

于勇：自 2008 年以来，在累计淘汰炼铁产能 560 万吨、炼钢产能 684 万吨、轧钢产能 250 万吨的基础上，2016 年，河钢以更高的标准和行动自觉，主动提出在 2016~2017 年两年内再压减炼铁产能 260 万吨、炼钢产能 502 万吨。我们主动提高标准压减产能，绝不仅仅是在规模上做简单的“减法”，更是立足于提高资源的集约利用效率，在提高高附加值产品产量和优化产业结构上，做更大规模、更高层次的“加法”。

到 2016 年 10 月底，河钢关停拆除 3 座 450 立方米高炉、2 座 55 吨转炉，压减炼铁产能 156 万吨、炼钢产能 166 万吨，提前两个月超额完成全年压减产能目标任务。

2016 年，河钢产品升级和结构调整“加”大力度，推动产线对接市场取得重大进展。聚焦“市场”“产品”两个关键词，全面推进

“以技术进步为抓手的产品升级和结构调整”和“以管理体制创新为抓手的企业活力激发和效率提升”两大核心任务，为产品升级和结构调整提供了强大动力。在推进供给侧结构性改革的新形势下，我们已经初步实现了和客户共同研发，为客户量身定制。客户的新需求迅速成为河钢产线上的新产品，为企业带来更高效益；而低效益的产品不断被淘汰。与此同时，我们进一步明确产线市场定位，扎实推进产线对标，联合开展产线诊断和“靶向”攻关，破解关键技术难题，高端品种研发不断取得新突破。全力打造技术、质量、人才、信息和自动化“四大支撑体系”，强化全流程质量管控，产线潜能得到有效释放。对接终端市场，突出在汽车钢、家电板、高强钢等领域开展工艺技术研究和产品推广，EVI 服务迈出实质性步伐。汽车板实现了“整车造”、家电板实现了知名品牌家电“全覆盖”，汽车板、家电板、管线钢、海洋工程用钢等高端产品全年销量达到 1200 万吨，同比提升 120%；在管理体制方面，以产线为独立市场单元的组织结构扁平化变革全面推进。2016 年在中国钢铁企业综合竞争力评选中获得“竞争力极强”的最高级别 A+。

记者：2016 年，河钢应该说是大跨步地“走出去”了，请您介绍一下这方面的工作成效。

于勇：2016 年是令全体河钢人难忘的一年。目前，河钢集团海外板块布局欧洲、美洲、非洲等地区，现拥有“四钢两矿一平台”，在海外已经形成了 500 万吨钢铁材料制造能力。直接或间接参股、控股境外公司约 70 家，投资遍及美、英、澳大利亚等 30 多个国家和地区，控制运营海外资产 60 亿美元，海外员工达 1.2 万人。

由于成功控股德高公司，以及在欧洲其他项目投资中为推进中欧企业合作共赢所发挥的显著作用，河钢荣获国际资本峰会中欧企业合作大奖，成为被峰会国际组织唯一推荐并成功当选的中方企业。同时，也是国际资本峰会创办 8 年以来，我国唯一获此殊荣的制造型企业。

河钢全面推进国际化进程主要基于两方面考虑：一是基于企业成长的需要，河钢国际化的基本定位就是“全球拥有资源、全球拥有市场、全球拥有客户”，作为目前世界最大的钢铁材料制造与综合服务商之一，河钢需要更大的发展空间。二是基于国家“走出去”的发展战略，河钢作为大型国有企业必须积极响应国家战略部署。

记者：河钢的国际化发展获得了哪些经验？

于勇：近几年河钢加快国际化发展步伐并取得了系列突破，如果说实践心得的话，我们感觉：一是企业发展必须与国家战略同向同行。一方面，河钢作为国有骨干企业，必须在贯彻国家产业政策、执行国家战略中勇担当、做表率，这是我们义不容辞的责任；另一方面，企业的发展方向只有契合国家战略，才会切合时代进步要求，拥有更加广阔的发展空间。

二是中国钢铁人应当坚定产业发展的自信。像河钢一样，我国众多钢铁企业通过技术进步和管理创新，实现品牌实力的全面提升，应当主动参与全球产业资源配置，在世界钢铁产业的舞台上发出清晰的“声音”，寻找明确的定位，共同创造并分享世界钢铁工业的发展成果。

三是应善于运用全球化思维促进自我提升。目前，河钢与世界一流企业在管理、研发、营销等方面仍存在一定差距，迫切需要融入世界市场，运用全球化思维审视自己，整合利用全球资源与要素，不断提高企业发展水平。

记者：听了您的介绍，我们都知道未来河钢肯定是要走转型升级、绿色发展之路。请您谈一谈，2017 年以及“十三五”期间，这条路具体怎么走？

于勇：目前，河钢的工作思路越来越清晰，面对未来的信心越来越足，对未来越来越充满期待。2017 年，我们将围绕六大线条开展工作：一是以技术进步推动产业升级；二是以客户结构调整推动产品结构提升；三是以管理创新推动企业流程优化；四是以市场化、平台化推动企业全流程创效；五是以“一带一路”推动集团海外发展战略；六是以加强党建、从严治企推动企业健康发展。

“十三五”期间，河钢在必要的产能压减基础上，做强主业、做大非钢和金融产业、拓展海外事业，高附加值、高技术含量品种钢比例由 41%提高到 70%以上，高端与战略产品比例由 13%提高到 54%以上；实现由传统产业跟随者向新产业、新业态领先者的转变，建成与全球一流钢铁企业比肩、受社会普遍尊重、最具盈利能力和品牌影响力的大型跨国企业集团。

在绿色发展方面，2016 年，河钢凭借“城市中水替代地表水、深井水作为钢铁生产唯一水源”获得世界钢协第七届斯蒂勒奖——可持续发展卓越奖，成为我国唯一获此殊荣的企业。下一步，以绿色、高效、节能、低成本、优质为目标，河钢将持续落实绿色发展行动计划，巩固提升绿色发展品牌优势。该计划包括绿色制造、绿色产业、绿色产品、绿色采购、绿色物流和绿色矿山，体现为“六位一体”绿色发展总布局。到“十三五”末，河钢节能环保水平将处于国际领先，成为钢铁行业转型发展、绿色发展的引领者。

更重要的是获取赢得未来的能力

在推进供给侧结构性改革的大背景下，河钢将如何在大力度压减产能的同时，实现综合竞争力的全面提升？如何实现“十三五”跨越式发展？河钢集团党委书记、董事长于勇接受《河北日报》记者的采访时表示，对于一个企业，更重要的是获得赢取未来的能力。

供给侧结构性改革带来新机遇

记者：您如何解读供给侧结构性改革的要求，河钢将如何贯彻落实这些要求？

于勇：推进供给侧结构性改革，是党中央和国务院适应和引领经济发展新常态作出的重大创新，是适应国际金融危机发生后综合国力竞争新形势的主动选择，是适应我国经济发展新常态的必然要求，同时也是正确认识经济形势后选择的经济治理药方，是问题倒逼、必经关口，是解决中长期经济问题的根本之道。推进供给侧结构性改革不仅仅是对某个行业的要求，更是表明我国的经济发展已经进入一个新阶段。我认为，如果说原来的发展是在一条羊肠小道上，那么供给侧结构性改革就给我们提供了一条平坦的高速公路，可以把企业多年来积累的技术、人才、创新能力、改革以及管理能力进行总动员和总释

本文原载于《河北日报》2016年5月13日。

放。当行业陷入单一发展路径的时候，在只要有量就赚钱的时代，行业表面上得到了很多利润，但实际也屏蔽掉了很多问题；进入宏观经济深度调整期，企业的发展路径必须改变，必须要关注技术、关注创新、关注人才、关注产线这些核心力量的提升。

进入新的机遇期，河钢已经改变了原来的发展路径，从规模效益、粗放发展、以量取胜，转变为注重供给端，注重有效供给，注重产品质量的提升和结构调整，即利用有限的资源创造出更好的供给，创造出更有价值、更高端的产品。对河钢来讲，将量的基础转化为质的优势有很大潜力，我们将充分挖掘企业技术装备大型化、现代化和生产清洁化的潜力，充分发挥人才优势、技术优势、创新能力，包括充分运用国有企业的资源配置能力、已经进行的海外布局战略等，抓住供给侧改革的机遇，提升企业竞争力，成为世界级企业。量的减少可能在短期内会使企业失掉一些效益，但更重要的是，我们获取了企业赢得未来的能力。经济效益的获取和能力的获取，有时候是不可兼得的。但二者相比，我们更看重后者，因为能力更可持续、更具未来。国际上的先进钢铁企业，也曾先于我们经历了一个从过剩到减量再到转变发展模式的过程，他们比我们先经历了这段痛苦。现在轮到了我们，去产能、减量发展、寻求发展新模式……我们一样可以过得去，一样可以过得很好！

我们应理性看待当前国家经济形势和行业发展现状，这是一个成熟经济体在进入不同发展时期所必须经历的。当前国民经济进入深度调整期，市场形成空前压力，但并不是说钢铁行业没有了出路，而是需要我们利用大环境去改变自己，将市场压力变成助推企业蜕变的强大动力。

还有一点，在供给侧结构性改革的重大机遇期，河钢有明显的优势，我们已经完成了装备的高端化和大型化，多年积累的技术优势、管理优势、创新能力和品牌优势，这必将让河钢在供给侧结构性改革的新的发展阶段赢得先机。应该相信，经历了大浪淘沙，剩下的企业只会比原来更强大。

主业创新供给拓展价值新空间

记者：供给侧结构改革给河钢带来哪些最直接的改变？

于勇：供给侧改革对河钢来讲，最准确的描述就是：全面提升产品档次，全面提升产品质量，全面实现由批量化生产向小微化、向满足不同层面需求的全新生产组织模式转变。

为适应供给侧结构性改革的新要求，河钢已经构筑了新型客户关系，以高端客户倒逼产品的高标准，实现产品质量的提升。2014 年以来，“产线直面市场，推进客户群体和品种结构升级”，成为了河钢做强做优钢铁主业的核心战略举措，并不断取得新的成效。特别是 2015 年，河钢结合产线对标，推进向“特钢营销模式”转型，扩大直供直销；与青岛海尔开展特钢项目合作，成功控股海尔特钢，实现了集团与知名家电制造商的深度对接；组建客户服务中心，建立大客户营销体系；以产线为中心优化资源配置方式，实施关键人才配置到一线，关键待遇落实到一线……一系列环环相扣、循次渐进的举措，有力地促进了品种结构的提档升级。2015 年，河钢品种钢比例达到 41%，比 2014 年提高 11 个百分点；高附加值产品同比提升 24. 5%。今年是河钢聚焦市场和产品，推进用户结构和产品结构升级，全面提升竞争力的关键一年。河钢 2016 年品种钢比例将突破 50%，高端产品产量将突破 900 万吨，将全面提升产品竞争力和产品创效水平。各子分公司突出“产品”和“市场”两大主题，建立用户导向型营销模式、强化客户关系支撑体系、推进产线对接市场，深入破题，持续发力，打造出全员研究产品、研究市场、研究客户的新格局。河钢销售总公司高度关注新一轮产业结构调整变化，加强与新兴市场和新兴产业对接，组织 13 个调研小组、近 200 人次，重点针对京津冀新兴产业集聚区及重点客户实行拉网式调研，全力挖掘市场潜力。河钢客户服务中心整合集团技术、研发、生产资源，成立了家电用板、焊材、汽车板和工程机械用钢 4 个高端产品研发组，将以 EVI 方式从下游用户产品早期研发阶段介入，为客户提供个性化、一站式服务，他们还成立了首批面向市场终端的“客户代表”团队，44 名从各子公司生产、技术一线选拔上来的职工将长驻客户产线实施“点对点”的 VIP 服务。

为客户而销售，为销售而生产，换来了河钢高端产品合同量的大幅提升。与 2015 年月均供货量相比，目前河钢向青岛海尔供货量提高 361. 77%，向卡特彼勒供货量提高 72. 36%。一季度，河钢集团品种钢完成比例达 50. 73%，高端产品产量 254 万吨，双双达到了历史最好水平。

整合全球资源促进产业升级

记者：河钢集团身上体现出的全球化的跨界思维和开放思维，正有力地拓展转型升级路径。您介绍一下这方面的情况。

于勇：“跳出钢铁看钢铁，站在世界看河钢”，按照建设最具竞争力钢铁企业的战略定位，河钢正通过提升发展理念，优化发展路径，实现结构调整和产品升级；拓展新产业、新业态等多元发展空间，打造新的效益增长极，实现企业综合竞争力的大幅提升。他们把提高资源的利用效率作为提高竞争力的关键，颠覆传统路径依赖，树立“全产业链、全资源链”理念和全球化的跨界思维、开放思维，推进产业链向海内外高端制造业纵向延伸，向新材料、新能源和生产性服务业横向拓展。

“十三五”期间，河钢将进一步大力度压减产能，并加大环保投入，用绿色发展打造产业竞争新优势。我认为，单一依靠规模的发展路径已经走到了尽头，其表现之一就是产能过剩，全行业亏损。我认为，压减产能不仅是为了更好地生存，而且是为了更优地发展。应该辩证地看待质和量的关系，在“去产能”的过程中，要去的是产能，要提高的是竞争力。

不久前，河钢正式收购塞尔维亚斯梅代雷沃钢厂，自此拥有了位于欧洲腹地的海外钢铁制造基地，河钢“全球拥有资源、全球拥有市场、全球拥有客户”的战略布局取得了重大进展。

不仅如此，河钢也将抓住国家经济深度调整的机遇、经济转型期间涌现的新产业和新业态，加大在绿色能源、装备制造业、电动汽车、互联网经济等产业的投资力度。目前，已积极介入新能源汽车生产，进军城市钢结构市场，大力推进化工深加工及制造领域合作。

河钢的目标是要迈上行业发展的新高度，在新的发展领域中要有河钢的投资、河钢的项目、河钢的利润点，由传统产业的跟随者成为新兴产业的领跑者。

超越规模的结构之变

近年来，河钢按照“全球拥有资源、全球拥有市场、全球拥有客户”的发展定位，拓宽全球视野，提高全球资源配置能力，加快建设“全球营销服务平台”“全球钢铁制造平台”“全球技术研发平台”，并以此为支撑，全面提升钢铁产业价值链，构建新的发展优势，取得了令人瞩目的成绩。2016年7月29日，河钢集团党委书记、董事长于勇在北京接受了《中国冶金报》记者采访。

三大平台：制造、营销服务、科技

记者： 近年来，在整个外部市场没有发生大的变化的情况下，河钢在产品调整、成本控制、资源控制能力、资金效率等方面已经实现很大程度提高，正在加速向最具竞争力钢铁企业迈进。请您谈谈这方面的情况？

于勇： 目前，河钢从制造板块到营销服务，再到技术支撑，已经基本形成了一个大的结构，具备了一个跨国公司、全球化企业的架构。近年来，河钢着力打造全球钢铁制造平台，推进优化升级。在主动淘汰和压减国内产能，全面推进产品结构提档升级的同时，加快“走出去”步伐，以股权收购为主要形式，建设海外钢铁制造基地，形成能够实现国内外钢铁产业发展优势互补、资源共享、业务协同的全球钢

本文原载于《中国冶金报》2016年8月3日。

铁制造平台。

一方面，河钢将压减产能与产业升级相结合，做强做优国内现有钢铁制造基地。我们积极响应国家、河北省“去产能”政策要求，制订了2016~2017年产能压减计划和部分产能“退城”与减量转移计划；同时，以产能压减为契机，进一步优化产能布局和品种结构，大幅提高高技术含量、高附加值的品种钢比例，推进产业向“中高端水平迈进”。“十三五”期间，河钢高技术、高附加值品种钢比例将达到70%以上。另一方面，利用技术、管理和全球营销服务平台优势，河钢加快钢铁产业链条的全球化布局。作为全球布局的制造业企业，必须要发挥我们的优势，在商业环境比较好、比较稳定、有前景的区域，拥有自己的制造板块。目前，河钢在海外已经形成了500万吨钢铁材料制造能力。依托塞尔维亚斯梅代雷沃钢厂组建的河钢塞尔维亚公司，是我国钢铁企业在欧洲拥有的首个全流程大型钢铁企业。

今年6月，习近平总书记亲临河钢塞尔维亚公司视察，给河钢全体员工带来极大鼓舞。未来，我们将继续寻求国际合作机会，推进钢铁产业链的横向和深加工链条的垂直并购，将“全球钢铁制造平台”做大做强。未来，河钢将在海外形成突破1000万吨的制造能力，并以国内外优质钢铁产能为依托，形成全球制造平台。

打造全球营销和服务平台，将产业链延向中高端用户。在海外建设企业最大的挑战是企业的营销和服务网络。在国外陌生的商业环境中形成顺畅的商业流程，需要营销和服务网络支撑。2014年以来，河钢适应钢铁需求结构的变化，建立了自主营销服务网络，通过资本合作、渠道收购、EVI等方式，推进产业链条向海内外中高端用户延伸，形成了以德高为中心的海外营销服务网络，以客户服务中心为平台的国内营销服务网络，并通过海内外市场的良性互动、协同协作，构建以客户为中心的全球营销服务平台。河钢做了三个方面的工作：一是组建客户服务中心，全面推行大客户经理制；二是通过股权合作，打通进军国内外高端市场的战略通道；三是以德高为重点，全面提升全球营销服务网络潜在价值。

我们收购瑞士德高，将其作为我们在全球化当中的营销和服务平台，这个平台在海外制造基地当中肩负了采购、销售、物流，以及包括融资、风险控制在内的综合服务功能。借助德高，我们收获了高效整合配置全球资源、推进深层次产业合作和资本并购的能力，充分激发和释放了其潜在价值。

打造全球技术研发平台，引领技术进步。任何一个实体企业，技术支持永远是最重要的。在过去几十年的发展中，河钢在技术方面始终是跟随者，河钢迫切需要补齐这块“短板”。这需要我们打破常规，加强产业资本与技术资源的高效融合，打造能够汇聚全球创新要素、开放式的协同创新平台。这是河钢推进产业升级、全面提升竞争力的战略需要，更是河钢贯彻国家创新驱动战略、打通钢铁产业链与创新链的责任担当。

近年来，我们不断深化国际技术交流与合作，与全球著名的科研机构、企业和行业组织建立了紧密的产学研用合作关系。7 月 6 日，河钢与东北大学联合组建河钢东大产业技术研究院。这是一次实现产业链与创新链深度对接的主动探索，是一项“将论文写在产线上”的战略性务实合作。作为河钢全球技术研发平台的重要基地，河钢东大产业技术研究院不仅仅要着力解决制约河钢产业升级的关键性、根本性问题，助力河钢产业向中高端水平迈进，更要主动承担我国钢铁产业技术的重大专项，在行业核心技术领域实现重大突破。

两大核心工作：释放装备能力和企业活力

记者：在搭建三大平台的基础上，河钢将寻求哪些突破？

于勇：河钢的结构变革，其根本的任务和根本目的，是生存的需要，是发展的需要，是为了适应大环境的需要。未来，产品之间的差异化会越来越小，差异化将主要体现在技术和管理创新方面。

在三个平台的基础上，河钢还将推进两大核心工作：一是以技术进步为主导的产品升级和结构调整，旨在释放装备能力；二是以管理创新为主导的改革举措，旨在释放企业活力，提高竞争力，提高效率。

转换发展动力，以创新驱动引领高端发展。去年下半年和今年初以来，河钢技术创新推进的产品升级和结构调整方面的效果已经逐步显现，体现在产品售价、品种开发、高端客户群增加、效益提升上。目前河钢拥有3166项自主知识产权，参与起草30项国家产品标准，主要产品覆盖除无缝钢管外所有品种领域，成为中国产能规模最大、产品规格最齐全的钢铁企业。前不久，河钢舞钢核电钢成功应用于巴基斯坦核电项目建设。河钢生产的常规岛级和核岛级设备用钢实现全覆盖，这在国内是第一家。

任何一个管理机制都是和商业模式相辅相成的，一个追求规模效益、追求批量生产的行业，其管理设计就是与之相匹配的。当一个行业发展成熟，当一个经济体进入全新的发展阶段时，相应的管理制度必须完全符合市场要求。下一步，河钢将在管理创新上有所突破，打造以产线为独立单元的管理机制。未来，河钢要把管理层级压平，让高管直接到产线，原来的中间管理资源要转变成货柜式的开放式管理。

管理资源的效益价值，必须体现在产线创造价值的能力上。未来，钢铁企业最大的潜力就是在效能释放上。这就是说装备提升、工艺完善、技术力量储备、人才队伍优势等，要体现在产品效能释放上，这些都要靠企业创新管理机制来实现。

对于河钢来讲，我们感谢这段社会经济全面转型的时期，能够让河钢破釜沉舟、主动求变，进而赢得在全球任何一个区域和任何一个企业竞争的能力和自信。河钢在未来两三年内，不仅能走出困境，而且会在中国的钢铁行业以及新兴市场当中，有一个巨大的改变。河钢必将成长为一个全球性的企业，一个极具竞争力的企业！

深化供给侧结构性改革
让河钢找到了“路径自信”

2017年是供给侧结构性改革的深化之年，钢铁行业作为推进供给侧结构性改革的重点领域，已经进入到加速实施、攻坚克难的新阶段。日前，河钢集团党委书记、董事长于勇与《中国冶金报》记者分享了河钢在推进供给侧结构性改革中创新发展方式和商业模式的理念与实践，深入探究行业供给侧结构性改革如何有效攻坚。

深入推进供给侧结构性改革势在必行、恰逢其时

记者：今年，党中央和国务院对加快推进供给侧结构性改革有了更加清晰的方向和部署，结合河钢的发展情况，您对深化供给侧结构性改革怎样认识和解读？

于勇：经过30多年的改革开放，我国无论是宏观经济发展，还是钢铁行业本身，在供给侧都已经形成了丰厚的物质储备和技术条件，而需求侧多元化、个性化的中高端需求亟待满足。需求侧一旦有了个性化的需求，供给侧就具备了走高端路线的条件。钢铁行业深入推进供给侧结构性改革势在必行，也恰逢其时。主要从两个方面分析：

一是从供给端来看，在我国经济高速发展时期，大规模基础设施

本文原载于《中国冶金报》2017年2月10日。

建设拉动了钢铁产业的迅猛发展，钢铁行业很快实现了产能的规模化、装备的大型化和工艺的现代化，培育出一大批高技能的产业技术人才，钢铁工业在供给侧已经形成了十分雄厚的产业基础和技术力量。这一切，为钢铁行业推进供给侧结构性改革奠定了基础。

二是从需求端来看，当今市场已经进入多元化个性消费时代，用户对产品和服务的高品质需求日益凸显。随着国家产业结构向中高端水平迈进，我国高端钢材需求呈“井喷式”释放，如《中国制造2025》明确的十大重点领域，都与钢铁业密不可分。这一切，又为钢铁行业扩大有效供给和中高端供给创造了良好条件。

经过30多年的改革开放和经济发展，钢铁行业已步入由“量的积累”转向“质的提升”的关键时期。实现这一阶段转换，需要对企业多年来积累的技术、人才、管理、品牌等各方面能力和优势进行总动员、总释放。供给侧结构性改革蕴藏着巨大的经济增长潜能，这必将为钢铁行业带来一个广阔的发展空间，必将对企业资源重新配置、流程管理、品牌优势、产线能力释放等产生极强的推动。

深入推进供给侧结构性改革，需要由传统的加大管理力度向关注制度设计转变

记者：您认为供给侧结构性改革的本质是什么？供给侧结构性改革必将对经济发展产生深刻的影响，河钢会在哪些方面做出创新或改变，并以此来应对机遇和挑战？

于勇：认识供给侧结构性改革的本质是理解和落实钢铁行业供给侧结构性改革的关键。供给侧结构性改革本质是一场改革，要用改革的办法推进结构调整，为提高供给质量激发内生动力、营造外部环境。中国钢铁行业在高增长、高盈利期，既没有变革自己的外部环境，也

没有改革和变革企业自身的热情与积极性，现在我们就需要从制度设计开始，营造这种环境，激发内生动力。

一是由传统的加大管理力度向关注制度设计转变。任何管理制度和管理体制都是与宏观经济和商业模式相辅相成的，企业资源配置方式和组织结构模式的变化必须适应产业发展生态的变化。当一个经济体进入全新的发展阶段，当一个行业跨入发展成熟期时，相应的管理制度必须完全符合市场要求。供给侧结构性改革将带来经济和市场结构的深刻变化，不断对企业传统管理体制和商业模式提出挑战。企业仅凭原有路径上简单的“换做法”和“加大力度”，已经不能实现可持续快速发展，必须由传统的加大管理力度向关注制度设计转变，必须突破传统体制机制束缚，从组织结构、企业制度、管理流程等方面进行大胆创新和系统变革。

二是由传统的保守思想观念向市场前沿思维转变。传统的思维观念向认识的高度、先进的理念、科学的观念转变是改革的前提，没有破釜沉舟、颠覆传统的勇气，没有“不改革、不创新企业便无路可走”的共识，没有跨行业、跨时期的认识高度，就难以设计出理想的改革模型。改革开放 30 多年来，钢铁行业发展最快的是装备、是规模，但是在经营理念，特别是市场化进程方面，还不是领先的行业。我们不否定行业这些年的发展，但是必须看到，由于没有经历大的市场变革，我们应对市场的手段、市场化的做法、全员的市场理念，远远要落后于家电行业、建材行业、轻工行业。我们绝不能让理念和思维方式阻碍企业改革创新的步伐，必须打破思想藩篱，实现思维方式和思想观念的彻底转变。

三是由传统的计划经济体制向灵活市场机制转变。市场是推动企业管理创新的最有力推手，凡是计划经济体制和高盈利期形成的、没有体现出完全市场化的内容，都要大胆地解放思想、大胆地变革、大胆地颠覆。2016年，河钢开启了以产线为独立市场单元的组织结构扁平化变革，这是河钢发展史上一项颠覆性的变革。一种以“去规模化”为特征、以产线作为直面市场的经营单元和创效主体的“大公司管理、小微化经营”的体制机制正在河钢全面构建，有效解决了产线与市场脱节、领导与现场脱节等问题，形成了快速反应市场的管理体制机制。除此之外，河钢全面引入市场化理念和机制，今年将以市场化、平台化推动全产业链创效能力。

未来，无论河钢体量多大，面对市场的单元就是每条产线。河钢将没有单一的费用链条，没有单一的供应链条，没有单一的工序链条，必须都是价值链。国有企业不是落后和保守的代名词，河钢一定要把社会上最好的体制机制引进来，让河钢既有国有企业的性质，又是一个完全市场化的企业。

增强供给侧结构对需求变化的适应性，是成功推进供给侧结构性改革的最大引擎

记者：纵观近年来河钢的发展，无论是在管理体制变革方面，还是在产品结构和客户结构优化方面都取得了丰硕的成果。那么，成绩背后，河钢是怎样通过科学处理供给和需求的关系，赢得市场发展先机？

于勇：在物质极大丰富、客户具有绝对选择主动权的今天，优化客户结构、对接客户需求，是装备优势、技术优势充分释放的最大“撬动点”，也是顺利实现供给侧结构性改革目标最为重要的途径。

多年来，企业总在强调要抓技术进步、产品升级，但整体来看，效果似乎并不十分明显。关键原因是，过去只是单方面强调了供给端生产能力的提升，而对与之相对应的需求侧，特别是供给和需求两者

之间形成的“客户关系”关注度不够高。而放弃需求侧管理所进行的一切供给侧的改革，注定收效甚微。

过去，我们总是不自觉地在关着门抓技术，围绕原来的产品研究升级。我们不清楚市场结构已经发生了巨大变化，不知道客户究竟有哪些需求，历史延续下来的一大批低端客户，极大地阻碍和制约着装备能力和技术能力的充分释放。通过河钢这两年的实践，我们突然意识到，长期以来对我们产品结构的最大制约，不是装备，更不是人才，而是客户端对我们的屏蔽，是与企业实际能力不相匹配的客户结构矮化了我们的产品、制约了我们的高度。未来，客户结构的调整，将成为拉动产品结构升级的最大引擎。客户群的高度决定产品的高度，产品的高度决定企业的高度。

河钢通过“用客户结构优化推动产品结构升级”，破题低端的减法和高端的加法。2016年，河钢跨行业借鉴西门子、海尔等企业成熟的营销模式，全面推行大客户经理制，实现对重点客户一对一、点对点的服务，做到了“像卖家电一样卖钢材”。通过收购海尔特钢，河钢将钢铁产业链嵌入家电产业链，并以此为突破口，打开了家电用钢的高端市场，成功实现了钢铁产业链向下游中高端用户延伸。

当我们把渠道打开，真正面对高端客户的时候，发现造成我们与高端客户端之间的“沟壑”，绝不是简单的装备和技术问题，而是我们和客户之间的距离与关系问题。

钢铁行业要实现利润大幅度提升，除了要依靠去产能和制造业PMI（采购经理指数）基本复苏等外部因素，更重要的是实现生产经营模式的根本转变。我们既要做减法，减少低端供给和无效供给；更要做加法，为经济发展开辟新渠道、培育新空间。这靠的是企业对传统发展路径的颠覆与创新。

未来，整合企业靠的是客户端和市场份额，而不再是资本。客户端能走多远，产品高度就能到多高；谁拥有客户端，谁就能够掌握整合主动权。这极有可能成为行业发展的最高端。

供给侧结构性改革为钢铁行业从传统产业向新兴产业发展布局提供了新动力、新空间

记者：结合刚才您谈到的内容，我们深切感受到河钢顺应历史潮流，把握发展机遇，在供给侧结构性改革中找到了更多“河钢自信”。对于河钢未来新兴产业发展，河钢该如何站在发展前沿，在重大历史机遇面前谋求更广阔的发展空间？

于勇：深化供给侧结构性改革是钢铁行业从传统产业向新兴产业布局、转型的重大历史机遇。随着自然环境约束的收紧和社会对环境认知的加深，实施绿色制造，生产绿色产品，实现绿色发展，是钢铁行业持续健康发展的必然选择。绿色发展理念作为五大发展理念之一，启动绿色发展的新动力，已经是非常现实的课题。实现绿色转型、产业升级，是钢铁行业必须要走的路径。

“为人类文明制造绿色钢铁”已经成为河钢的核心理念。按照“纵向更深、横向更宽”的战略思维，河钢打破传统路径依赖，延伸钢铁产业链，提升钢铁价值链，推动传统产业向新材料、新能源和生产性服务业等多元新兴领域拓展。河钢将在绿色能源、装备制造业、电动汽车、互联网经济、科技投资等领域，不断加大投资力度，重点发展绿色矿山、钢铁贸易、资源综合利用、金融证券等十大产业。河钢的目标就是要迈上行业发展的新高度，在新的发展领域中要有河钢的投资、河钢的项目、河钢的利润点，让河钢由传统产业的跟随者成为新兴产业的领先者或者先行者。

推进钢铁产业全球化发展，也是深化供给侧结构性改革的重要途

径。当钢铁产业的供给端在国内市场得不到满足时，我们的产业、我们的产品必然要走向世界，这也是深化供给侧结构性改革的题中之义。随着钢铁行业的完全市场化，钢铁行业全球化发展已经成为历史的必然。全球拥有资源、全球拥有市场、全球拥有客户，是我国钢铁行业必须迈出的一步。特别是国家“一带一路”倡议的落地实施和中东欧新的发展机遇，为钢铁产业“走出去”提供了空间和舞台。河钢正在深入推进国际化战略，打造“世界的河钢”。

近两年来，河钢成功控股全球最大钢铁服务营销网络——瑞士德高，搭建了全球营销服务平台；成功收购塞尔维亚斯梅代雷沃钢厂，建立了首个海外全产业链的生产制造基地；与国内外知名科研院所建立联盟，持续提升产品研发、制造能力。河钢初步形成了全球钢铁制造、全球营销服务、全球技术研发“三大平台”的国际化发展格局，为建设最具竞争力钢铁企业奠定了基石。按照规划，到2020年，河钢将实现海外公司年合并销售收入1300亿元（200亿美元），占集团销售收入的30%。

坚定不移深入推进供给侧结构性改革，带给河钢最大的变化或者我们最大的收获就是找到了“路径自信”。面对宏伟蓝图，已经找到“路径自信”的河钢人信心满怀。我们坚信，随着供给侧结构性改革的深入推进，会有越来越多的企业在实践中进一步找到并更加坚定“路径自信”。

深入推进供给侧结构性改革
努力提高钢铁行业运行的质量和效益

2019 年 1 月 14 日，中国钢铁工业协会 2019 年理事（扩大）会议召开。中国钢铁工业协会会长，河钢集团党委书记、董事长于勇在大会上发言。

供给侧结构性改革取得明显成效

2018 年是改革开放 40 周年。40 年来，我国经济发展取得了举世瞩目的成就，钢铁工业既为国民经济发展提供了重要基础原材料保障，也得益于国民经济快速发展带来的巨大机遇而发展壮大。刚刚过去的 2018 年，我国经济保持了稳中向好的发展态势，经济增长处于合理区间，供给侧结构性改革深入推进，效果逐步显现。钢铁行业作为供给侧结构性改革的先行者，认真落实党中央、国务院的决策部署，提前完成了 5 年化解过剩产能 1 亿~1.5 亿吨的上限目标任务。市场环境明显改善，产能严重过剩矛盾有效缓解，优质产能得到发挥，企业效益明显好转。

这一年，在国家持续推进供给侧结构性改革，严禁新增产能和防范“地条钢”死灰复燃等政策措施强有力的推动下，在全行业广大企

本文原载于《中国冶金报》2019 年 1 月 15 日。

业的奋力拼搏、辛勤努力下，钢铁行业运行取得了稳中向好的发展态势，但是稳中有变，变中有忧。

钢铁产需基本平衡。2018 年钢铁需求基本稳定，基本达到了产需平衡。前 11 个月，全国分别生产生铁、粗钢和钢材（含重复材）7.08 亿吨、8.57 亿吨和 10.13 亿吨，同比分别增长 2.44%、6.73% 和 8.30%。其中，会员企业生产的生铁、粗钢、钢材同比分别增长 1.00%、4.53%、4.86%，非会员企业分别增长 9.75%、13.92%、13.88%，非会员企业产量增速明显高于会员企业。2018 年钢铁产量的持续增长，既有填补去除“地条钢”后腾出的市场空间的因素，也有国内市场需求增长以及产能过快释放的因素。

钢材价格相对稳定。2018 年前 10 个月，协会发布的中国钢材价格指数基本在 110~120 点之间波动。进入 2018 年 11 月以后，钢材价格出现了快速下滑，12 月又有所回升。2018 年前 11 个月钢材价格指数平均为 116.52 点，同比上涨 9.86%。2018 年末钢材价格的快速下跌，原因是多方面的，需求减少、产量增长、贸易保护以及环保限产政策执行尺度的不均衡等，但更主要的是市场预期，对后市不看好，市场信心脆弱。

进口铁矿石市场运行平稳。2018 年前 11 个月，全国共进口铁矿石 9.78 亿吨，同比下降 1.30%；金额达 709 亿美元，同比下降 2.80%，矿价平稳对钢厂效益有稳定作用。铁矿石市场稳定，一方面与全球铁矿石供大于求的市场格局密不可分，另一方面得益于协会积极与国际各大矿山公司深度沟通、形成共识，以及广大企业的理性采购。

钢铁企业效益持续好转。2018 年前 11 个月，会员钢铁企业实现销售收入 3.76 万亿元，同比增长 14.17%；实现利税 4149 亿元，同比增长 50.14%；实现利润总额 2802 亿元，同比增长 63.54%，为工业领域的利润增长做出了贡献；销售利润率为7.45%，达到了工业行业平均水平。随着经济效益好转，会员企业加大去杠杆力度，在2016年、2017年资产负债率下降的基础上，2018年11月末同比又下降3.39个百分点至65.74%，已经有超过半数的会员钢铁企业资产负债率下降到了60%以下。不过，企业持续盈利的基础并不牢固。2018年前11个月，废钢及能源采购成本同比大幅上升，废钢上涨43.64%，冶金焦上涨17.81%，动力煤上涨10.66%。随着2018年11月以后钢材价格下跌，企业效益明显下滑，部分企业钢铁主业已经处于盈亏平衡边缘。

钢材出口减少，结构优化。2018年前11个月，全国出口钢材6378万吨，同比下降8.60%；进口钢材1216万吨，同比增长0.50%；进出口相抵折合粗钢净出口5377万吨，同比减少629万吨。钢材出口结构优化，高端产品出口比例提高，出口价格上升，2018年前11个月在钢材出口数量下降的同时出口金额增长11.2%。但是，钢材出口数量已经连续3年下降，应当引起全行业关注。

节能环保水平显著提升。2018年前11个月，会员钢铁企业外排废水总量同比下降5.17%，外排二氧化硫同比下降12.32%，烟尘同比下降9.24%，工业粉尘同比下降7.88%；吨钢耗新水同比下降4.65%，吨钢综合能耗同比下降2.60%。企业高度重视环保，不少企业向超低排放努力。

2019年钢铁行业面临的形势

中央经济工作会议指出，我国发展仍将处于并将长期处于重要战略机遇期。世界面临百年未有之大变局，变局中危和机同生并存，这给中华民族伟大复兴带来重大机遇。钢铁行业要紧扣战略机遇新内涵，认清国内外形势。

国际方面，国际货币基金组织预计2018~2019年的全球经济增长率为3.7%，对美、欧、日、英等发达经济体增长预测值下调，新兴市场和发展中经济体波动加剧，2019年经济增长可能难见起色。世界银行预计全球经济在未来两年呈现放缓趋势，全球经济面临的风险将逐步加大，主要风险点包括金融市场无序性、贸易保护主义升级、政策不确定性以及地缘政治紧张局势加剧等。我国经济增长的外部环境确实发生了明显变化，面临的挑战增多。同时也要看到“一带一路”倡议受到了越来越多的国家欢迎，“一带一路”建设正在加快推进，深化经贸、投资、金融、互联互通等领域合作正在进行，也将为全球经济发展增加新动力。

国内方面，我国长期向好的发展前景没有变，2019年国民经济仍将延续总体平稳、稳中向好的发展态势，经济发展对钢铁需求整体将继续保持稳定。我国经济发展有足够的韧性和巨大的潜力，即使保持6.5%的增速，在全球主要经济体中也是高的，我国仍然是全球最大的钢材消费市场。钢铁行业对经济发展的前景，对钢铁行业的前景有足够的信心。同时也要看到，随着经济结构不断调整，拉动经济增长的主要动力由投资转向消费，新旧动能转换过程中新经济增长点对钢材需求强度明显减弱，传统用钢行业对钢铁产品需求由品种、数量的增长转向质量和品质的提升，对钢铁行业都提出了更高要求。

下游行业需求方面，从协会调研的情况看，基建投资随着政府提出保持基础设施建设领域补短板力度，中央和地方政府加快推进重点项目，2018年前11个月基础设施投资（不含电力）增速企稳回升至3.7%，预计2019年将有所提高。造船行业景气度回升，预计2019年对钢材需求将有小幅增长。机械行业增速虽有所放缓，但整体仍保持增长，预计2019年对钢材需求仍将保持稳定。家电行业主要产品产量保持增长，预计对钢材需求将保持稳定，但是受贸易摩擦影响的不确定性仍然存在。房地产市场2018年下半年以来土地流拍增多，房企拿地热情下降，预计2019年投资、新开工面积等关键指标有可能下滑。汽车行业受税收政策调整影响出现了28年来首次下降，2019年汽车产销能否保持增长将很大程度上取决于鼓励消费的政策刺激力度。

从行业情况看，按照党中央、国务院部署，提前完成了化解过剩产能五年目标任务，彻底清除了“地条钢”，市场环境发生了明显的变化，市场秩序更加公平有序，企业效益持续改善，钢铁行业运行取得了多年未有的平稳态势。但也要看到，产能结构仍然存在问题，受利益驱动违规新增产能的冲动仍然存在，“地条钢”死灰复燃的苗头仍然需要警惕，合规企业产能释放过快的压力依然存在；原燃料涨价、环保运行成本上升带来的成本压力不断增加；部分企业节能环保水平与超低排放要求以及社会期待还有一定差距；企业授信受限，融资难、融资贵问题依然十分突出；产品自主创新能力、部分关键核心技术突破方面与国外仍然存在着一定的差距，部分高端产品质量稳定性、一致性仍亟待增强，一些共性技术亟须解决。这些困难和问题应该引起全行业高度关注。

总之，2019年钢铁行业面临的形势有机遇也有挑战，并且机遇大于挑战。做好钢铁行业的事，关键要靠广大企业不断解放思想、坚定信心、同心协力、自律自强。

2019年钢铁行业工作总体要求和重点工作

2019年，钢铁行业以习近平新时代中国特色社会主义思想为指导，全面贯彻党的十九大精神和十九届二中、三中全会精神，按照中央经济工作会议部署，深入推进供给侧结构性改革，努力巩固去产能成果，坚持绿色发展，控产量、稳运行、提质量、降成本、增效益，努力提高钢铁行业运行的质量和效益。

继续深化供给侧结构性改革。经过 3 年的努力，全国化解了 1.5 亿吨过剩产能，彻底清除了“地条钢”，但是供给侧结构性改革的任务还远没有完成。2019 年钢铁行业供给侧结构性改革的工作重点要从化解过剩产能转向防范已化解产能复产，严防“地条钢”死灰复燃，严禁新增产能等方面；主攻方向要从产能总量调整转向现有产能结构优化、布局调整和兼并重组。积极配合做好巩固化解钢铁过剩产能成果专项抽查工作，保持高压态势防范任何形式的违规新增产能，充分发挥“地条钢”违法违规产能举报平台作用，积极举报“地条钢”和违规新增产能的线索。按照中央“紧紧抓住处置‘僵尸企业’这个牛鼻子”的要求，积极做好相关工作，促进钢铁行业“僵尸企业”加快退出。更加积极地推动行业去杠杆，努力化解资金风险。协会提出钢铁行业用 3~5 年的时间将资产负债率降到 60%以下，是一项重要的任务，在 2018 年取得成绩的基础上须再接再厉。目前还有一些企业资产负债率高于 60%，要充分利用效益改善的有利时机，多措并举去杠杆。协会将继续就企业面临的融资难、融资贵和去产能过程中的债务处置等方面的问题与有关部门、金融机构进行沟通，改善企业融资环境。继续加强去杠杆工作经验总结和宣传推广，为企业去杠杆营造良好的舆论环境。

准确把握转型升级战略与路径，推动高质量发展。中央经济工作会议指出，要推动制造业高质量发展。钢铁行业作为支撑制造业发展的基础行业，应率先实现高质量发展。2018 年，由协会组织行业共同完成的《中国钢铁工业转型升级战略和路径》研究报告对把握新时代对钢铁工业的战略定位、目标和发展的新要求，提出了我国钢铁工业转型升级战略以及实现的主要路径，广大企业要结合自身特点，研究自身转型升级的战略和路径，指引企业向高质量发展转变。增强自主创新能力，提升产品科技含量是我国钢铁行业由钢铁大国向钢铁强国转变的关键一招，关键核心技术是要不来、买不来、讨不来的，只有将关键核心技术掌握在自己手中，才能实现钢铁强国梦。

坚持绿色发展理念，为打好污染防治攻坚战做出新的贡献。中央经济工作会议指出，打好污染防治攻坚战，要坚守阵地、巩固成果、聚焦做好打赢蓝天保卫战工作。钢铁行业要勇于面对，聚焦达到超低排放标准，瞄准影响超低排放的技术瓶颈，加大工作和投入力度，提升节能减排技术水平。继续组织节能环保关键共性技术攻关，继续推进先进适用以及成熟可靠的节能环保工程技术改造。认真总结钢厂与城市融合发展的经验，大力宣传钢铁行业在绿色发展方面取得的突出成绩，进一步增进社会公众对钢铁行业发展的了解。密切关注各地方污染防治攻坚战出现的新情况、新问题，及时了解企业的新诉求，认真做好相关服务工作。

努力维护行业平稳运行。钢铁行业要解放思想，更新观念，将认识统一到提高发展质量上来，如果不转变过去依靠规模扩张、高产超产的思路，仍有可能回到供大于求的老路上去。2018 年 11 月以后钢材价格快速下跌，很大程度上是受市场预期的影响，钢材市场整体供需形势并没有发生方向性改变。要坚定信心，加强行业自律，合理控制生产节奏，防止供大于求的历史重演。在行业、区域、企业 3 个层面积极探索加强自律的措施，建设行业自律的长效机制，充分发挥“陕晋川甘”等区域自律的作用，增强企业自律的约束。保持战略定力，共同维护市场稳定，特别是大企业要继续发挥区域市场稳定器的作用。要重视中美贸易摩擦的发展动态，积极做好应对准备，特别是要深入研究贸易摩擦对我钢铁产品间接影响范围。进口铁矿石价格直接关联钢厂效益，要按照互利共赢、长期合作的理念，相互支持，加强产业链协同，共同维护公平、公正的原燃料市场秩序，形成一个能够客观反映供求关系、符合各方基本利益的铁矿石供给体系。加强市场形势调研分析，加强协会的信息引导，积极主动发声，促进市场稳定。同时，深入了解企业反映的情况和问题，及时向国家有关部门反映行业诉求。继续深入推进企业对标挖潜活动，增进企业间交流学习，取长补短共同推进降本增效。

充分发挥企业主体作用，积极参与“一带一路”建设。“一带一路”建设主体是企业，载体是项目，要为企业参与“一带一路”建设架桥铺路。充分发挥中国钢铁行业国际产能合作企业联盟的作用，做好与政府、金融机构、国外有关机构的对接工作，建立畅通、高效的工作机制；深入开展钢铁行业参与“一带一路”建设情况的调研，积极组织、协调钢铁企业参与“一带一路”建设，了解企业参与“一带一路”所面临的实际困难，有效管控各类风险；加强同有关部委的联系，切实帮助企业解决实际问题。

全面加强党的建设，促进各项工作任务的落实。坚持把政治建设摆在首位，全面加强党的建设，把围绕行业中心工作，提高企业效益、增强企业竞争实力，实现企业高质量发展作为党建工作的出发点和落脚点，充分发挥党组织“把方向、管大局、保落实”的领导作用；加强党的基层组织建设，充分发挥党支部的战斗堡垒作用和党员先锋模范作用，坚定不移将党中央、国务院各项决策部署落实到位。

乘着改革开放40周年的春风，钢铁行业迈入了新时代，让我们更加紧密地团结在以习近平同志为核心的党中央周围，坚持以习近平新时代中国特色社会主义思想和党的十九大精神为指引，持续推进供给侧结构性改革，努力提高钢铁行业的运行质量和效益，为促进新时代我国钢铁工业高质量发展，建设钢铁强国做出新的更大贡献，以实际行动和优良业绩迎接中华人民共和国成立70周年！

Part 2

在改变中寻求希望与未来

当一条路走不下去的时候，并不一定是走到了尽头，更多的时候是应该转弯了。

在改变中寻求希望与未来

伴随国家经济进入深度调整期，对钢铁这个传统行业来说，需要做出哪些调整和改变？如何寻求突破并超前谋划好行业的未来？2017 年 1 月 9 日至 10 日，在中国钢铁工业协会 2017 年理事（扩大）会议召开期间，河钢集团党委书记、董事长于勇接受了《中国冶金报》记者采访。

去产能：行业可持续发展必经的“阵痛”

记者：2017 年是实施“十三五”规划的重要一年，也是供给侧结构性改革的深化之年。中央经济工作会议提出，要继续推动钢铁、煤炭行业化解过剩产能。谈谈您的认识和体会？

于勇：去产能是完全符合行业发展实际的。适当压减产能，能够为钢铁产业进一步推进结构调整、产业升级腾出更多的空间和精力，对恢复钢铁企业竞争力和盈利能力是必要的。随着国家经济进入深度调整期，经济增长由高速转向中高速。原来钢铁行业的产能规模是支撑两位数经济增速的，现在经济增速放缓，钢铁行业肯定会进入一个相对过剩的阶段。在这个情况下，我们适当对钢铁进行减量是对的。西方发达国家也都曾经经历过这样一个阶段。

去产能是对钢铁行业延续数十年的以规模扩张为主要经营方式的

本文原载于《中国冶金报》2017 年 1 月 12 日。

一种彻底颠覆，也必将为大多数已经习惯于传统经营方式的钢企带来改革的“阵痛”。有些改变是需要借助外部动力的，也是需要付出代价的。当传统路径已经行不通，企业亟须寻求一种全新发展路径的时候，没有什么比“倒逼机制”来得更加有效。去产能正是在经济发展新常态下，倒逼企业颠覆传统思维模式与生产组织方式，在求新、求变、求突破中不断超越自我，实现可持续发展的必经之路。

去产能是国家重大战略，河钢作为中国一家大型钢铁企业，要坚定不移地贯彻落实国家去产能政策；去产能是行业健康发展的需要，也是河钢加快实现产品和用户结构升级的重大机遇。基于此，河钢主动提高标准压减产能，2016 年提前两个月超额 83 万吨完成全年化解过剩产能任务，2017 年将继续压减炼铁产能 104 万吨、炼钢产能 336 万吨。去产能，无论是从企业未来、行业自律的角度看，还是从整个钢铁行业进入一个良性循环的角度看，都应该是钢铁行业的主动选择。

“走出去”：用全球化思维提升国际竞争力

记者：2016 年，河钢收购了塞尔维亚斯梅代雷沃钢厂并当年就实现扭亏在业界引起很大震动，请您谈谈这方面的情况？

于勇：2016 年是令全体河钢人难忘的一年。习近平总书记于 2016 年 6 月 19 日视察河钢塞尔维亚公司，为河钢“走出去”指明了方向，更加坚定了河钢担当国家角色、打造“世界的河钢”的信心和决心。

河钢塞尔维亚公司是中国钢铁企业在海外收购的第一个全流程钢铁基地，我们牢记总书记提出的“言必信、行必果”的重要指示，通过管理输入、工艺改善以及全球配置河钢优势资源，迅速扭转了塞尔维亚公司长期被动的经营局面，钢厂发生了历史性巨变，在 2016 年 12 月实现了全面扭亏。

目前，河钢海外板块布局欧洲、美洲、非洲等地区，在海外拥有500万吨钢铁材料制造能力，形成了河钢全产业链海外发展格局。由于成功控股德高公司，以及在欧洲其他项目投资中为推进中欧企业合作共赢发挥了显著作用，2016年，河钢荣获国际资本峰会中欧企业合作大奖，成为被峰会国际组织唯一推荐并成功当选的中方企业。同时，河钢也是国际资本峰会创办8年以来，唯一获此殊荣的中国制造性企业。

当前，正值集团创新转型、快速成长的关键时期，河钢正努力构建基于全球营销服务平台、全球钢铁制造平台、全球技术研发平台的竞争优势，成为全球拥有资源、全球拥有市场、全球拥有客户的“世界的河钢”。下一步，我们将把握“一带一路”倡议带来的战略机遇，发挥全球营销服务平台网络优势，稳步推进产业链横向拓展和纵向延伸，着重在“一带一路”沿线国家寻求可行投资项目，做大做强钢铁制造平台，做我国钢铁行业“走出去”的领军企业。

实践中我们有几点体会：一是作为国有骨干企业，河钢的发展必须与国家战略同向同行；二是中国钢铁人应当坚定产业发展的自信；三是要善于运用全球化思维促进自我提升。

绿色发展：持续巩固企业品牌优势

记者：2016年，河钢凭借“城市中水替代地表水、深井水作为钢铁生产唯一水源”获得世界钢协第七届Steellie奖中备受关注的可持续发展卓越奖。这是河钢取得的又一突出成果，请您谈谈近几年河钢在绿色发展方面所做的工作？

于勇：在清洁生产、环境治理、能源综合利用方面，河钢始终强化责任意识和担当精神，也一直走在行业的前列，受到了行业的认可。

在环境保护和能源利用的投入方面，河钢从没有止步，未来也将持之以恒地巩固提升绿色发展的品牌优势。

2017年，河钢将持续落实绿色发展行动计划。该计划包括绿色制造、绿色产业、绿色产品、绿色采购、绿色物流和绿色矿山，体现为“六位一体”绿色发展总布局。与传统绿色化模式相比，该计划突出全员、全流程、全生命周期，更加发挥钢铁企业在引领产业链上下游绿色发展方面的关键作用。

目前，河钢多领域、多形式共建协同创新平台和产业技术创新联盟，提升科技创新实力，促进绿色发展。河钢已经与中国科学院等科技资源高地深化战略合作，积极承担国家科技支撑计划项目《钢铁企业废渣/余热利用技术研发及应用示范》，并联合研发世界首个亚熔盐高效清洁钒铬共提产业化示范项目；主动承担国家行业重大需求和共性技术研究项目，成功申报《钢铁行业水资源高效循环利用技术及示范》等国家重大科技专项。供给侧结构性改革给河钢带来新机遇，河钢将加大力度介入新能源、新产业、互联网经济和绿色生态发展项目，将其打造成为支撑集团发展的重要力量。

你的态度，让你擅长的事情更有价值

2016年1月10日，河钢集团党委书记、董事长于勇就钢铁企业推进供给侧结构性改革相关问题接受了《中国冶金报》记者采访。

记者：钢铁行业供给侧结构性改革的侧重点之一是产品结构提档升级，河钢是如何实现这一目标的？

于勇：通过客户群体的优化反过来促进品种结构的调整，与钢铁行业供给侧结构性改革是相辅相成的。一方面，供给侧结构性改革强调供给端的创新，企业应该避免慢循环和低效率，要更有效地配置资源；另一方面，党的十八大以来，更加强调把资源配置交给市场，企业可以通过客户结构的优化来推动、倒逼自身结构的调整，这要比企业单纯地为了调整结构而调整的效果更好。

2016年，河钢集团将集中精力研究市场、客户、产品，真正形成全员对接市场、全员研究产品的浓厚氛围；同时，结合大客户营销体系的建设，将同步加快推动以产线为基本单元的生产组织模式转变，为新型客户关系的建立提供有力的支撑体系。未来，河钢将站在行业发展高度，为客户提供全生命周期的解决方案。

产品的价值有着丰富的内涵。除了本身的成本以外，还有其背后的品牌、客户群，以及承载的营销理念、技术含量和服务。你把它当

本文原载于《中国冶金报》2016年1月13日。

成大路货，它就是不值钱；你把它当成精品来做，它就会更有价值。你的态度，会让你擅长的事情更有价值。

2015 年 9 月，河钢集团与海尔集团签署海尔特钢项目股权合作协议，河钢集团控股海尔特钢 70%股权，双方共同运营彩色钢板业务。同时，河钢以嵌入方式全面进入海尔供应渠道。这次合作是以资本为纽带布局产业链渠道的一次积极尝试，却并非首次。此前，河钢就把剪切配送服务做到了长城汽车的家门口。

钢铁企业还是应该往下游延伸。对海尔这样典型的想把主业做精的用钢行业来说，河钢的延伸产业链思路与海尔压缩经营链条集中精力做家电核心部分的战略是契合的。因此，这不仅仅是钢铁产业链的延伸，更是对未来用钢行业做精主业的战略契合，而且，未来这种契合会越来越多。

以海尔集团为例，构建小微模式是其平台化转型的重点举措。海尔集团以业务或项目为中心，将传统组织结构打散为一个个具有独立决策权、用人权、分配权并进行独立核算的小团队，在自己不擅长的链条中让出市场。这恰与我们延伸产业链条的战略布局不谋而合。我们当时谈的是，钢铁业务由我们来做。虽然海尔是全球白色家电的龙头企业，但是做钢铁并不是它擅长的领域。做钢铁，我们是最擅长的。

在过去，包括河钢在内的很多钢铁企业都把精力更多地放在钢材产品本身，而忽略了对客户需求的关心，更缺乏对客户的研究。这既有在当时钢材供不应求的市场环境下钢材不愁卖的原因，也有当时装备水平不高而且单一带来的产品雷同的原因。随着钢铁企业装备水平逐渐提升、工艺逐渐完善，能提供的产品更加多样、高端，钢铁企业也就开始有了通过客户群体的优化促进结构调整的意识和能力。

记者：在营销体系变革中，河钢推行了大客户经理制，这在钢铁行业又是一个新概念，出于哪些考虑做出这样的改变？

于勇：就在不久前，47 名来自河钢各子分公司的主要领导和主管生产、技术、营销工作的领导参加了由西门子管理学院组织的营销战略高级研修班。这是河钢集团成立以来就营销战略转型进行的规格最高的培训，也是西门子管理学院为其战略合作伙伴安排的首次大规模培训。

河钢大客户营销理念来源于西门子的核心战略中的客户关系，虽然是一个跨界的概念，它同样适用于钢铁行业的客户关系管理。我认为，未来在加快推进以用户为中心的商业模式转型方面，将会有更多制造业企业会走西门子这条路。

大客户营销对河钢来说，不仅仅是渠道的延伸，更重要的是通过选择客户结构来提升产品结构。在过去，钢铁行业更多地是为产品负责，较少关注客户，钢铁行业的供需双方更多的是买卖关系，也仅仅是就单一的产品讨价还价。而如今，包括河钢在内的很多钢铁企业已经意识到，围绕产品的技术解决方案，为客户提供的附加值往往比产品本身更有吸引力，价值更大。

悟出一件事来做，和学别人做事是两回事。对于我们自己悟出来的理念，更能够全心全意地贯彻执行。以大客户营销为例，在过去的近三年里，在推进以用户为中心的商业模式转型过程中，河钢陆续推进展开了直销直供、市场细分、全面对接终端客户等战略措施，对国内外市场进行了充分的调研，判断出哪些客户是河钢产品和服务适用的对象，哪些是河钢的潜在用户，才为今天河钢的大客户营销打下了良好的基础。而这，不是一蹴而就的。从领悟到坚定不移，不仅是时间的问题，需要在实践中更精准地把握主旨要义，在起而行之的落实中破解难题，在久久为功的落实中开创新局面。

产品走多远取决于客户结构

由国务院国资委、新华社指导，国资委新闻中心、国资委研究中心、经济参考报社主办的首届“中国企业改革发展论坛”，2017年2月23日在京举行。本次论坛的主题是“改革新动能·优化供给侧”。河钢集团党委书记、董事长于勇在圆桌对话时提出，未来的产品能够走多远，其实取决于我们的客户结构。

记者： 作为供给侧结构性改革的重点行业，当前钢铁行业备受关注，作为国内最大的钢铁企业之一的掌门人，您能否把河钢优化供给侧的实践和感受与大家做个分享？

于勇： 近30多年，我们国家宏观经济快速发展，为钢铁行业获得非常好的经济效益提供了外部环境，也完成了装备的大型化、现代化的升级换代。中国的钢铁企业，包括河钢在内，可以自豪地讲，我们现在拥有世界最先进的装备、工艺和设备。接下来的问题是，当一个行业一个企业拥有了这么高端的装备、工艺和技术的时候，生产的产品如何满足不同客户，如何有效提高供给质量，这将是我们面临的新课题。对钢铁行业来讲，我认为，中央提出推进供给侧结构性改革，是对我国当前经济社会发展所处的历史阶段的科学判断和准确把握，可以说恰逢其时。

本文原载于经济参考网2017年2月26日。

就河钢而言，把产品提高到一个新的高度，这就是我们未来要解决的问题。在供给侧结构性改革这个工作落实上，我刚才发言中也提到了，关键词就是抓住客户。其实河钢这个企业这么多年来，就像我们国内很多国有企业一样，我们出什么产品其实更多是由生产计划部门来制定，由生产单元来执行的。也就是说我们这个企业从生产安排来讲，很少去关注直接客户需要什么，有哪些小众化的需求，所以在推进供给侧结构性改革这项工作上，河钢是从优化客户结构开始，通过优化客户结构，来倒逼河钢产业结构的提升。河钢不是不能提供较好的钢材和产品，是因为我们的客户端，屏蔽了我们装备的能力和科技水平。所以说，我们切身感受到，未来的产品能够走多远，达到什么样的高度，其实取决于我们的客户结构。所以当前河钢就是要优化客户结构，以此作为我们推进供给侧结构性改革，特别是提高有效供给，推动产品走向中高端的一个最有力的抓手。

记者：客户结构发生变化，可能需要更多的高端产品，作为钢铁企业，您认为提高供给质量的有效途径有哪些？

于勇：当前的产能过剩是结构性的过剩，真正符合市场要求的高端产品供给不足。提升有效供给质量，对于企业来说，就是以创新驱动推动产业升级，切实将发展方式转变到更加符合市场要求，更加注重发展质量上来。一切都要按照市场的要求而调整，切实提高发展质量效益，才能尽快走出困境，大幅提升竞争力。

在供给侧结构性改革中，企业的发展路径必须改变，必须要更加关注技术、关注创新、关注人才、关注产线这些核心力量的提升，进而实现全要素的总动员。

将量的基础转化为质的优势，河钢有很大潜力，我们有足够的能力和动力，利用有限的资源创造出更好的供给，创造出更有价值、更高端的产品。基于这样的认识，河钢抓住供给侧结构性改革的历史机遇，创新发展理念，加速转型发展和产业升级，提升供给质量，全面提升钢铁主业竞争力。追求规模、追求批量生产的传统模式在河钢已经成为过去，生产的定制化、小微化和个性化成为新的追求，产品和市场也就这样实现了对接，产品的开发和生产由此进入“定制”时代。市场化的改革创新深入推进，以“产线”作为经营的核心，产线成为最小的经营单元。让产线直面市场，围绕产线和市场配置最优的资源，推动了管理层级精干高效，更多的技术管理人员在产线和市场前沿发挥作用，管理、技术、人才等资源效率大幅提升。

我们全面推行“产线对标”，破解产线与市场脱节的问题，建立起“生产保销售、销售保用户”的生产组织模式；在业内，河钢率先推行大客户经理制，建立以客户服务中心为主要平台的大客户营销体系，加速营销模式的创新突破。我们通过渠道创新，整合海尔特钢成立河钢新材，开拓了新的供应渠道，并由此融入钢铁下游制造环节，与用户在技术、生产、质量、检测等方面进行全方位对接，加大新材料的研发供给，极大地促进了高端产品研发和品质升级。更加突出“市场”和“产品”，构建质量、技术、人才、自动化和信息化四大支撑体系，以提升供给质量满足用户个性化需求，以客户群的高端化，倒逼产品和服务档次的全面提升。

通过技术持续创新，河钢不断在市场和产品端发力，快速跳出普通产品的“低端循环”和“同质化”价格战怪圈，通过满足客户群体高端化个性化需求带来了供给质量提升。2016 年，我们的高强汽车板项目被工信部列为“中国制造 2025”唯一一个钢铁行业试点，80 多个高端特钢产品填补国内空白并成功替代进口钢种……近年来，通过提高有效高端供给，河钢拓宽了新的发展空间。今年前两个月，在生铁产量同比降低 6.7%、粗钢产量同比降低 1.1%、钢材同比降低 1.58%的情况下，河钢品种钢比例达到 64.6%，同比提升 9.05 个百分点，成为我国最大的家电板供应商和第二大汽车用钢供应商。未来，我们将更加注重供给质量，不断加速产品的升级和结构调整步伐，努力建设最具竞争力的钢铁企业。到“十三五”末，高附加值、高技术含量品种比例由41%提高到70%以上，高端与战略产品的比例由13%提高到54%以上，高端装备、技术、人力资源和管理创新的优势将获得极大释放，从而获得更大的价值空间。

企业终极差异化根本在市场和客户

2017年7月27日，在中国钢铁工业协会五届六次常务理事（扩大）会议召开期间，河钢集团党委书记、董事长于勇在接受《中国冶金报》记者专访时表示，面对钢铁行业正在发生的巨大而深刻的变化，河钢正进一步增强紧迫感和危机感，不辜负党和国家对河钢发展的殷切期望，在深入推进供给侧结构性改革中更加坚定"理念自信"和"路径自信"，着力培育自身竞争力和可持续发展能力，支撑企业更好地走向未来。

坚定不移地在市场、产品和客户端上持续发力

记者：上半年，钢铁行业实现较大面积的盈利，钢铁行业似乎已进入了一个新的盈利周期，河钢情况如何，下一步有哪些想法？

于勇：上半年河钢各项重点工作实现了大幅度提升，最值得关注的是钢铁主业的盈利，表现突出的子公司已经进入行业盈利水平第一方阵。河钢各单位围绕市场、产品和客户端持续发力，力度空前，变化巨大。钢铁主业的盈利，除了归因于上游市场的价格优势和外部市场的部分支持外，更重要的是由于河钢主动对接市场和客户，实现了装备优势逐步释放，产品创效能力显著提升。

未来企业的生存之本在于市场和客户端，竞争的最终差异就是客

本文原载于《中国冶金报》2017年8月2日。

户端的差异，最珍贵、最稀缺的资源是客户。能够赢得最终胜利的企业，一定是拥有忠实客户的企业。客户端的问题，绝对不单纯是技术和装备的问题，而是客户群的选择和起点问题。在全新商业模式快速发展的今天，传统优势已不复存在，新理念、新观念，特别是对新形势的把握和适应，决定企业的未来，河钢必须与时俱进。

未来一段时期内，河钢在打造最核心竞争力方面的重点是突出市场和客户，因为这是企业终极差异化的根本所在。河钢将把一切力量投放到市场和客户上，克服路径依赖和传统的惯性思维，坚定不移地在市场、产品和客户端上持续发力，继续抓好产线四大支撑体系建设，深入实施以产线为独立市场单元的组织结构扁平化变革，全面推进市场化和客户结构优化，进一步强化以产线为独立市场单元的资源配置工作，让更多关键资源向产线倾斜，以产品高端化和客户高端化，推动集团进入“高端循环”。

任何一个国家、经济体或者企业的发展都需要一个过程。河钢感谢近年来外部市场巨大的变化，让河钢真正从一个完全内向型的企业，变成了两眼向外、关注市场、关注客户的企业。

以加强党建推动企业持续健康发展

记者：国有企业要具备“六种力量”，这是未来做大做强国有企业的发展方向。请您谈谈河钢党建工作的做法？

于勇：作为国有特大骨干型企业，河钢一直以来不断强化政治意识、大局意识、核心意识、看齐意识，全力保证党和国家的方针政策在国企的贯彻执行。在国有企业深化改革、转型发展过程中，河钢党委突出“把方向、管大局、保落实”，带头贯彻落实中央关于供给侧结构性改革、国企改革和加强国企党建工作要求，以更加有力的举措激发企业活力，促进企业持续健康快速发展，加快建设成为最具竞争力的钢铁企业。

贯彻落实好“推动中国产品向中国品牌转变”的要求，河钢党委重点从企业使命、企业理念两个方面入手，牢固确立品牌建设的思想和文化基础。

我认为，一个企业最终的竞争力体现在品牌价值上，品牌价值凝聚了一个企业的产品竞争力、文化竞争力，包括资源配置能力、技术标准和质量等。河钢党委深刻解读和认真贯彻落实新发展理念，从颠覆传统思维定式入手，突出“市场”和“产品”两大主题，先后提出了“客户高度决定企业产品高度”“对接市场、对接客户的能力，是企业核心竞争力”，以及“生态优先、绿色发展”等理念，推动了营销机制、商业模式和可持续发展模式的深刻变革，形成了用户导向型的品牌建设文化，激发了包括广大党员干部在内的全体河钢人走进市场、对接客户的主动性和创造性。

全球化让河钢获得更大的发展空间

记者：有媒体报道，7月17日，全国人大常委会委员长张德江到河钢塞尔维亚公司考察，称赞河钢塞尔维亚公司的发展，是中塞两国企业合作、两国政府和人民之间友好合作的一个成功范例，是中国企业“走出去”的典范。上半年，河钢塞钢的经营情况怎么样？请您介绍这方面的情况。

于勇：2017年河钢塞尔维亚公司设定的盈利目标是2000万美元，上半年已经超额完成了阶段性目标任务。从正式接手钢厂全面管理以来，在一年多的时间里，河钢为这个企业的供应链和客户端发展提供了强有力的支撑，通过平台嫁接，把全球最好的原材料资源和欧洲地区最好的客户资源配置给河钢塞尔维亚公司，使其在产业链上取得了新的竞争优势，由一个区域性企业变成了全球性企业，提升了竞争力。河钢塞尔维亚公司的巨变，不是只靠一个企业就能做到的，而是两国元首和政府高度重视，国家的各个部委大力支持，以及企业员工同心合力的结果。此次张德江委员长到河钢塞尔维亚公司考察，给我们带来了巨大的鼓舞。河钢有信心、有决心完成目标任务，开创河钢塞尔维亚公司更加美好的未来，不辜负党和国家领导人、中塞两国政府对河钢塞尔维亚公司的期望！

我们对河钢塞尔维亚公司的未来有着明确的规划。在利用一年时间使企业恢复活力之后，河钢会进一步考虑其成长性和未来价值。从今年下半年起，河钢将投资重点放在技术和装备的改造上，以保证关键工艺达到世界先进水平，从而使得企业在产品结构、能源环保、循环利用上实现质的飞跃。同时，河钢还会把全球价值链中最宝贵的供应链和产品结构平台对接到河钢塞尔维亚公司，使其未来更具成长性，大幅提升河钢塞尔维亚公司的竞争力。

面对钢铁行业市场发展形势和世界经济发展形势新变化，河钢通过走出去和对外投资寻求新的发展路径，让河钢拥有了更大的发展空间。通过海外发展，河钢不仅在30多个国家拥有了投资项目，更重要的是从欧美发达经济体企业身上吸收到很多先进的技术和管理理念，将这些管理理念和技术反哺到国内企业身上，会极大地提升国内企业的竞争力和管理水平。

从河钢的实践来看，建议中国企业到海外投资时要进一步关注投资国对我国投资方的看法、承受能力和态度。我们不是去改造所投资国家的文化和传统，而是要用好当地的条件，去做我们要做的事情。另外，企业走出去要进一步关注全产业链布局，不断提升国际竞争力。任何海外操作都不只是简单的一笔交易，也不是简单地只涉及一个企业，要综合考虑企业与海外公司的协同性、互补性。

迈向中高端　贵在精准

“世界钢铁看中国，中国钢铁看河北。”作为钢铁产量最大的省份，河北的钢铁工业已成为中国钢铁议题中无法绕开的话题。在国家持续推进供给侧结构性改革形势下，2016 年河北压减炼钢产能 1624 万吨、炼铁产能 1761 万吨，超额完成国家下达任务。

但我们都知道，河北的钢铁产业依然存在亟待解决的系列问题，比如产品供给与用户需求存在错位，产品综合竞争力不强……可以说，河北钢铁产业的调整转型，除了去产能，还面临着增动能的内生需求。

从钢铁大省迈向钢铁强省，我们的钢铁产业的发展新路到底该怎样走？就此，《河北日报》记者专访了河钢集团党委书记、董事长于勇。

强化市场倒逼推动去产能

记者：提到我省的钢铁产业，各界关注最多的就是去产能，过去一年，河钢这项工作进展怎样？

于勇：去产能是完全符合行业发展实际的。适当压减产能，能够为钢铁产业进一步推进结构调整、产业升级腾出更多的空间和精力，对恢复钢铁企业竞争力和盈利能力是必要的。

随着国家经济进入深度调整期，经济增长由高速转向中高速。

本文原载于《河北日报》2017 年 2 月 8 日。

原来钢铁行业的产能规模是支撑两位数经济增速的，现在经济增速放缓，钢铁行业肯定会进入一个相对过剩的阶段。在这个情况下，我们适当对钢铁进行减量是对的。西方发达国家都经历过这样一个阶段。

去产能是国家重大战略，也是行业健康发展的需要，更是河钢加快实现产品和用户结构升级的重大机遇。无论是从企业未来、行业自律的角度看，还是从整个钢铁行业进入一个良性循环的角度看，去产能都应该是钢铁行业的主动选择。

记者：不久前省长张庆伟在政府工作报告中说，今年是我省去产能最为较劲的一年。那么怎样才能在这种较量中取胜？

于勇：河钢集团作为我省国有骨干企业，过去一年，带头贯彻落实了国家去产能的要求。到 2016 年 10 月底，我们已经提前两个月超额完成全年压减产能目标任务。

当然，河钢的去产能，绝不是单纯为了完成国家任务，而是把它作为加快实现产品和用户结构升级的重大机遇，正在逐步退出普通产品的“低端循环”和同质化“价格战”，以产品结构高端化和客户结构高端化，推动企业提高竞争力，最终实现“产能压减、效益提升”的目标。

去产能是对钢铁行业延续数十年的以规模扩张为主要经营方式的一种彻底颠覆，也必将为大多数已经习惯于传统经营方式的钢企带来改革的“阵痛”。

有些改变是需要外部动力的，也是需要付出代价的。当传统路径已经行不通，企业亟须寻求一种全新发展路径的时候，没有什么比倒逼机制来得更加有效。去产能正是在经济发展新常态下，倒逼企业颠覆传统思维模式与生产组织方式，在求新、求变、求突破中不断超越自我，实现可持续发展的必经之路。

以产品升级响应需求变革

记者：钢铁产业要转型，首先该从何处着手？

于勇：习近平总书记强调，当前和今后一个时期，制约我国经济发展的因素，主要矛盾在供给侧。表现在钢铁行业，就是原来追求“量大面广”的同质化产品，已不能满足现今个性化、差异化的需求。认识到这一点，谋划钢铁产业的未来发展才会有的放矢。河钢 2016 年重点所做的工作就是加快产品升级和结构调整。

经济新常态下，宏观经济环境和市场供求关系发生了根本性变化，钢铁企业的盈利模式、品种结构必须适应这种市场环境变化。

记者：既然这样，我们如何改变盈利模式和发展方式呢？

于勇：从既有道路转轨新的道路，最关键的是要打破对资源的依赖，打破那种长期依靠高负债支撑的发展模式、高成本支撑的生产方式、低效率的资源配置模式，以及与需求脱节的经营模式。

协同创新弥补创新短板

记者：河北钢铁产业的装备水平总体上不低，但产品效益却不高，症结在哪儿？

于勇：企业的核心竞争力最终体现在生产线上。过去 30 年中国钢铁业完成了规模化、装备的大型化和工艺的现代化，我国钢铁企业主体装备总体达到了国际先进水平。以河钢为例，集团已经汇集了世界上最先进的产线和工艺配置，几乎“武装到了牙齿”。通过持续不断的技术改造，我们与世界一流企业在装备上的差距逐步缩小，有些装备甚至达到了世界领先水平。但我们在盈利能力上还差距较大，这直接反映出我们在装备潜能和产线效能发挥上的差距。

记者：河钢在发展过程中提出了不做跟随者，是否就因为类似现象带来的反思？

于勇：过去多年，河钢在技术方面始终是跟随者，迫切需要补齐这块“短板”，要做引领者。我们在2016年把集团发展的重中之重确定为向高端装备要效益，就体现了这样的思考。我们提出，河钢要将高端装备尽快转化为企业的竞争优势、效益优势，未来我们给社会贡献的不应该只是钢材，而应该是技术含量更高的钢铁材料。

记者：如何才能实现这一步？

于勇：追求技术创新的道路，本身也需要打破常规，不断创新。河钢的做法是加强产业资本与技术资源的高效融合，打造能够汇聚全球创新要素、开放式的协同创新平台。

近年来，河钢不断深化国际技术交流与合作，与全球著名的科研机构、企业和行业组织建立了紧密的产学研用合作关系。去年7月，河钢还与东北大学联合组建河钢东大产业技术研究院，这是国内首家校企合作实体化运作的钢铁技术研发平台。研究院不仅要着力解决制约河钢产业升级的关键性、根本性问题，助力河钢产业向中高端水平迈进，更要主动承担我国钢铁产业技术的重大专项，在行业核心技术领域实现重大突破。

“走出去”全球配置资源

记者：河钢围绕资源配置的新探索，能否给行业提供一些借鉴？

于勇：任何管理制度和管理体制都是同宏观经济形势和商业模式相辅相成的，企业资源配置方式和组织结构模式的变化必须适应产业发展生态的变化。去年8月，河钢开启了以生产线为独立市场单元的组织结构扁平化变革。核心是通过对各类要素的重新配置，实现“去中间层”和“去行政化”，打造一个流程最短、资源配置最优、路径选择最合理的制度设计。

这场变革，旨在把企业多年来积累的技术、人才、创新能力、改革以及管理能力进行总动员和总释放，是一种全要素总动员，通过对企业资源重新配置和要素的重新整合，提高企业的运营效率，全面激发和释放企业活力。

记者：我们注意到，河钢近几年加快“走出去”，国际化发展走到了行业前列，河钢目前在海外布局是一个什么样的情况？

于勇：近年来，河钢集团紧紧抓住国家“走出去”战略、“一带一路”建设的机遇期和国际产业资本重组的窗口期，稳步推进全产业链的全球化布局，通过“全球钢铁制造”“全球营销服务”“全球技术研发”三大平台建设，打造“全球拥有资源、全球拥有市场、全球拥有客户”的世界河钢。目前，河钢直接或间接参股、控股境外公司 70 余家，形成“四钢两矿一平台”的基本构架，控制运营海外资产 60 亿美元，海外员工 12000 余人。按照集团发展规划，“十三五”末，河钢将形成海外钢铁产能 1000 万吨，海外板块销售收入占集团比重 30%。

2014 年，河钢主导收购了南非 PMC 公司，获得了丰富的海外资源储备。2015 年，完成了对瑞士德高公司的收购，拥有了全球最大的国际营销服务平台和世界金融贸易、全球钢铁资源配置、国际化人才资源整合平台，成为河钢推进国际化战略的桥头堡。2016 年 6 月，又成功收购了塞尔维亚斯梅代雷沃钢厂，建立了河钢在欧洲最大的钢铁制造基地，成为我国钢铁企业在欧洲的首个大型钢铁项目。

习近平总书记于 2016 年 6 月 19 日视察了河钢塞尔维亚公司，对河钢国际化发展给予充分肯定，对把河钢塞钢打造成“一带一路”建设和中国—中东欧产能合作标志性工程提出殷切期望。我们牢记总书记提出的“言必信、行必果”的重要指示，2016 年 7 月 1 日正式接管以来，通过管理输入、工艺改善以及全球配置河钢优势资源，迅速扭转了塞尔维亚公司长期被动的经营局面，钢厂发生了历史性巨变，在 2016 年 12 月实现了全面扭亏。

记者：海外布局的历程，让河钢收获了什么？更多河北钢铁企业“走出去”还需要注意什么？

于勇：河钢建设最具竞争力钢铁企业，需要融入世界，参与全球资源的配置，成为世界的河钢，共同创造并共同分享世界钢铁工业进步的成果。我们通过参与国际市场同步竞争，已经感受到，这可以更快地消除同世界先进钢铁企业在管理、技术、营销等方面的差距，更好地融入国际市场，收获超越“经济价值”的可持续发展动力和创新能力。

中国钢铁企业应该学习和借鉴国外先进企业的成功做法，这在中国钢铁工业发展当中是一个很重要的环节。下一步，我们将把握“一带一路”倡议带来的战略机遇，发挥全球营销服务平台网络优势，稳步推进产业链横向拓展和纵向延伸，着重在“一带一路”沿线国家寻求可行投资项目，做大做强钢铁制造平台，做我国钢铁行业“走出去”的领军企业。

我们发现，为克服企业规模扩张后带来的“大企业病”，提高对市场的快速响应能力，国外大型钢铁企业纷纷围绕市场细化和产品细分进行内部业务资源优化重组，通过业务整合，使以生产线为中心直面市场的业务线条更加清晰化，组织架构更加扁平化。河钢当前推进以产线为独立市场单元的扁平化变革，就是学习和借鉴世界先进钢铁企业“大公司管理、小微化经营”模式，持续保持企业应对市场的灵活性，提高资源配置和企业运行效率，防止“大企业病”的发生。简单说，世界先进钢铁企业“大公司管理、小微化经营”的模式已经为我们所掌握，并正渗透到河钢运营中。

轻资产是整车企业发展的方向

为什么一档汽车产业的高端对话栏目会邀请钢铁企业的董事长参加?

不仅因为汽车产业转型升级离不开上游供应商的支持，而且如河钢一样的大型钢铁企业早已主动介入到这场变革中。

“车企越来越倾向于集成化和轻资产”，河钢集团党委书记、董事长于勇在做客第十三季《赵福全研究院》时如是说，他认为“轻资产其实是产业分工协同、资源配置优化的问题”。

那么在当前各产业联动变革的语境下，如何正确理解轻资产?集成化与轻资产的关系如何?钢铁企业能给车企在此方面提供多大助力?有所为，有所不为，二者之间如何抉择?

他山之石，可以攻玉。在产业边界打破贯通的当下，来自世界第三大钢铁企业的经验和意见，也许相当值得一听。

嘉宾：河钢集团党委书记、董事长于勇

主持人：清华大学汽车产业与技术战略研究院院长、世界汽车工程师学会联合会主席赵福全

赵福全：凤凰汽车的各位网友，大家好！欢迎大家来到凤凰汽车《赵福全研究院》高端对话栏目。我是本栏目主持人清华大学汽车产业与技术战略研究院院长赵福全。今天我们非常荣幸地请到了河钢集团董事长于勇，请于总和各位网友打个招呼。

本文原载于凤凰网 2019 年 6 月 20 日。

于勇：各位网友，大家好！很高兴和大家交流。

赵福全：网友们可能比较了解汽车产品和品牌，但不大了解汽车零部件，更不关注汽车的原材料。实际上，汽车上大约70%的零部件都是整车企业从供应商采购来的，零部件的成本和品质决定着整车的成本和品质。而钢材作为汽车产品最重要的原材料之一，直接决定着很多零部件的成本和品质。一般来说，在一辆1.5吨的汽车上，各种钢材的质量占比约为70%~80%。钢材对于整车的影响巨大，例如钢材的价格影响汽车的成本，钢材的强度影响汽车的安全性能，同时钢材的可塑性、可成形性也影响着汽车的造型。很多人或许认为，汽车厂商从炼钢厂买来钢材使用即可，实际上远不是那么简单，像钢材这样重要的原材料，其技术进步会对汽车产业产生巨大的推动作用。所以，今天我们特别邀请于总来参加访谈。

今年我们栏目的主题是“汽车产业创新”，产业创新不同于企业创新或者产品创新，是一个更大的系统工程。汽车产业上游有供应商，下游有经销商。而钢铁企业就是汽车企业很重要的供应商，反过来讲，汽车企业也是钢铁企业很重要的大客户。如何选好钢材、用好钢材，让汽车产品更具市场竞争力，一直是车企关注的话题。当前，汽车产业节能减排的压力日益增大，在这方面汽车总质量是一个重要指标。轻量化将是汽车产业为之努力的一个长期目标，如果整车减重10%，油耗就可以降低7%~8%，这是行业内的经验共识。而汽车的轻量化与钢材的轻量化密切相关。

于总，请简单介绍一下河钢的情况，让更了解整车的网友们借此机会也了解一下钢铁企业。同时，也请谈谈您如何看待钢铁产业与汽车产业之间的关系？

于勇：很高兴向网友们介绍河钢，我想和大家分享几个关键的数据。从规模角度看，河钢现在是中国第二大、世界第三大钢铁企业，是世界500强企业之一。目前，河钢的年产能达到5000万吨钢材，其中境内大约4500万吨，境外大约500万吨。员工总数12万人，其中境内有10万多人，境外有1万多人。现有资产超过4000亿元，去年销售收入3200多亿元。

河钢是我国最重要的钢铁材料供应商之一。目前，河钢是中国家电行业最大的钢材供应商，供应量占家电行业总量的40%；同时，河钢是汽车行业第二大的钢材供应商，去年汽车用钢的供应量突破了700万吨；河钢还是众多国家重点领域用钢的重要供应企业，比如核电用钢、海洋平台用钢、管线钢等。

近几年国家经济转型也推动了河钢的快速发展。在传统钢铁材料领域，河钢这两年把工作重心放在节能减排、产业升级和品种结构调整方面。而高端钢铁材料领域更是河钢发力的重点，去年河钢的品种钢占比已经超过了70%，在高端钢铁材料上为国家钢铁用材提供了有力的支撑。

与此同时，河钢也扩大了海外布局。目前，河钢的客户遍布全世界100多个国家，我们在70多个国家有投资，其中在30多个国家有运营项目，另外有70多个海外机构。到目前为止，河钢应该说是国际化程度最高的中国钢铁企业。去年，河钢的海外业务收入已经突破了1000亿元人民币。最近，中宣部刚刚授予了河钢集团塞尔维亚公司管理团队“时代楷模”的称号。

中国钢铁企业赋能塞钢起死回生

赵福全：中宣部为什么授予河钢塞钢团队“时代楷模”的称号呢？

于勇：对于中宣部的这次嘉奖，我想应该是基于两点考虑：一是在国家“一带一路”倡议提出以来，河钢塞尔维亚公司可能是中国钢铁行业在境外运营得最好的企业。

2016年，河钢对塞尔维亚最大的国有钢铁企业斯梅代雷沃钢厂实施了并购。该厂此前已经连续亏损六七年，原本这家企业只是塞尔维亚地区的一家地方性钢厂，其所处的巴尔干半岛属于中东欧地区，制造业相对欠发达。而河钢在并购后不到一年的时间里，就让该厂恢复了活力，目前这家企业已经成为塞尔维亚最大的出口创汇企业。这是因为河钢作为一家全球性企业，在并购塞钢之后快速导入了全球的供应链和客户网，使塞钢产品的覆盖范围扩展至欧洲和北美地区。去年塞钢产品有百分之八十销售到欧盟地区，百分之十几销至北美。其实这样的产品布局就决定了企业的高度，现在河钢塞钢已经成长为一家全球性企业了。

二是河钢塞尔维亚项目的成功运营，特别是给塞尔维亚当地经济和就业做出的突出贡献，不仅得到了中塞两国领导人的高度评价，也带来了可观的国际影响力。

中宣部授予河钢塞钢管理团队“时代楷模”的称号，这是国家给予河钢的最高荣誉。这个荣誉含金量很高，对我们来讲是莫大的鼓励，也是我们继续努力的新起点。

大型跨国集团的平台作用十分突出

赵福全：河钢已经成为中国钢铁行业“走出去”的典型代表。实际上，以往中国企业“走出去”，大多数情况是借助外方的技术和当地的市场，我们自己只能提供劳动密集型经济的低成本支撑。但是这次河钢并购塞钢完全不同，反过来给外方注入了技术和资金，带来了国际客户，不仅帮助企业起死回生，而且带领企业走出了区域化经营，走向了世界市场。

中国企业经过这些年来的发展，已经积累了大量的技术、资金以及国际客户资源，今后外方企业也可以借助中国企业的平台获得竞争力。而河钢已经成为这方面成功的先行者。

于勇：我曾经说过，河钢对塞钢的成功并购及运营，不仅是我国“一带一路”倡议的一次成功实践，而且还说明了“一带一路”的构想既能在亚洲欠发达地区发挥作用，也能在欧洲发达地区体现价值。同时，塞钢项目的成功，也彰显出改革开放以来中国钢铁行业取得的巨大进步。

以河钢塞钢的案例来看，我们之所以能在短时间内恢复并提升河钢塞钢的竞争力，关键在于河钢在客户端和供应链对其进行了嫁接，使河钢塞钢从原来的区域性企业直接变成了全球性企业。显然，河钢能够这样做的前提是，我们自己早就已经是一家国际化的大型集团企业了。国际化企业，特别是大型的跨国集团，在客户端和供应链方面的平台作用是十分突出的。

集团化发展创造出 1+1>2 的实效

赵福全：4000 亿元的资产、3200 亿元的销售收入、产品行销全世界，河钢能够发展到这样的规模，确实很让人吃惊，相信关心汽车行业的网友们，包括一些汽车企业的老总们可能也没有想到。同时，河钢目前是中国汽车用钢的第二大供应企业，年供给量达到 700 多万吨。那么河钢的发展历程是怎样的？是如何在短短十几年时间里迅速崛起成为大型钢铁集团的？另外，塞钢得以成功并购及运营，肯定和河钢的研发实力有很大的关系。能否围绕这两个方面介绍一下？

于勇：河钢的前身主要是河北省几家地方国有钢铁企业，包括唐山钢铁、邯郸钢铁、宣化钢铁、承德钢铁、石家庄钢铁公司，以及外省的舞阳钢铁和营口钢铁公司等。2008 年 6 月 30 日，这些企业正式整合成立了河钢集团。河钢集团组建初期，我担任总经理，后来又担任了董事长。河钢从几家地方企业整合成为集团公司，聚零为整，由大变强，迅速成长为全球化、特大型、综合性钢铁企业的全过程，我是亲历者之一。

河北省政府之所以做出集团化整合的决定，是因为当时五家地方国有钢铁企业，分布在不到 20 万平方公里的省辖面积内，共同竞争同一个采购市场、同一个销售市场。这些企业各自为战，在发展定位和资源配置上缺乏协同性，存在重复建设、产品雷同、装备重叠等问题，完全处于一种无序竞争的状态。这不仅造成了资源浪费，也给企业自身带来了很大的负面影响，对产业和企业都非常不利。

河钢集团组建之后，很快取得了立竿见影的转变效果，集团化经营带来了显而易见的整体优势。回顾走过的这 11 年，我们可以很自信地说，河钢实现了快速增长和健康发展。一方面，这得益于国家整体经济转型不断深化，河钢的外部发展环境越来越好；另一方面，河钢的商业模式也越来越成熟，充分发挥了集团化给企业带来的强大支撑力。事实证明，河钢旗下几家企业的整合，绝对不是简单的物理反应，而是真正发生了化学反应；绝对不是简单的数量累加，而是真正实现了质量升级。集团化发展一改过去几家企业单打独斗的局面，产生了黏结效应，形成了独特优势，创造出 1+1>2 的实际效果。可以说，没有集团化，河钢不可能形成现在的规模，不可能实现高效的协同，更不可能拥有开阔的眼界。一句话，没有集团化，河钢走不到今天。

赵福全：几家企业单打独斗时无法形成合力，但是要想成功整合也绝非易事。在很多人的印象中，国有企业兼并重组的结果往往不是1+1大于或者等于2，而是小于2，可能是1.8甚至是1.5。而河钢真正做到了1+1>2，在整合之后创造出了更多更大的价值。正如您谈到的，河钢的集团化发展之路并非简单的物理叠加，而是深度的化学反应。在整合基础上，河钢形成了清晰的发展战略，避免了各家企业之间原来存在的区域恶性竞争，实现了优势互补，提升了资源利用率，并且走出了中国、走向了世界。应该说，这是国有企业有效整合的成功典范。

空前压力倒逼钢铁企业转型升级

赵福全：经过改革开放40年的发展，中国已经取得了长足的进步，但同时也迎来了新的巨大挑战。特别是一些传统的制造业，存在产能过剩、环保压力加重、成本优势缩小等问题，钢铁可能就是其中面临挑战最大的产业之一。劳动密集、资金密集、技术密集的钢铁产业，必须加快进行转型升级。对此，您觉得转型的困难在哪里？又应该如何突破呢？

于勇：目前中国钢铁的总产能超过10亿吨，2018年的实际产量突破了9亿吨，的确是一个很惊人的数据。都说中国钢铁产能过剩，其实参照去年钢铁的出口额和进口额就会发现，有90%的钢铁产量是在国内消费的。也就是说，中国钢铁产业的产能巨大，首先是因为我们国家自己就有巨大的需求。

这两年随着中国经济转型升级，增长速度有所放缓，这是正常的。钢铁产业未来可能会出现产能相对过剩，需要减量化发展，并加快进行转型升级，这也是很正常的，我们应该理性看待。实际上，中国现阶段遇到的很多问题，在发达国家的历史上都曾经出现过，这是经济发展到一定阶段后的必然。相信我们会比西方国家更有效地解决这些问题，因为他们曾经的经历为我们提供了前车之鉴。在政府的指引下，近几年来我国钢铁产业在去产能、减量化以及转型升级等方面的努力取得了显著效果。

减量化发展、环保压力增大和劳动力成本提升，这些因素在当前一个时期相互叠加在一起，既给钢铁产业带来了空前的压力，也让产业形成了结构调整和转型升级的倒逼机制，企业必须加紧行动，努力将压力转变为动力。

实际上，中国钢铁行业真正开始市场化竞争还不足十年时间。改革开放初期，中国的起点非常低，很多资源都处于短缺状态，钢铁也是如此，只要生产出来就不愁卖。由此，钢铁企业享受了长达二三十年的“幸福时光”，大家的日子都很好过。企业真正进入市场化竞争阶段，体会到供需关系正在发生变化，“供不应求”已经变成了“供大于求”，也就是近十年的事情。但是我觉得，这种压力对企业来说也不是坏事。一家企业如果始终生存无忧，没有任何外部压力，是很难形成内部动力进行持续改革和创新的。

客户高端化成为转型升级的重要支点

赵福全：改革开放40年是中国经济快速崛起的时期，也是中国基础建设取得长足发展的时期。钢铁产业由此迎来了重要的历史机遇，形成了今天这样巨大的产销规模。当前中国经济进入转型期，呈现稳增长的“新常态”，这给钢铁产业带来了空前的压力，而您把这种压力视为倒逼产业转型的动力。河钢集团过去11年的大发展，正是在市场竞争的新环境下，直面挑战、努力打拼得来的。那么，展望未来，河钢准备如何进行转型升级，具体有哪些举措呢？

于勇：我认为，尽管环保要求升级和市场竞争加剧带来了空前的经营压力，但是企业绝不能只盯着降成本和减费用，否则对转型升级是不利的。我经常在河钢内部强调：过度关注成本而不关注产品，这样的企业是没有未来的。换句话说，企业只以成本为核心竞争力，是很难实现可持续发展的。尤其在当前的环境下，多重压力叠加在一起，要求企业必须向高端化方向发展，为此必须加倍关注产品端，努力实现产品提升、结构调整和客户升级。如果还寄希望于降成本、拼价格取胜，企业恐怕连生存都会有问题。

在钢铁企业的高端化发展方面，河钢比较有代表性。过去河钢的产品以螺纹钢等建筑钢材为主，后来我们逐渐有了自己的扁平材钢板，包括冷轧钢板。当然，在产品升级和结构调整的过程中，我们也有过误区，比如对装备的理解。河钢成立以后，完成了装备由小型到大型、由低端到高端的全面升级。有一段时间，我们觉得自己的装备“高大上”了，企业的竞争力就提升了。其实不然，企业最终的竞争力体现在产品上，从装备到产品还有很长的路要走。

装备的升级相对来说容易做到，只要有足够的资金就可以，但是要把装备升级真正转换为产品升级，还需要人才，需要技术，需要管理，需要创新。同时，装备的档次还必须与产品的品种相适应。河钢在实现了装备大型化高端化之后，逐渐意识到产品结构和装备之间不匹配是一个很大的瓶颈。一方面，装备很先进，成本很高，另一方面，产品品种不好，卖不上高价，成本根本无法消化，还谈何发展？也就是说，装备高端化了，而产品依然低端，企业还是不能实现高端化发展。为此，河钢充分借鉴了跨行业的经验，通过与西门子等先进外企进行学习互动，引入了全新的企业升级理念——通过客户端结构的调整来拉动产品端结构的升级。

我们意识到，河钢产品结构趋于低端是因为客户端的需求不高。河钢以往的客户大多是一些基本用户，在装备升级之后，我们没有开发更高端的客户，这就限制了先进装备的潜力释放，影响了企业整体的转型升级。从 2013 年开始，特别是最近几年，河钢把客户端结构调整作为全集团压倒一切的首要工作，以此带动产品端的调整，形成撬动集团转型升级的一个重要支点。实践证明，河钢这样做选准了定位、认清了方向、拓宽了眼界。

发展定位和方向决定企业各项关键要素的潜力发挥

赵福全：于总今天的分享非常值得整个行业借鉴。河钢从建筑钢材起步，这是历史的必然，因为有当时市场的需要。但是，河钢并没有止步于此，而是选择不断升级，使产品逐步走向了高端。

得益于改革开放以来的积累，企业有实力进行了装备的全面升级。但是您发现，对于企业转型升级来说，好装备只是必要条件，但不是充分条件。要想把先进装备的作用充分发挥出来，必须有优秀的人才，必须有大量的研发投入，而且最为重要的是，必须有相匹配的产品品种。如果用高端装备做低端产品，不仅是大材小用，体现不出装备应有的价值，而且还会造成不必要的高成本，企业的竞争力根本无法提升。为此，河钢的对策是开发需求更高的新客户，因为高端的客户才会需要高端的产品，高端的产品才会需要高端的装备。这样就会带动人才、技术以及管理能力的提升。

于勇：您总结得很到位。河钢真切地体会到，企业在转变发展路径和升级产品结构之际，一定会更重视人才、技术、管理和创新。说到底，还是因为有需求。企业对人才、技术、管理和创新的重视程度，与其发展模式以及内在需求是息息相关的。

最近我经常在集团内部讲，河钢进入了新的发展阶段，选择了新的发展模式，特别是在产品结构调整序幕拉开之后，将比历史上任何时候都更加需要人才、技术、管理以及创新的力量。因为我们选择的是真正的高质量发展，唯有优秀人才、核心技术、先进管理和持续创新方能提供有效支撑。这并不是说，之前的一个时期，人才、技术、管理和创新不重要，只不过在客户和产品相对低端且比较固定的时候，在企业固守原有的市场定位和经营策略的时候，这些要素的潜力都被屏蔽掉了。

从这个意义上讲，在一家企业的某个时期，人才能不能发挥作用，技术会不会实现突破，管理有没有显著提升，创新是不是非常活跃，都是和企业的战略定位、发展方向紧密相关、相辅相成的。

赵福全：都说留住人才对于企业来说是一个难题，其实企业能否留住人才，关键在于企业家制定的发展战略以及由此决定的对人才的重视程度。反过来讲，如果人才“生不逢时”，在企业没有很强创新发展需求的时候，再优秀的人才也难以发挥应有的作用。

我之前曾经总结过，成功的企业必须具有“三识”。改革开放初期，只要敢于去闯就能成功，此时“胆识”是最重要的能力和战略；改革开放中期，中国人开始走出国门，看到了国外的企业在怎样做，回来后“照猫画虎”就能成功，此时在“胆识”的基础上，“见识”也成为了最重要的能力和战略；但是，到了改革开放40年之后的今天，粗放式以及模仿式的发展已经难以为继，我们必须进行转型升级，实现创新突破，否则根本无法保持竞争力，此时“胆识”“见识”和“知识”都变成了最重要的能力和战略。“胆识”不可或缺，“见识”也必须具备，而未来“知识”的重要性将会日趋凸显。企业有“知识”，意味着必须拥有具备产业完整知识体系和创新能力的优秀人才团队，无论国企还是私企，这都是新形势下企业实现可持续发展的基础和支撑。

河钢之所以能够取得如此快速的发展，原因就在于此。以河钢塞钢项目得到国家授予的荣誉为例，我认为河钢向塞钢输出的根本不是产能，而是技术，是管理，更是背后拥有技术能力和管理能力的人才。而这些优秀的人才能够得到重用，能够在合适的岗位上发挥突出的作用，则是因为您作为企业领军人对河钢发展方向的前瞻眼光和战略抉择。

于勇：赵院长说得很对。改革开放前40年，更多的是靠需求拉动，企业的发展壮大得益于市场需求提供的红利。河钢的发展历史也说明了这一点。改革开放后40年，从中国经济大势和钢铁产业发展方向来看，我认为将进入一个全新的阶段。如果说前40年，中国钢铁产业实现了由小到大，那么后40年或者说未来20年，中国钢铁产业将真正实现由大变强，这是比前40年更加宝贵的发展机遇。前40年我们更多的是在做量的积累，能够从无到有，取得这样大的进步是很了不起的；后40年我们更多的是要做质的提升，这将给国家带来翻天覆地的巨大变化。今后，中国钢铁产业不会满足于中低端市场，不再靠低成本打天下，而是要凭借创新的技术和领先的产品，在世界市场上占据强者的一席之地。

赵福全：实际上，这是国家、产业以及企业的必然选择。如果我们还是沿用过去40年的做法，路只会越走越窄，越走越难。唯一的出路是加强创新，提升技术含量，实现高质量的发展。无论钢铁还是汽车产业都是如此。

面向智能制造重塑全新生产组织方式

赵福全：当前，新一轮科技革命方兴未艾，大数据、云计算、人工智能以及新材料、新工艺等技术将给制造业带来前所未有的巨大变革。而未来制造业的升级方向指向了智能制造，这也是德国工业4.0的核心思想，即通过打通设计、生产、服务全产业链条，实现大规模的定制化生产。由此传统制造业将向服务端深度延展，呈现出“制造+服务”的新业态。面对这种趋势，河钢准备从哪些方面切入，以实现智能制造？请和大家分享一下您的思考与方略。

于勇： 无论是德国工业4.0，还是5G在工业领域的广泛应用，都对钢材供应企业提出了新要求，同时也提供了新机会。在工业4.0或者说智能制造方面，河钢有自己的理解。这些年随着集团国际化发展进程的不断推进，河钢与国外同行包括跨行业的先进企业进行了很多的交流，在这个过程中，我们逐渐认识到智能制造将给传统钢铁企业带来哪些机遇和挑战，并开始为此进行有针对性的布局。

近年来，面向智能制造对原材料企业提出的需求，河钢在生产方式、管理体系、商业模式等方面都最大限度地进行了调整和改造。例如，我们原来的生产组织方式是以产品批量生产效率为主要目标，按照行政单位进行组织，从公司到工厂，再到班组、工段和工位，逐级分解工作任务。这种传统的批量式订单管理方式已经不再满足需要了，为此，河钢大刀阔斧地进行了重大改革。

在生产组织方式方面，最近几年我们已经基本完成了改造。河钢现在对应市场的不再是企业或者工厂，而是生产线。河钢现有的5000万吨钢材产能，划分为70多条生产线。每一条生产线都变成了直接面对客户的基本单元，这种全新的生产组织方式为下游客户端提供了定制化生产和个性化服务的能力，而这正是新时期客户对材料供应商的需求所在。

在改变生产组织方式的基础上，最近集团又对营销团队，即客户经理团队进行了重大调整。未来代表河钢在市场上和客户具体接洽的，将不再是企业的销售公司，而是客户经理及其带领的团队。这个团队将为客户提供产品以及相关的附加服务，这种服务不限于产品的供应期内，而是涵盖产品的全生命周期，包括围绕客户需求的更多深层次服务。与这种职责相对应的是，客户经理对内可以代表集团调动所有的相关资源，包括生产资源、技术资源和人才资源等。在智能制造即将到来之际，面对客户对材料供应商在定制和服务方面的需求升级，河钢通过整体架构和运行模式的战略性调整，已经做好了充分准备。

赵福全：您刚才谈到，河钢在企业组织架构及运行模式方面做出了重大调整，今后客户经理代表的不是河钢集团或者河钢旗下的某个工厂，而是具体的生产线及其背后的团队；而且客户经理能够调动集团内部的所有资源，为客户提供最大力度的支持。实际上，客户经理作为生产线的前端，与客户直接互动，了解客户的需求，既可以倒逼确保企业产品的生产质量和成本，又可以为客户参与到产品的设计环节提供支撑。相比于传统的生产和销售模式，这的确是颠覆性的改变。与此同时，组织架构和运行模式的调整又会对团队成长产生很强的驱动力，从而最终改变员工的理念，提升员工的能力。假以时日，各条生产线必将形成理解新模式、具备新能力的优秀团队，他们将有足够的“真才实学”，可以随时快速响应客户。

与客户形成新型的合作伙伴关系

于勇：是的，正是这样。近两年河钢在推进客户端组织结构调整以及与客户互动关系重塑的过程中，彻底颠覆了传统做法。目前，河钢和下游重点客户之间的关系，已远远超越了传统的买卖关系，更多的是协同关系；河钢给客户提供的也不仅仅是质量可靠、价格有吸引力的钢材产品，更重要的是产品之外的很多附加服务，特别是技术支持，例如解决方案的确定、用材的选择以及新材料的研发等。

在这些方面，河钢都做了较大的投入，这是为客户提供支持的前提。原来河钢的技术研发费用只投入在企业内部，近几年我们的研发费用开始投向企业外部。实际上，目前河钢的大部分研发费用都是直接用在客户端的。例如，河钢的一个销售团队在给国内一家著名农用机械企业提供钢材时发现，客户的农用机械重量过大，不仅导致造价高，而且在作业时也造成很大困难。其实客户如果还是像以前那样购买更多的钢材，对河钢来说意味着可以销售出更多的产品。但是，河钢早已改变了这种单纯销售产品的传统观念，不再是用户要买什么，我们就提供什么，而是真正站在客户角度考虑，帮助客户创造更大价值。为此，河钢为客户提出了改用高强度钢和优化结构设计的方案。这样客户的机械产品不仅可以大幅降低成本，而且还具有了更好的操控性能和运行效果。当然在这个过程中，河钢最终也是受益者，客户市场份额的扩大和所需钢材的升级，也给河钢带来了更多利润，双方的合作真正实现了“双赢”。

智能制造的核心在于提供更多服务

赵福全： 现在工业4.0也好，智能制造也罢，都是很“时髦”的概念，几乎每家企业都在谈论相应的升级，但是具体要怎样落地，大家都觉得非常困难。实际上，智能制造的核心就在于，不是简单地销售产品，而是更多地提供服务，通过服务拉动高品质产品的销售，为此企业要走进前端，充分了解客户现有以及潜在的需求。例如，制造机床的企业不仅要关注怎样把机床销售出去，更要帮助买方利用自己的机床加工出更高质量的产品。在这个过程中，双方要在产品的质量、成本、制造工艺和生产节拍等各个方面紧密互动。

而这正是河钢目前在做的事情。作为上游的原材料企业，河钢能够做到这一步是非常了不起的。今天，于总也向车企的老总们传递了一个信息：要想获得满足轻量化、高性能和低成本需求的车用钢材，河钢不仅有技术，而且愿意走进车企，和车企互动，共同开发更好的产品。这应该是智能制造的设计、生产、服务一体化理念，在原材料企业成功实践的经典案例。

于勇：我认为，这是未来所有供应商都必须做到的。河钢也有自己的上游供应商，包括一些全球领先的国外企业，它们重视客户、与河钢互动的做法也给了我们很多启发。现在河钢与下游重点客户联合组建的实验室或者研发机构已经将近30个，这些机构都是由河钢提供主要的技术人才和研发费用。

站在未来新型客户关系以及商业模式的角度看，真正负责任的材料供应商，不仅要给客户提供所需的材料，更要通过材料传递先进的理念和技术，给客户提供超出产品本身的更多附加服务。

材料创新将助力未来汽车产品升级

赵福全：当前汽车产业正在发生全面重构，而材料创新将是改变未来汽车产业的重点领域之一，新材料以及新工艺将为拥有130多年历史的汽车产业注入新鲜血液，这是汽车人非常关注的一个方向，也是今天邀请于总来进行交流的原因之一。实际上，汽车用钢的数量之大超乎想象，同时汽车作为民用工业中最复杂的产品，对钢材的要求也非常高。刚才您提到，河钢目前是中国第二大的汽车用钢供应商，下面就请您谈谈对于汽车行业的看法。

于勇：这个话题比较大，我对汽车行业研究不深，只能谈谈自己的感受。河钢进入汽车钢材市场之后，开始关注和研究汽车产业。我发现，在智能制造时代，汽车很可能是各种先进技术高度集成的最大平台。以移动通信领域为例，目前的关注点正逐步由智能手机转向智能汽车，很多专家都认为，继手机之后，汽车将成为下一个移动互联终端。人们现在对智能手机的期待和畅想，预计未来都会在智能汽车上得以实现。

不只如此，汽车作为新一代的移动互联终端，由于空间和成本承载力更大，一定可以实现比手机更为强大的功能。我们可以畅想，未来人们坐在汽车里面，不仅可以享受交通工具带来的出行便利，而且可以有效连接近乎整个世界。从这个意义上讲，人们对汽车的想象可以是无限的，而汽车给人们带来的惊喜也将是无限的。

赵福全：您的认识很深刻。我一直讲，汽车产业具有重要的载体、龙头和抓手作用，因此智能制造和物联网都高度重视汽车。很早之前，汽车就被称为家、办公室之外的“第三空间”以及电视、电脑、手机之外的“第四张屏”，早已不再是简单的代步工具了。那么，作为材料供应企业的领军人，您认为河钢有哪些机会可以参与到汽车产业的转型升级中，并做出贡献呢？

于勇：河钢在汽车领域已经做好准备，开始行动了。我们尤其关注到电动汽车对钢铁材料的新要求。大家知道，汽车的油耗与重量是直接相关的，所以轻量化是未来汽车发展的重要方向之一。而对于电动汽车来说，轻量化带来的不仅是能耗降低，而且可以少装电池。

目前，河钢在材料研发和生产上加大了投入，以投放更多更好的车用钢。我们主要在两个方面进行了布局：

第一，在汽车高强度钢方面，满足汽车轻量化需求的最大挑战在于车用钢的强度，必须在实现轻量化的同时保证车辆安全性能不变，也就是说，要增大车用钢的强度。河钢的高强度钢板产品目前处于行业的第一方阵，我们的几条生产线涵盖了各种规格的产品。例如，河钢目前已有两条生产线可以供应1500兆帕的高强度汽车钢板。未来，河钢致力于在汽车高强度钢材供应中占据更大的市场份额，为此我们会继续加大研发投入。

第二，在汽车零部件方面，我最近也有很多感悟。原来很多人把汽车零部件简单地理解为纯功能性的，不少供应商都可以生产，车企就通过比较性价比来进行选择。其实零部件非常重要，汽车的质量和性能在很大程度上都取决于零部件。一个值得重视的趋势是，当前汽车厂商越来越倾向于集成化和轻资产的发展模式，希望供应商能够“一站式”地负责零部件的供应，也就是说，既提供零部件产品本身，更通过零部件呈现供应商专有技术、专利和创新的价值。

我想，未来河钢为汽车企业提供货时，也不能只限于钢铁材料本身，而是要以钢铁材料为载体，承载河钢的专有技术、专利和创新，让汽车厂商从中受益。在这一点上，河钢是很有信心的。

为车企提供轻资产运行方案

赵福全：这里我们可以再深入探讨一下。第一，从轻量化的角度，高强度钢板的性能提升和重量降低是河钢的强项。对此，河钢是有备而来，已经做了大量储备，刚刚您谈到1500兆帕的高强度钢已经量产了。有了高强度钢，汽车轻量化就可以有效实施，通过减少材料用量和优化结构设计来实现减重，同时保证产品的安全性能不受影响。对传统燃油车来说，轻量化可以有效降低汽车油耗和排放。而对电动车而言，轻量化意味着可以在同样的续驶里程下少装电池，从而使整车成本大幅下降，从而具有更加重要的价值。因此，高强度钢在汽车领域是大有可为的。

您刚才谈到的第二点，是河钢在汽车零部件方面的考虑。这部分能不能请您再详细地谈一谈？河钢具体准备为车企提供什么？

于勇：河钢的产业布局主要集中在三方面，一是传统钢铁领域，二是国际化发展，三是新兴战略产业。为此，我们专门成立了河钢工业技术公司，在未来的新兴战略产业加大力度投入力量。今后，河钢在传统钢铁领域会在高端产品上继续发力，而对普通产品则逐步退出；同时，会把更多的资本和人才投入到新兴战略产业。也就是说，在市场上要有进有退，把普通产品市场让给规模较小的地方企业来做，把高端产品和新兴战略产业的市场不断做大，利用河钢强大的人才、技术和资本力量，更多地满足国家战略层面的迫切需要。我认为，这是大型国有企业应有的战略定位，也是一种资源的优化组合，无论对于企业还是行业来说，都是大有好处的。

而汽车正是重要的战略新兴产业之一。河钢在汽车产业的布局涉及到零部件、增材制造等多个方面。今后，河钢为车企提供的不是简单的钢材零部件，而是全面满足车企需求的专有产品，这类产品源自河钢的研发能力和智能制造体系，可以在较大程度上优化汽车性能和产品结构。同时，河钢也将为车企提供更有利于其轻资产运行的新型商业模式。这就是河钢在汽车产业的全新定位。

赵福全：也就是说，要充分发挥原材料企业的优势，这个观点对整车企业很重要。一些涉及材料和工艺的新技术，比如增材制造即 3D 打印技术等，整车企业也可以做。但是如果整车企业没有和原材料企业进行有效互动，就无法得到材料技术的支撑，也很难进行整体结构的系统思考。在这种情况下，再好的构想也只是梦想，只能停留在概念阶段。

而河钢已经在汽车这样的战略新兴产业上进行了战略性的布局，决心抢占未来的制高点。难能可贵的是，河钢在转型发展的过程中明确要“有所为，更有所不为”。整个产业链条上可做、能做的事情太多了，必须有所取舍，才能聚焦核心。并不是说低性能的钢材产品不重要，但是这并非河钢未来的发展重点。未来河钢要把集团主要的力量都放到高端产品和新兴战略产业的方向上，这也是河钢作为大型国企的担当。

轻资产的本质是产业链再分工

赵福全：现在大家都在谈论轻资产，但这其中有不少误区。对于制造业来说，轻资产并不是让企业都去做互联网，都去做软件研发，如果这样谁来做制造呢？实际上，轻资产是制造体系内部的产业链再分工，即让重资产集中在更合理的环节，而让其他环节实现相对的轻资产。从整个社会的角度看，还是要有制造，还是要进行生产投入，只是由谁来做的问题。以往，车企自身投入得非常多，例如购置冲压设备，对买来的钢材进行加工。如今，车企面临的转型压力越来越大，迫切需要“轻装前进”，把原有的一些投入转移给有能力的供应商，以获得更大的灵活性。因此，对于车企而言，轻资产模式正越来越受青睐。

同样的，原材料产业也面临着转型挑战，必须思考在新形势下如何更好地满足客户的需求。刚才于总谈到，河钢的资源正越来越向客户端倾斜，要为客户提供产品之外的各种附加服务。那么，对于车企的轻资产需求，河钢是怎样理解的？又准备如何展开具体行动？

于勇：我的理解和您一样，轻资产是产业分工协同、资源配置优化的问题。河钢本身是重资产的企业，这是由我们所处的行业决定的。未来资源的价值将越来越多地体现在使用端，并不是谁拥有更多的资产，谁就是王者，而是谁能有效配置集成更多的资产，谁就能胜出。从这个意义上讲，今后汽车企业“重集成、轻资产”的发展趋势一定会更加明显，因为唯有如此，车企才更能集中精力做好产品，实现其使用价值。如果说，过去整车企业不必自己建炼钢厂，那么，未来整车企业也不应该自己做增材制造等技术。实际上，我个人不太看好汽车制造商自己做增材制造，增材制造技术的关键是粉末冶金等材料问题，解决这些问题的技术诀窍是掌握在材料供应商手里的。

这里我想举一个例子，可以更好地说明河钢是如何满足重点客户的轻资产需求的。河钢和海尔集团的合作，在产业分工和资源协同方面就做得很不错。之前海尔在白色家电板块的做法是，买入钢材后自行加工彩涂，然后再用于家电产品制造。而河钢当时正在谋求向家电领域延伸业务。有一次，我和海尔董事会主席张瑞敏交流，我说，做家电是海尔的优势，但是做钢板肯定是河钢的优势，为什么我们不各展所长。正好张总也想聚焦家电核心业务、剥离边缘资产，在这方面海尔的意识和行动都是比较早的。于是，我们俩一拍即合。2014 年河钢并购了海尔旗下家电企业的特钢板块，包括设备、业务和人员都统一划入河钢。

对海尔来讲，由此实现了资产的“轻量化”，剥离部分非核心的资产可以让其更有精力做好主业。对河钢来讲，特钢业务本来就是我们致力于重点发展的，而且我们还通过并购拉进了和客户的关系，打开了白色家电产业的大门。现在，河钢是中国最大的家电用钢供应企业，去年售出了 400 多万吨家电钢材，销量遥遥领先，占据了 40%的市场份额。这样的成绩是和当初这次并购分不开的，河钢通过海尔更加了解了家电企业的用钢需求。后来河钢和海尔又在青岛组建了国家级的白色家电研发中心，技术人才和研发投入都由河钢负责。这样未来海尔的家电钢板，无论产品还是技术，都将由河钢提供。

向汽车产业链前端延伸业务

赵福全：这种模式很成功。刚才我也讲到，所谓轻资产不是整个社会的轻资产，而是产业链条的再分工。每家企业都做自己最强的部分，再通过强强联合，把整个产业做强。那么，河钢在汽车产业会怎样做？

于勇：河钢在汽车产业也在推进类似的模式。目前已经与几家自主品牌整车企业合作，它们新建的钢板冲压生产线都由河钢来投资和运营。这与海尔的特钢业务是一样的，我觉得，整车企业把钢材加工业务完全交由钢铁企业负责是最合适的选择。

由此，我们提供给这些车企的不再是整卷的汽车板材，而是切割成片、冲压成型的相关零部件。对河钢来讲，这是原材料主业的一次重要扩展和强化，我们开始直接进入到整车供应链体系中；对汽车企业来讲，则是轻资产运营，可以有效减负，节省资源用于应对产业重构带来的挑战。这样，原材料供应企业就和整车企业之间建立起有效分工和协同发展的良好关系，双方优势互补、紧密合作，也有助于提升产业整体的资源利用效率。

最近，河钢又与一家国内主流的电动汽车企业签署了战略合作协议，我们不仅负责冲压车间，还将承接激光拼焊等工作。今后，河钢会进一步把业务向汽车产业链的前端延伸，为车企轻资产发展提供支持，让车企更能聚焦于技术集成和品牌运营。

赵福全：千里之行，始于足下，企业都知道转型的大方向，但重要的是如何真正落地。对于汽车企业而言，未来产业将越来越复杂，竞争将越来越激烈，如果企业依然按照过去那种“大而全”的模式发展，很可能会被拖累死。实际上，任何企业都不可能拥有整个产业链条，特别是在产业边界不断扩展的今天，轻资产更应该是整车企业发展的方向。整车企业的任务就是把车设计好、制造好并且卖好，这是其绝对的主业。而其他与主业关联性不强的业务，应该尽可能地交给产业链上下游的合作伙伴来承担。

而在汽车产业链的上游，像河钢这样的企业，恰可借此机会实现业务扩展，在出售原材料的基础上，向提供专有产品和技术服务升级。这就好比企业原来是提供小麦，现在是帮助客户做好馒头，业务向产业链的高端延伸了。在这个过程中，河钢并不是简单地把整车企业的一部分工作承接过来，替它们出苦力，而是要深入了解汽车产品的真正需求，充分发挥原材料企业的技术优势，把这部分工作做得更好。这样就可以使材料的基本性能和整车的设计要求更精准地匹配，最终通过协同创新深度挖掘潜力，真正实现 1+1>2 的效果。

材料企业在增材制造领域具有优势

赵福全：未来供应商必须拥有自己的核心技术，必须提供有技术含量的零部件产品，这是保障整车产品技术含量的前提。从这个意义上讲，如果整车产品的创新没有领先的材料供应商参与其中，那从一开始就注定了会“先天不足”。刚才您提到一个重要观点，想做增材制造必须有原材料企业参与，否则整车企业自己是很难做到位的。

于勇：是的，我认为和原材料企业相比，车企在增材制造方面至少是没有优势的。河钢在增材制造方面，尤其是面向汽车产品做了很多研究。实际上，采用传统模具的制造方式，对材料的制约越来越明显。未来包括汽车在内很多产业，要想实现零部件性能和结构的突破，制造模式的转变很可能是一个突破口。在此透露一个信息，河钢和西门子公司合作，已经开始在国内筹建增材制造领域的实验性企业。目前西门子在燃气轮机上对燃烧效率影响较大的关键零部件，已经完全可以用 3D 打印技术来制造了。

赵福全：增材制造应该是汽车产品非常理想的制造模式，其技术突破预计将对产业进步发挥巨大作用，值得所有汽车工程师们期待。

形成“你中有我、我中有你”的新型整零关系

赵福全：刚才我们谈到了原材料企业如何与整车企业进行技术融合和资源组合，以帮助其轻资产运行。我想强调一点，这种商业模式不仅让车企不必操心钢材制造的复杂技术和管理，避免了不必要的资金占用，而且也会让河钢获得巨大的收益。在这个过程中，河钢并不会成为白白承载重资产的“冤大头”。实际上，河钢在一家车企的投入，可以拉动周边车企都来与河钢合作。河钢向多个伙伴提供相关的制造服务，有利于成本摊销、经验积累和技术分享，从而让整个行业受益。

这就引出下一个问题，河钢有这么好的理念，而且已经在进行实践，但是很多汽车企业可能并不知道。我想这也是今天邀请于总参加我们栏目的意义所在——要让车企的老总们都看到，原材料企业并不像大家想象的那样，只是售卖产品。在材料的核心技术以及合作的商业模式上，优秀的原材料企业已经做了很多前瞻性的战略思考，正在进行脚踏实地的战术实践。在此，您有什么话想对整车企业的领导们说吗？

于勇：河钢在汽车领域其实是后来者，六七年前，河钢在汽车钢方面还微不足道，成为国内第二大汽车钢供应企业是最近几年的事情。这几年河钢之所以能够实现突破，主要得益于我们的发展模式。虽然起步比较晚，但是河钢对于汽车钢板的制造及其与客户的关系，可以说有我们独特的理解。对于未来汽车产业的发展方向，以及未来车企

希望得到什么样的产品和服务，河钢都比较清楚，并为此进行了前瞻性的布局。河钢的国际化发展，也给了我们和国际领先企业接触的更多机会，进一步加深了我们对客户需求的理解。所以，对于包括汽车在内的众多行业，在对待客户的方式、给客户提供的服务以及与客户合作的模式等方面，河钢都做到了领先。

借此机会，我想向汽车行业的各位同人表个态：河钢有很强的实力和良好的基础，能够为车企提供所需的钢材产品；河钢更有独具一格的胆识和眼界，愿意为车企提供钢材产品以外的附加服务，包括新材料的研发、零部件方案的研究、材料领域的资本合作、人才的互动或联合培养等。面向下游客户特别是重点客户，河钢可以提供的合作是全方位的，我们希望能和汽车企业真正形成“你中有我，我中有你”的协同关系。

赵福全：看来于总参加今天的对话是有备而来的，河钢表示愿意张开双臂拥抱汽车产业。这个表态既有决心，又有勇气；既有高瞻远瞩的思考，又有脚踏实地的行动。虽然只有 11 年的历史，但是河钢的进步是飞速的。在这个过程中，河钢不仅积累了技术和资金，形成了核心竞争力，而且也在商业模式上进行了开放式的探索。

绿色钢铁产业将让世界更加美好

赵福全：我知道您很快将出任世界钢铁协会的主席，就任这个职位对您以及河钢而言意味着什么？

于勇：首先想说的是，我必须向赵院长学习，您担任世界汽车工程师学会联合会主席后，推动了中国乃至世界汽车产业的发展。这次我被推选为世界钢铁协会主席，出任钢铁行业世界组织的领导人，感觉分量还是很重的。世界钢铁协会有 14 个执委，基本囊括了世界权威钢铁企业的董事长，每位执委都有一票否决权。也就是说，如果任何一位执委投了反对票，我就不能出任世界钢铁协会主席。反过来讲，来自多个国家的这么多执委，都投了赞成票，这不仅仅是对我个人以及河钢的认可，也是对中国钢铁产业的认可，更是对中国经济发展成就的认可。

这几年河钢在世界钢铁协会得到的评价是很正面的。我认为，作为中国有代表性的钢铁企业，河钢在世界舞台上必须展示出两大形象：一是负责的企业，二是合规的企业。应该说我们都做到了。当然，如果没有近年来河钢国际化进程的深化，世界同行也很难认识和了解河钢，这次我也就很难当选。现在河钢在境外有很多合作伙伴，这些合作让外界有机会接触河钢。特别是在把握产业趋势、推进结构调整、掌控核心技术以及绿色制造、节能减排等方面，河钢都走在了前列，这让世界钢铁行业的同行们意识到，这是一家负责任、有实力的企业。从这个意义上讲，这次我当选世界钢协主席，对中国钢铁行业是有重要意义的。

赵福全：能够有机会领导世界钢铁产业的发展，这当然是非常有意义的事情。您刚才更多谈到了河钢提供的支撑，其实如果您个人不具备这个能力，恐怕也难以当选。担任非官方国际组织的主席，既要有能力，又要有魅力，还要投入很多精力。那么，您接任主席后准备为世界钢铁协会带去什么？又想给中国带来什么呢？

于勇：作为世界组织的领导人，站位要高，视野要宽。面对世界经济发展的大趋势，既要考虑到钢铁工业在世界经济中的地位，又要应对环保排放等方面带来的压力。我希望能够带领世界钢协树立健康可持续的绿色钢铁人形象，即钢铁人是有责任感，有担当的，我们一定能够通过不断突破和应用先进技术，把绿色钢铁呈现给世界人民。

世界的发展离不开钢铁，而绿色钢铁将让我们的世界更加美好。要让全世界都意识到钢铁产业的价值和分量，而且意识到钢铁是可以和人类和平相处的。同时，作为中国企业家，我也要展示出中国企业的担当。

实际上，这次能够当选世界钢协主席，是河钢这个大平台造就了我，是中国钢铁产业的大发展造就了我。所以，我就任之后，也要充分利用好这个契机，推动中国与世界钢铁产业的交流与合作，把世界钢铁产业的先进技术、先进管理及先进经验更好地引入中国，也让中外钢铁企业更紧密地互动，取长补短，共享资源，消除误解，凝聚共识。在这个过程中，也向全世界展示中国钢铁产业、中国钢铁企业以及中国钢铁人的思考、行动与贡献。

赵福全：没有改革开放的成功，就没有中国钢铁产业今天的成就，就没有河钢的大发展。而如果河钢只满足于规模，没有环保绿色的发展理念，没有成功的国际化实践，没有持续的技术进步，就不可能得到世界同行们发自内心的尊重，您也不可能得到世界钢协的认可。老实说，中国人当选世界钢协主席，这是20年前根本想不到的事情。

作为一家拥有4000亿资产、3200亿产值、12万员工的大型国企的董事长，您本来就有千头万绪的很多工作要做。如今担任国际组织的主席，更要付出不少心血和精力。但是您愿意为世界钢协的发展贡献力量，您希望通过自己的努力，推动中国钢铁产业更好地发展，并让中国钢铁产业从中受益，这本身就体现出您的大格局。从这个意义上讲，您的当选也可谓重任在肩。在此，衷心祝愿您把这件事情做好，相信您一定会不辱使命。

全力拥抱前景无限的汽车产业

赵福全：最后，想请您展望一下未来。从原材料供应商的角度看，您觉得十年之后，汽车会有哪些革命性的改变？以河钢为代表的钢铁企业，将会和汽车企业形成怎样的合作关系？这种合作将给汽车产业带来什么变化？而河钢将在其中发挥什么作用？

于勇：未来十年可能会产生更多的新技术和新理念，所以真的很难确定未来的汽车会以什么样的形态呈现在我们面前。唯一可以确定的是，汽车一定会让我们的生活更加美好。在我看来，在全世界范围内，从制造业到服务业，从科技发展到产业变革，各种层出不穷的新技术和新模式，汽车产业几乎都站在了最前端。未来汽车产业的发展空间之大，将会超出我们的想象。

正因如此，我想代表河钢做个表态：汽车产业可以没有河钢，但是河钢绝对不能没有汽车产业。河钢要跟上汽车产业的发展，就必须上升到一个新的高度。未来河钢将在材料技术，特别是高强度钢、增材制造等方面，持续加大研发力度。同时，在助力整车企业轻资产运行方面，加快推进我们的创新商业模式。我相信，河钢一定可以跟上汽车产业的发展，在钢铁材料领域不断实现突破。在汽车行业未来的精彩纷呈中，河钢必须占据一席之地，并为汽车产业做出我们的贡献。

赵福全：今天听了于总的分享，我们了解到，河钢是由多家地方国企聚合而成，在 11 年的时间里实现了快速发展，成为世界知名的钢铁企业。在这个过程中，河钢形成了规模，积累了资金，提升了技术，也走向了海外，取得了实实在在的成果。而展望未来，河钢还要向高端市场进军，通过客户升级，拉动产品升级，驱动企业升级。特别是河钢要在汽车产业着重发力，攻关增材制造等关键技术，并尝试创新商业模式。这一点让我印象深刻。

说到这里，我想这一个半小时的交流，应该足以化解网友们的最初疑惑——为什么一档汽车产业的对话栏目，会邀请钢铁企业的董事长来参加？因为未来汽车产业的创新发展离不开原材料企业的支持，而像河钢这样有实力也有眼光的企业，已经在积极参与汽车产业的创新发展了。

刚才问到未来河钢将在汽车产业的发展中发挥怎样的作用，于总说了一句话，“汽车产业可以没有河钢，但是河钢绝对不能没有汽车产业”。面对汽车产业这个大载体，河钢一定要在其快速发展中分一杯羹。而河钢要分到这杯羹，就必须不断提升自己的能力，在汽车产业发挥更大的作用。否则，就不会被汽车产业拥抱，只会被汽车产业淘汰。反过来讲，未来汽车产业要想获得很好的发展，也需要原材料企业的积极参与。拥抱是一个相互的过程。而河钢在于总的带领下，一定会把前瞻的战略认识转变为切实的具体行动，加快与汽车产业彼此拥抱的进程。未来，伴随着汽车产业的发展，河钢必将获得更快更好的发展。

如果说过去十年，河钢夯实了基础；那么未来十年，河钢必将进一步腾飞。而在汽车这一民用工业中技术含量最高、客户需求最难、创造价值最大的产业里，河钢完全可以大放异彩，做出更大的贡献！

共同推进钢铁产业的可持续发展

2015年12月18日，河钢集团党委书记、董事长于勇与西门子（中国）有限公司首席财务官、执行副总裁岳乐在西门子（中国）总部举行会见，并受邀在西门子管理学院进行演讲。

岳乐：河钢是西门子最重要的合作伙伴。很荣幸能够在北京会见于勇董事长，西门子一直十分珍视与河钢集团的合作，也很荣幸邀请于总在西门子管理学院进行演讲。

于勇：西门子是河钢非常尊重的企业，也是河钢在全球领域十分重要的战略合作伙伴，很高兴很够在这里和西门子高层见面。首先感谢西门子多年来对河钢在装备和技术等方面提供的支持。多年来，双方在企业发展理念、商业模式，以及面向市场、服务客户的系列战略思维非常吻合。西门子坚持不懈地开展技术和管理创新，为全球不断提供优质产品和先进的技术服务方案，代表了当今世界工业制造领域的最高水平。西门子在技术进步、管理创新、客户战略等方面的领先战略，对不同行业都具有较强的启发性。特别是西门子对待市场和客户的态度，非常值得我们学习。西门子不仅是设备供应商，更是方案解决商。对于西门子所推崇的全生命周期服务，河钢深有体会。这是西门子上百年来在领域内保持领先地位的核心因素，也是中国钢铁行业需要进一步学习和加强的地方。

近十几年来，以西门子为主的高端冶金设备制造商，把世界上最先进的冶金装备和工艺配置到了中国。随着装备能力的逐步释放，技术短板得到补齐，中国钢铁工业的竞争力将会越来越强，未来，世界钢铁工业的格局必将因为中国钢铁企业的崛起而改变。

当前正值中国宏观经济深度调整期，包括河钢在内的中国工业企业正在进行深度的结构调整和产业升级，这为河钢与西门子之间进一步加深合作提供了更多机会。河钢正在大力推进营销模式的转型，全面推行大客户经理制，努力由传统的钢铁制造企业和普通的产品提供商，向方案解决商和综合服务商转变。未来，河钢和所有下游客户的合作，将不再是简单的商品买卖关系，而是站在行业发展高度，为客户提供解决方案的全生命周期服务的新型客户关系。在此过程中，我们将学习借鉴西门子的客户战略、市场理念和定位。本次在西门子管理学院举办的河钢营销战略高级研究班，正是河钢学习西门子营销战略、客户关系管理的一个具体措施。

我们认为，企业与企业之间的合作，首先应该是双方企业人与人之间在长期合作中建立起来的彼此理解和信任，并以此为基础形成的合作伙伴关系。真正的伙伴关系，绝不是简单的产品买卖关系，而是要真正了解客户所在行业的发展战略与行业前景，并站在客户未来需求的高度，为客户提供持续的解决方案，帮助客户提升竞争力。这就要求企业必须为客户提供成套的解决方案和更多的附加服务，彼此建立起全生命周期的服务关系，并从中不断拓展合作领域，实现互利共赢。我始终认为，企业对待客户的态度，决定了产品的价值和高度。

当今世界正处在一个大发展大变革大调整时期，只有更加开放合作，才能实现钢铁行业的美好未来，中国钢铁的发展离不开世界，世界钢铁同样需要中国。

首先，中国钢铁工业为国际市场提供了大量有竞争力的产品和服务，有力支持了世界经济的发展。值得一提的是，随着高质量发展时代的到来，中国钢铁产品的出口结构不断优化。近年来，以极低铁损取向硅钢、第三代超高强汽车板、不锈钢精密箔材等全球首发或领先产品为标志，中国的高端钢铁产品研发制造正在发力向前，在世界钢铁工业发展中发挥了至关重要的推动作用，满足了国际钢铁市场多层次和多样化的需求，赢得了世界的尊重和认可，也获得了更广泛的话语权。

其次，中国钢铁工业逐渐改变了世界钢铁竞争格局，维护了自由、公平、有序的国际钢材市场竞争秩序。自 2001 年正式加入世界贸易组织（WTO）后，中国钢铁人逐渐掌握了国际市场竞争规则，“在游泳中学会了游泳”。中国钢铁工业在世界舞台上彰显着实力和自信，促进了自由、公平市场环境的形成和全球治理的科学化、公正化，体现了大国钢铁的责任担当。

最后，世界领先的制造能力，使中国钢铁工业有能力为世界钢铁工业做出更大贡献。通过对国外先进技术装备的引进消化再创新、集成创新、自主创新，中国钢铁工业技术和装备国产化、大型化、现代化取得重大进展，开始实现从“外为内用”到“内为外用”的转变。30 多年来，伴随着中国经济的快速发展，中国钢铁工业装备、技术、产品等实现了巨大飞跃，是世界钢铁技术进步最快的一段时期。近年来，河钢加快自身发展模式和发展战略调整，加强与西门子等欧洲世界先进企业的深度合作，优势互补，合作共赢。未来，河钢还会进一步加大国际合作，把河钢发展持续融入全球经济范围，坚定不移地为人类文明制造绿色钢铁。河钢与西门子之间将会有更加广阔的合作空间，一个拥有世界上最先进技术与科技创新能力的企业，与背后有着庞大资本与市场的钢铁制造企业的合作，一定有着十分美好的前景。制造业未来的最高追求就是满足不同客户的个性化需求，满足这个目标最有效的手段就是智能制造。西门子与河钢之间的合作已不仅仅是买卖双方的关系，而更加是跨国家、跨文化、共进共赢的新型合作伙伴关系。更重要的是双方致力于共同创造价值。面向未来，期待双方团队在“中国制造 2025”和工业 4.0 的理念下，以更加宽广的视野和更具创新的思维，推动深入合作并早日结出丰硕成果。谢谢大家!

培育差异化优势　让产品成为技术和创新的载体

2019 年 7 月 29 日，在中国钢铁工业协会五届十次常务理事（扩大）会议暨劳模表彰大会召开期间，河钢集团党委书记、董事长于勇就当前钢铁行业热点问题接受了《中国冶金报》记者专访。

“路径自信”成就今日河钢

记者：7 月 22 日，世界 500 强排行榜发布，河钢以 50921 百万美元营业收入位列 214 位，较上年上升 25 位，连续 11 年上榜世界 500 强，河钢取得如此亮眼的成绩，成功的秘诀是什么？

于勇：今年是河钢集团重组成立的第 11 个年头，从发展业绩上看，2009 年我们首次进入世界 500 强榜单，营业收入只有 24033.7 百万美元，居第 375 位；经过 11 年特别是党的十八大以来的快速发展，如今的营业收入达到 50921 百万美元，比 2009 年增长 112%，实现了翻番，从一家区域性传统钢铁企业，发展成为具有全球竞争力和世界品牌的多元化跨国集团。在 MPI 中国钢铁企业竞争力排名中获“竞争力极强”最高评级，被评为“中国企

本文原载于《中国冶金报》2019 年 8 月 1 日。

业全球化50强”和“‘一带一路’十大先锋企业”。取得这样的成绩，主要得益于供给侧结构性改革的宏观环境和高质量发展的客观要求，涵盖内外两方面的原因：

一是从外部环境讲，改革开放40年来，中国钢铁行业取得了巨大进步，我们用40年走完了发达国家100多年的发展历程，完成了规模化、装备大型化和工艺的现代化，拥有了全新的绿色制造理念，我国钢铁企业主体装备总体达到了国际先进水平。以河钢为例，拥有世界最先进的产线和工艺配置，具备了世界一流企业的基础和条件。特别是党的十八大以来，河钢把更多的精力从“增量”向“提质”转移，将企业最优良的资源配置到产线上，从而让装备技术潜力得以充分释放。

二是从企业自身经营讲，河钢始终与国家战略同向同行，树立全球、全产业链理念，找到了适合自身发展需要的“路径自信”。概括讲就是突出“六条工作主线”：即以技术进步提升企业可持续发展的动力；以客户端结构优化推动产品结构升级；以生态优先的理念引领行业绿色发展；以全球全产业链布局拓展国际化发展空间；以盘活非钢资产培育新的效益增长极；以坚持党的领导、加强党的建设为企业转型发展提供坚强保证。

这些年，河钢以客户结构的优化推动产品结构升级，实现了产品结构和客户结构质的飞跃。我们的理念是：客户高度决定产品高度，产品高度决定企业高度。未来，企业的竞争优势将体现在追赶客户的速度上。通过创新商业模式，转变经营体制机制，全面推行客户经理服务制，开展EVI前期服务，实施以产线为独立市场单元的组织机构扁平化变革，极大地激活蕴藏在高端装备背后的巨大潜力。2014以来，河钢先后收购全球最大的钢铁材料营销服务商瑞士德高，让河钢成为世界上营销网络最发达的钢铁企业之一；收购海尔特钢，打通了进军高端家电用钢市场的战略通道；从恒大国能新能源汽车天津工厂打桩建厂开始，就派出技术团队提供 EVI 前期服务，将钢铁产业服务链条延伸嵌入到汽车产业链条。如今，河钢已经实现了家电板“全覆盖”、汽车“整车造”，成为国内第一大家电板、第二大汽车用钢供应商。仅今年上半年，就开发新产品 104 个，6 个产品填补国内空白，品种钢比例达到 72.2%。客户高度决定产品高度，产品高度决定企业高度。未来，企业的竞争优势将体现在追赶客户的速度上。

让产品成为技术和创新的载体

记者：近来河钢在智能制造方面的力度很大，与中国移动、华为签署合作协议。请您结合河钢实践，谈谈您对河钢以及钢铁行业发展 5G、智能制造有哪些建议？您设想中的智慧河钢是什么样子的？

于勇：当今时代，以 5G、人工智能、大数据、云计算为代表的新一代信息技术，正在催生新一轮科技与产业革命。我国大力推进的供给侧结构性改革，正在推动经济增长由规模数量型向质量效益型转变，这为工业制造领域创新发展开辟了广阔空间。作为直接服务高端制造的钢铁产业，通过与数字化技术的深度融合，必将引发制造业的深刻变革。

这些年，河钢坚定以市场和客户为导向的产业升级和产品高端路线，着力构建技术、质量、人才、自动化和信息化“四大支撑体系”，加快从钢铁制造商向材料服务商转变。5G 技术的出现，与钢铁工业转型升级，与河钢全面推进的经营模式、商业模式、生产组织模式的重大变革是契合的。我认为，5G 的出现和我国推进供给侧结构性改革、实现高质量发展实现了极大的叠加。以河钢正在推进的满足个性化、小批量需求的全新生产组织模式为例，正当我们觉得满足个性化、小批量需求会给连续化大生产带来效率降低、成本升高的时候，5G恰恰能够解决单一客户定制和小众服务情况下的效率问题。钢铁智能制造从提升钢铁制造过程中新钢种高效研发能力、产品质量稳定生产能力、柔性化生产组织能力、能效成本综合控制能力等方面实现产品规模化生产与定制式制造相融合，将极大地提升钢铁企业综合竞争力。

在高质量发展阶段，钢铁已经不再是简单工业产品的概念，而是汇聚了现代社会中科技、人才、创新、金融、商业模式等最活跃的因素。钢铁的竞争力已经不在钢铁本身。在工业互联网特别是5G技术真正进入工业领域，将推动钢铁行业由单一企业竞争转变为平台经济体的竞争，推动整合钢铁产业链上的生产商、贸易商、用户、金融机构、物流配送机构、技术服务机构等多种资源，实现共同经营、共享成果、共担风险，提升效率、降低成本，并能更高效地服务于客户。因此，钢铁企业应紧抓新一代信息技术发展应用的历史机遇，以创新思维、创新机制、创新模式和创新技术为核心，推进制造智能化、企业决策智能化、大数据集成应用和产业协同应用，以数字化技术驱动钢铁行业加快新旧动能转换，培育市场竞争新优势，率先实现高质量发展。

河钢拥有70多条先进产线，具备数字化技术、智能制造、物联网等广阔的应用场景。2016年河钢唐钢高强汽车板生产线成为钢铁行业唯一一家入选工信部“钢铁企业智能工厂试点示范”项目，走在了行业前列。通过加快河钢数字化战略布局，未来的智慧河钢，将不仅仅是大家看到的高炉和转炉，而是将5G等新一代ICT技术、云计算、人工智能与制造工艺流程技术创新紧密结合，成为连接、开放、智能的工业互联网平台，实现钢铁制造向网络化、数字化、智能化发展的高科技企业。

推进超低排放改造要与高质量发展相结合

记者：今年4月底，生态环境部联合发改委等五部委联合发布《关于推进钢铁行业超低排放的意见》。我国打赢蓝天保卫战三年行动计划迎来收官之年。您认为今后一段时间行业企业在实施超低排放的方面应重点关注什么？您认为钢铁行业超低排放目前存在的难点是什么，对此，您有何建议？

于勇：绿色发展，建设人与自然和谐共生的现代化，坚持节约优先、保护优先、自然恢复为主的方针，形成节约资源和保护环境的空间格局、产业结构和生产方式，是党的十九大报告中提出的明确要求。节能减排，实现绿色发展，是钢铁行业转型升级的必由之路，更是钢铁行业企业社会责任的体现。河钢高度重视环境保护和清洁生产，强化国有企业的责任和担当，河钢累计投资达到195亿元，实施了460个重点节能减排和污染治理项目，推广应用了一大批节能减排新工艺、新技术，主要能源环保指标居国内一流甚至领先水平，河钢唐钢被誉为“世界最清洁钢厂”，河钢凭借“城市中水替代地表水、深井水作为钢铁生产唯一水源”项目，获得2016年度世界钢铁工业可持续发展卓越奖，成为我国唯一获此殊荣的企业。“十三五”以来，河钢在国内率先提出并实施“六位一体”总布局的绿色发展战略，深入推进绿色制造、加快发展绿色产业、研发应用绿色产品、稳步推进绿色采购、系统优化绿色物流、培育打造绿色矿山，持续领跑行业绿色发展，树立起了中国钢铁企业的品牌形象。

当前，钢铁工业简单的绿色化和节能减排阶段已经过去，进入了复杂、难度大、投入多的绿色化和节能减排阶段。《关于推进钢铁行业超低排放的意见》不仅对末端治理后的超低排放指标提出了明确要求，而且加强了全过程、全系统、全产业链的污染治理要求，这些有关要求代表了当今时代全球钢铁业最严格的生态环境保护排放指标和要求。尤其是在烟气排放控制、多污染物协同治理、脱硫脱硝等领域，不仅仅依靠对传统工艺进行整改提升，更需要从源头治理上实现减排，力争在工艺技术上实现重大创新和突破。相比传统工艺的改进，源头治理和技术创新更具有生命力，具有竞争力，也更代表行业发展的方向。

推进超低排放改造要与高质量发展相结合，建议社会的激励机制一定要导向那些环保水平先进的企业。监管不能让环保绩效优的企业“忧虑”，而是让环保绩效优的企业更加优异，一定要树立环保标杆企业。

钢铁行业应在绿色发展中主动作为

2018年7月25日，在中国钢铁工业协会五届八次常务理事（扩大）会议召开期间，中国钢铁工业协会会长，河钢集团党委书记、董事长于勇就当前钢铁行业环境治理、绿色发展的热点问题接受了《中国冶金报》记者采访。

主动作为，用更高标准推动绿色发展

记者：党的十九大报告对推进绿色发展，着力解决突出环境问题做出了重大部署。近日，国务院印发了《打赢蓝天保卫战三年行动计划》，对钢铁行业绿色发展提出了新的更高要求。您认为钢铁行业在推进绿色发展，实现超低排放环保问题上面临的困难和考验是什么？应对困难和挑战，钢铁行业该如何调整自身发展战略？

于勇：党的十九大报告把坚持人和自然和谐共生作为基本方略，进一步明确了建设生态文明、建设美丽中国的总体要求。《打赢蓝天保卫战三年行动计划》对坚决打赢蓝天保卫战，实现环境效益、经济效益和社会效益多赢提出了更为具体的要求。我们必须认真学习、深刻领会，坚持生态优先、绿色发展理念，不断提高钢铁工业可持续发展水平。

随着自然环境约束的加强和社会对环境认知的加深，以及钢铁工

本文原载于《中国冶金报》2018年7月31日。

业污染物排放系列标准和能源消耗限额标准指标的加严，加强监察监管、严肃问责已成为企业节能环保工作面临的新常态。钢铁行业在环保措施、技术手段等方面和其他行业相比不在一个量级或高度，实现超低排放面临着更大考验。

在环保问题上，当前钢铁行业是最受关注的对象。因为钢铁是能源消耗领域的行业，是二氧化硫排放、碳排放量比较大的行业，所以在国家环境治理中，我们面临的考验会更大。我们的眼睛要向“内”看，更多地认识到自身的问题，勇于树立“跨界思维”，以更高的标准加快破解发展中的环保问题。

前些年，中国钢铁工业没有像抓技术进步和产品升级一样去抓环保投入、环保技术升级和检测标准的提高。现在，我们与其被动地面对环境问题，被动地在实现绿色发展的道路上应对问题，还不如主动作为，在环保投入、环保设施、环保技术、环保定位、检测标准等各方面实现全面提升。

近几年来，河钢主动融入全球钢铁行业创新网络，在业内率先制定了“六位一体”（指绿色制造、绿色产业、绿色产品、绿色采购、绿色物流和绿色矿山）的绿色发展行动计划并付诸实施。河钢搭建起全球技术研发平台，发挥持续提升绿色制造水平的引领作用。

2017 年，河钢与澳大利亚昆士兰大学合作建设的可持续发展钢铁创新中心、河钢—海尔家电用钢研发中心等相继挂牌，成功申报包括国家重点研发计划“大气污染成因与控制技术研究”专项中钢铁行业多工序多污染物协同控制技术项目在内的 10 项国家重点专项；“十三五”期间，主持和参与国家重点专项达 15 项，涉及绿色生产、智能制造、产品研发和工艺技术等，让绿色制造更具生命力和竞争力。

一批减量绿色工艺技术和装备在河钢得到推广应用：2017 年推广应用新工艺、新技术 20 余项，累计已有 100 余项新工艺、新技术实现应用转化和再创新。主要节能环保指标均居行业先进水平；凭借城市中水替代地表水、深井水作为钢铁生产唯一水源项目，河钢获得世界钢铁工业可持续发展卓越奖；核心企业获得2017年国家首批绿色制造体系示范工厂称号，被誉为“世界最清洁钢厂”。

强化担当，少谈效益多做环保

记者：近年来，钢铁工业在新一轮节能环保升级取得了很大进步，随着对环保的投入不断加大，成本必然是企业不容忽视的问题，在环保投入支出和产出效益方面，我们应当如何看待？

于勇：从高质量发展和绿色发展的角度看，钢铁工业走在了所有重化工行业的前沿。钢铁行业特定的地位决定了我们必须是在这段特定历史时期唱主角。中国钢铁行业如何在绿色发展、高质量发展当中主动作为，挺起腰杆来体面地把人们心中认为的高耗能高污染的钢铁做成绿色钢铁？能不能统一思想，就像我们这些年快速发展为中国经济做出巨大贡献一样，在绿色发展中发挥支撑作用，主动做好自身的环保工作，解决好自身的环保问题？

我们现在评价一个企业的综合竞争力，不能只看企业挣了多少钱，而是要看其在绿色发展、节能减排上引进和研发了哪些先进的技术，在环保上做出了哪些成就，为整个钢铁行业争光没争光。经过努力，在最近两年的时间里，钢铁行业整体环保水平提升速度是比较快的。希望更多的企业，特别是大型国有钢铁企业，在环境保护方面能够进一步担当起重要角色，发挥好表率和引领作用。

2017年，河钢推行大客户经理制，深入开展EVI服务，为用户提供更高性能、更少的资源及能源消耗、更少污染物排放的绿色化钢铁材料。坚持走品种高端路线，大力研发高强、长寿、耐腐蚀、轻量化、环保型的产品，将产品优势转为市场优势：

围绕汽车轻量化等需求提供产品和技术支撑服务；构建渠道优势，将钢铁产业链条嵌入到家电产业链上，2017 年家电板产量达到 285 万吨，市场占有率居国内前列。在宽厚板领域，研发的超宽高延伸率核电用钢为全球首次应用；舞钢牌宽厚板产品研发保持行业引领地位，其中 40 多个品种填补国内空白、80 多个品种替代进口，调质海洋平台用钢、180 毫米厚 F 级海工钢、核安全用钢板、高合金临氢铬钼钢板等产品在国内有极高知名度。

通过定制化生产、按工程进度精准直发、联网查验真伪、项目经理负责制的服务模式，河钢成为北京行政副中心工程指定供应商，高强抗震钢筋在一系列国家重点工程中被大量优先使用；与中建钢构合作成立的中国建筑钢结构装配式建筑展示中心，主动对接京津冀协同发展、雄安新区规划建设需要，在绿色钢材方面提供“全生命周期”服务。

从“绿色制造”到“制造绿色”，河钢依托自身“绿色钢铁”品牌效应和节能环保技术优势，大力培育节能环保产业。“十三五”以来，河钢先后组建了能源环境科技有限公司、化工有限公司，与中信集团合资成立了唐信新能科技发展有限公司等，10 万吨生物质燃料生产线已经正式投产。

坚定信心，支撑国家战略发展

记者：您认为钢铁行业在高环境压力和高环保成本的条件下，应当如何找到生存发展空间，在国家发展中担当更为重要的角色？

于勇：钢铁行业的绿色发展之路，本质上是一条以低消耗、低排放和资源高效循环利用为主要特征的道路。这与钢铁行业未来发展大势同向同行，必须坚定不移地持续推动。

我们钢铁工业是可以做到绿色发展的，钢铁材料也是可以达到绿色环保要求的。凭借现在的科技水平和工业水平，完全可以让整个钢铁制造过程实现超低排放。

钢铁行业应该鼓起勇气、坚定信心。中国未来的发展仍需要钢铁。现在钢铁行业面临的最大挑战可能并不是简单的钢铁产量过多的问题，而是能不能适应国家环境需要的问题。在这方面，未来我们应该更多地探讨、研究世界上较发达地区工业化后期钢铁企业走的路。举个例子，如果中国的钢铁行业就是因为二氧化硫或者是二噁英等污染物造成重大影响，我们完全可以率先在某些工序流程中淘汰相应的工序，为钢铁行业的绿色发展和未来可持续竞争力的提升，主动多做一些事情。

上半年，会员单位的确实现了很好的经济效益，并在环保、去产能方面为行业做出了巨大的贡献。下半年，我们的任务也很重。党的十九大报告正式宣布我们国家进入新时代，钢铁行业也迎来高质量发展的新时期。希望大家在坚定信心的同时，对于行业绿色发展、高质量发展，尤其是对未来企业的发展模式和对支撑国家战略发展的角色定位等，进行深入思考和重新认识。

近几年，河钢持续推动绿色发展的质量变革、效率变革和动力变革。推动科技含量高、资源消耗低、环境污染少的绿色制造体系迈向中高端水平。绿色发展，让河钢从提供钢铁产品向提供钢铁材料解决方案和综合服务转型，产品结构和客户端向更高端迈进。“十三五”期间，河钢继续推进国家重大科技专项研究，引领行业绿色制造和节能环保技术发展。

在客户结构和产品结构优化上持续发力。2018 年，河钢通过实施绿色化钢铁材料解决方案，进一步带动下游用钢产业的绿色转型；推进在发达地区的区域合作研究中心建设，打造开拓国内中高端市场的“前沿指挥所”；通过共建研发中心、资本合作等方式，实现客户结构和产品结构迈入高端化的“高端循环”。“十三五”末，河钢高附加值、高技术含量品种钢比例将提高到70%以上。

河钢还将围绕京津冀生态环境支撑区建设，引入社会资本，培育发展环境治理产业，为进一步改善区域生态环境做出贡献。

中国钢铁工业对我国经济发展的贡献是巨大的。特别是经过改革开放40年的快速发展，中国钢铁工业越来越强大，在支撑中国经济发展和战略发展中，也越来越多地担当起重要角色。我们坚信，随着高质量的发展，中国钢铁工业从装备到产品等各种潜力都将得到更充分的释放。未来，钢铁行业将更体面、更有竞争力，一定能够为我国经济社会发展做出新的更大的贡献。

以钢铁行业绿色发展促进经济高质量发展

记者从近日召开的中国钢铁工业协会五届八次常务理事（扩大）会议上获悉，今年上半年，中钢协会员企业利润总额同比增长151.15%，利润水平长期偏低的局面得到了扭转。在生态环境保护力度不断加大的情况下，钢铁行业如何在化解过剩产能的同时实现利润增长？生态环境保护对钢铁行业整合升级带来什么影响？《中国环境报》记者就此采访了中国钢铁工业协会会长，河钢集团党委书记、董事长于勇。

生态环境保护对钢铁行业整合升级带来什么影响？

推动钢铁企业在发展理念、发展方式上重新进行思考、定位，主动采取措施。

记者：从近日召开的中国钢铁工业协会五届八次常务理事（扩大）会议上获悉，今年上半年，中钢协会员企业利润总额同比增长151.15%，利润水平长期偏低的局面得到了扭转，这个数据能够说明什么？

于勇：这表明，今年上半年，钢铁行业运行态势是稳中向好的。全国粗钢产量4.51亿吨，同比增长6%；会员企业实现销售收入1.97

本文原载于《中国环境报》2018年8月31日。

万亿元，同比增长 15.33%；实现利税 2144.93 亿元，同比增长 103.77%；实现利润总额 1392.73 亿元，同比增长 151.15%。钢铁行业销售利润率基本达到了全国规模以上工业企业利润率水平，扭转了前几年的困难局面。

钢铁行业能够取得这样的成绩，一方面得益于国家持续推进供给侧结构性改革，严禁新增产能和防范“地条钢”死灰复燃等政策措施强有力的落实；另一方面，是全行业进一步适应市场、调整结构，提高产品竞争力和附加值的结果。

记者：*在生态环境保护和执法力度不断加大的情况下，钢铁行业如何在化解过剩产能的同时实现利润增长？*

于勇：改革开放以来，钢铁业得到了快速发展，有力地支撑了中国工业化、现代化进程，为我国经济社会发展做出了重大贡献，成为我国具有国际竞争力和影响力的工业产业之一。同时，发展的高速度也的确积累了许多问题，比如，由于发展速度过快，出现了产能严重过剩的问题，产业区域布局和环境容量之间存在矛盾等。

不同的发展时期赋予了企业不同的发展认识、理念和发展模式，过去一些企业的粗放型发展，在一定程度上是基于当时的特定历史条件而选择的发展路径。其带来的产能过剩和环境问题，其实是中国钢铁工业从高速扩张阶段转向高质量发展阶段经历的“痛点”，可以说是“成长的烦恼”，我们应该更加理性、辩证地去认识和理解。消除“成长的烦恼”，必须以新的发展理念推动钢铁行业健康可持续发展。

近两年来，钢铁行业在深入推进供给侧结构性改革、坚定不移化解过剩产能、推动绿色发展上做了大量工作，促进了钢铁行业运行质量显著提高。2016 年以来，我国已化解过剩产能超过 1.2 亿吨，取缔了 1.4 亿吨“地条钢”产能，2018 年将再化解过剩产能 3000 万吨，为优质产能有效发挥创造了条件。同时，环境标准日益提高，环境执法愈发严格，对环保水平不够先进的企业生产带来影响，限产停产等也一定程度上减少了市场供给，缓解了供需矛盾。

供给侧结构性改革作为国家推动经济高质量发展的“先手棋”，从“三去一降一补”到“破、立、降”，为经济高质量发展创造了必要的外部环境，对钢铁企业的发展理念、发展模式带来了革命性的改变。广大钢铁企业以质量、效率、动力变革为中心，从数量增长转向质量提升、从规模扩张转向结构升级、从要素驱动转向创新发展、从立足国内转向全球布局、从节能减排转向绿色制造，高质量发展已经成为行业共识和行动。在全行业的不懈努力下，钢铁企业逐步走出几年前的“阴霾”，实现了经营业绩稳定增长，运行质量显著提升，发展态势根本性好转。

保持经济效益增长，是钢铁行业转向高质量发展的基础，而提高环保水平，实现超低排放，是钢铁企业履行社会责任的重要体现，二者相辅相成。因此，我们要切实摆正经济效益和环境保护的关系，着力解决影响企业生存发展的环境问题，努力实现效益持续好转，环境不断改善，发展质量不断提高。

记者：您认为，中央环保督察、强化督查等环境执法行动的持续开展，对钢铁行业产生了哪些影响？生态环境保护是否推动了钢铁行业的整合升级？

于勇：中央环保督察、环境执法行动的持续开展，对违法企业必将产生强有力的震慑作用。同时，这也是倒逼钢铁企业转型升级实现高质量发展的重要机遇，必将对钢铁企业形成“倒逼”的力量，推动钢铁企业在发展理念、发展方式上重新进行思考、定位，主动采取措施，通过淘汰落后产能、产能置换、联合重组、技术创新、进军新产业、构筑新业态等，不断适应严格的环境标准，努力实现绿色低碳发展。

党的十九大报告指出，我国社会主要矛盾已经转化为人民日益增长的美好生活需要和不平衡不充分的发展之间的矛盾。钢铁产业发展不平衡不充分的问题，主要就是产业发展与生态环境容量不相适应、区域之间发展不平衡以及总体创新能力、系统集成能力不足等问题。人民日益增长的美好生活需要对生态环境的需求是当前十分迫切的要求。增强发展动力、转变发展方式，首先要补齐环保短板。多年以来，钢铁行业强化社会责任落实，持续开展环保攻坚，环保指标不断改善。2018 年上半年，会员钢铁企业外排废水量同比下降 4.14%，外排二氧化硫同比下降 9.73%，烟尘同比下降 8.55%，工业粉尘同比下降 12.38%；吨钢耗新水同比下降 5.71%，吨钢综合能耗同比下降 3.76%，吨钢颗粒物排放同比下降 16.18%。

为进一步落实《打赢蓝天保卫战三年行动计划》，按期达到超低排放标准，钢铁行业还将继续加大各方面投入力度，持续推进环保升级改造，部分钢铁产能比较集中的区域也将进行布局调整。

实践证明，环保就是生命力，就是竞争力。越是在环境保护上和转型升级上做得好的企业，在未来发展上就越能占据主动。

真正实现钢铁企业绿色发展，下一步还应有哪些作为？

通过持续产能总量控制、区域布局调整等措施来解决环境容量不足等问题。

记者： *在以钢铁行业绿色发展助推经济高质量发展的过程中，还存在哪些困难和挑战？*

于勇： 高质量发展是新时代的主题，而改善环境质量，实现绿色可持续发展，推动人类社会迈向更美好未来，是钢铁行业高质量发展的题中要义。虽然钢铁行业近年来在强化环境保护、推进绿色发展方面付出了不懈努力，取得了一些成绩，但是影响钢铁行业绿色发展的困难和挑战仍然较多，比如区域布局问题、产能总量控制问题。由于区域内集中了太多的重化工企业，即使局部企业达到较高的环保排放标准，区域环境由于容量限制，可能也会出现空气质量下降的现象。

这些问题十分现实，我们不能回避，更不能绕过去，这是我们迈向高质量发展必须解决的首要问题，否则，我们的发展就谈不上高质量。我们所说的高质量，不仅仅是经济效益好，更应该把生态环境保护和绿色发展作为前提条件。因此，我们应该深刻思考，直面挑战，主动作为，按照环保超低排放标准要求，进一步强化环保责任，加大管理和技术改造力度，努力实现全面达标。

记者：要真正实现钢铁企业绿色发展，下一步还有哪些工作要做？

于勇：钢铁行业绿色发展不仅关系到国计民生，更关系到自身行业的健康可持续发展，我们必须坚持以习近平生态文明思想为指导，牢固树立“绿水青山就是金山银山”的理念，加快转变思想观念，重新审视环保与生产、环保与效益、环保与生存的关系，准确定位钢铁在绿色发展、高质量发展中的战略角色，坚决落实环保责任，主动破解深层次问题，在推动国家战略发展中展现担当。

对于下一步的工作，一是要通过持续产能总量控制、区域布局调整等措施来解决环境容量不足、环境质量不平衡等问题。要严格总量控制，不断巩固去产能成果，落实产能减量置换标准，推进减量调整和工艺装备升级，严禁新增产能，落实碳减排承诺。特别是在城市密集区域，要率先作为，率先突破，打造生态示范区域，实现钢铁发展与城市发展共享共融。

二是主动加压，坚持环境控制标准，让环境标准成为钢铁企业生存的生命线和准入证，在钢铁行业真正形成达不到超低排放标准就自行退出的长效机制。

三是加大环保技术创新力度。加快推进 CSCR 等先进适用技术推广应用以及大力实施成熟可靠的节能环保工程技术改造，确保能耗全面符合国家限额标准，排放指标按期达到超低排放标准要求，全面提升企业清洁生产水平。继续组织开展节能环保关键共性技术攻关，集中力量攻克关键共性技术难题，打破技术瓶颈，提升节能减排技术水平。打造绿色产业链，增加更高强度、更好性能、更长寿命的高效绿色钢材产品的供给，发展循环经济，充分挖掘钢铁产业链条上“全要素”价值，实现经济效益和环境保护的双赢。

四是树立“跨界思维”，推动钢铁行业环境保护新跨越。钢铁行业不仅要在本行业树立环保标杆，鼓励行业内环保对标，同时，更要敢于树立“跨界思维”，对标学习其他行业在绿色低碳发展方面的先进做法，博采众长，加快实现超低排放，不断树立钢铁行业绿色发展的新形象。

经过多年的发展积累，钢铁行业已经拥有了实现高质量发展的雄厚基础，我们对实现超低排放、满足人民日益增长的优美生态环境需要的更高要求充满信心。未来，致力于绿色发展的钢铁工业，必将在融入人民美好生活、支撑国家战略发展上彰显新的生命力。

Part 3

与大势同向　与时代同行

企业走到一定阶段，认识和定位往往决定着它的未来。

与大势同向 与时代同行

近年来，河钢集团以“建设最具竞争力钢铁企业”为目标，以全球化视野和国际化理念，引领企业加快结构调整和产业升级，增强了企业活力和竞争力，国际形象和市场地位显著提高，目前已进入健康可持续发展的快车道。2017 年 7 月 20 日，美国《财富》中文网与《财富》英文网同步发布 2016 年《财富》全球 500 强排行榜，河钢名列第 221 位，在上榜钢铁企业中排名第 4 位。

这些成绩的取得，与河钢全力发挥国企的担当引领作用息息相关。2016 年，河钢党委被授予“全国先进基层党组织”称号。日前，河钢党委书记、董事长于勇当选为党的十九大代表。

今年是供给侧结构性改革的深化之年，在党的十九大即将召开之际，河钢如何以优异的成绩迎接党的十九大胜利召开？近日，《中国冶金报》记者对河钢集团党委书记、董事长于勇进行了专访。

加快走出去 提升国际话语权和品牌形象

记者：今年，您作为钢铁行业的唯一代表，参加了“一带一路”国际合作高峰论坛，请您谈谈认识和体会？

于勇：国际社会认同、支持和参与“一带一路”的热情，让我印象深刻。党的十八大以来，中央的一系列重大战略部署，为我国企业

本文原载于《中国冶金报》2017 年 8 月 22 日。

加快走出去步伐，提高企业国际化经营能力，培育一批具有世界水平的跨国公司创造了有利的条件。

中国是世界上最大的钢铁制造国，河钢作为我国特大型钢铁企业，一直致力于建设“世界的河钢”。这不仅是一个钢铁企业置身国际，实施差异化战略的体现，同时也是一个企业置身全球，为世界经济发展贡献力量的表现。基于这样的战略考量和责任担当，近年来，河钢加快实施产业链全球化布局，打造“全球拥有资源、全球拥有市场、全球拥有客户”的“世界的河钢”，相继控股南非最大的铜冶炼企业——PMC公司、全球最大的钢铁营销服务网络——瑞士德高，并收购了塞尔维亚唯一国有大型支柱性钢铁企业——斯梅代雷沃钢厂。通过输出先进技术和管理方法，以及发挥全球配置优质资源的优势，河钢收购斯梅代雷沃钢厂仅半年，就扭转了其连续七年亏损的局面。河钢将牢记习总书记的嘱托，尽快把河钢塞尔维亚公司打造成中国—中东欧国际产能合作和“一带一路”建设样板工程。

河钢的海外发展高度契合了国家的“一带一路”倡议，显著提升了我国钢铁工业在国际上的话语权和品牌形象，得到了国家与社会各界的认可。河钢将进一步做大做强资源、制造、贸易三大核心业务板块，构建具有品牌影响力的全球“钢铁制造、营销服务、技术研发”三大平台。

预计到“十三五”末，河钢海外业务年营业收入将达到200亿美元以上，占集团营业收入的比重将达到30%以上。

抓住供给侧改革机遇　驶入健康持续发展快车道

记者：今年是供给侧结构性改革的深化之年，河钢在哪些方面取得进展？

于勇：深入推进供给侧结构性改革，让河钢找到了“路径自信”，也为河钢提高供给质量、满足高端需求激发了内生动力，营造了良好的外部环境。我们以此作为实现自身产品升级和结构调整的重大机遇，坚决做好“减法”，减少低端供给；突出做好“加法”，创新发展理念和发展路径，提高了有效高端供给比例，拓宽了新的发展空间。

在主动去产能的同时，河钢全力整合内外部资源，通过“优化客户结构，对接客户高端需求”，“撬动”先进装备、技术潜能快速释放，加大技术研发投入，推行专业化、定制化制造，提高满足高端客户个性化、差异化需求的能力。同时，河钢深化以产线为独立市场单元的组织结构扁平化改革，完善“大公司管理、小微化经营”的体制机制，把钢铁制造的全产业链逐步打造成为全价值链。

客户的高度决定了产品的高度，产品的高度决定了企业的高度。在供给充足、客户拥有绝对选择主动权的今天，优化客户结构、对接客户需求，是装备优势、技术优势充分释放的最大“撬动点”，也是推动供给侧结构性改革目标顺利实现的重要途径。如果说我们原来的发展是在一条羊肠小道上，那供给侧结构性改革就给我们提供了一条平坦的高速公路。供给侧结构性改革可以把企业多年来积累的技术、人才、改革、创新和管理等方面的优势释放出来，使企业实现前景更广、路径更优的发展。

从对客户的深刻解读到对产线的全新定位，从坚定高端路线不动摇到全产业链创效，一系列战略部署方向明确、全面推进，一系列新思路、新理念，正在成为引领河钢前行的“航向标”。到“十三五”末，河钢将实现利润百亿元以上，建成比肩全球一流钢铁企业、最具竞争力的大型跨国企业集团。

落实国家重大决策　全力支持和服务雄安新区建设

记者：设立河北雄安新区是党中央、国务院的重大决策部署，作为国有大型骨干企业，河钢在这方面如何落实？

于勇：作为国有特大型骨干企业，河钢把全力支持雄安新区建设和发展作为义不容辞的政治责任，不断强化政治意识、大局意识、核心意识、看齐意识，紧紧围绕国家战略和产业政策谋划推进各项工作。设立河北雄安新区是党中央做出的一项重大的历史性战略选择，是继深圳经济特区和上海浦东新区之后又一具有全国意义的新区，是千年大计、国家大事。设立雄安新区，为河钢实现转型升级、全面提升竞争力提供了重大历史机遇。河钢认真学习传达贯彻党中央、国务院关于设立河北雄安新区的重大决策部署，以及河北省委、省政府关于推进新区规划建设的指示精神，第一时间成立了由相关部门组成的专业小组，专题跟踪研究和对接雄安新区建设。

我们将抓住雄安新区建设这一历史机遇，加大同中央企业、科研院所和国家金融机构的实质性对接合作力度，加强资源共享和协同发展，加大对智慧城市、地下管廊、钢结构等建设用钢项目市场需求的调研力度，结合雄安新区的四大发展定位（绿色生态宜居新城区、创新驱动发展引领区、协调发展示范区、开放发展先行区），谋划钢铁全产业链合作项目。比如说，河钢联手中建钢构公司，将在雄安新区设立分支机构，打造集技术、服务、营销于一体的专业化团队，重点发挥河钢的品种和物流竞争优势，以及中建钢构在钢结构建筑方面的独特技术优势，并针对雄安新区规划建设需要，在绿色钢材方面提供全周期服务，全方位满足客户需求。

全球化让河钢拥有更大的发展空间

2017年7月13日，由国务院参事室主办，全球化智库（CCG）承办的“中国企业走出去50人论坛”2017年会在北京举行。河钢集团党委书记、董事长于勇应邀参加并发言。本次年会以“共商、共建、共享——‘一带一路’背景下中国企业走出去战略”为主题，邀请来自政府部门、专业智库和企业界200余位嘉宾，围绕“一带一路”倡议背景下中国企业走向国际化的历史机遇，聚焦目标，谋划前景，分享经验，应对挑战，共同探讨中国企业对外投资与贸易的理论和实践。

记者：于总，您好！河钢集团近年来在“走出去”方面取得了很好的成效，请您介绍一下企业的全球化发展情况。

于勇：河钢集团是世界上最大的钢铁生产商和综合服务商之一，是中国国际化程度最高的钢铁制造企业之一。2013年以来，我们按照“全球拥有资源、全球拥有市场、全球拥有客户”的定位，先后完成南非铜冶炼企业PMC公司、钢铁材料营销服务商瑞士德高公司、塞尔维亚斯梅代雷沃钢厂的收购，快速实现了以“全球营销服务平台、全球技术研发平台和全球钢铁制造平台”为支撑的产业链全球化布局。目前，河钢在30多个国家有投资，直接或间接参股、控股境外公司70余家，拥有“四钢两矿一平台”的全产业链海外发展格局（“四

本文原载于中国钢铁新闻网2017年7月14日。

钢”即河钢塞尔维亚公司、河钢马其顿中板公司、河钢南非 DSP 公司、河钢美国克拉赫公司，“两矿”即河钢 PMC 公司、河钢澳大利亚威拉拉铁矿，“一平台”即河钢德高公司)，控制运营海外资产 70 亿美元，业务涉及 110 多个国家，在全球拥有 4 万多个客户，海外员工 13000 人，海外业务年营业收入超过 800 亿元，年净利润超过 20 亿元。

记者：请您具体介绍一下河钢集团“走出去”的举措和实践。

于勇：河钢在探索“走出去”开展国际合作中，采取了多种方式，进行全产业链的布局。

一是顺应时势，低风险布局。塞尔维亚斯梅代雷沃钢厂 1992 年以前由前南斯拉夫政府运营，2003 年被美钢联收购，2012 年塞尔维亚政府以象征性的 1 美元价格将其回购。由于契合国家“一带一路”倡议和开展国际产能合作的要求，符合河钢拓展欧洲市场的需要，2015 年上半年，我们跟进该厂私有化项目，并于 2015 年 7 月正式启动斯梅代雷沃钢厂收购项目。最终，河钢以较低的价格在欧洲获得了 220 万吨钢铁产能，比新建同等规模钢厂节约资金近百亿元人民币。2016 年 7 月 1 日，河钢正式接管并实质性运营。

二是在开展国际化合作过程中，河钢根据实际情况的需要，采取了包括全资收购、控股、组团收购、联合经营等多种方式，因地制宜实现国际合作。

马其顿中板厂成立于 1997 年，使用废钢进行电弧炉冶炼、精炼、连铸生产板坯，板坯经轧钢车间加热和轧制成钢板，目前工厂年产能 120 万吨。河钢通过德高公司实现对该厂的控股，实现了中板的产业布局和海外资源的初步整合。

南非 DSP 公司年生产 45 万吨冷硬卷，12 万吨冷轧卷，32 万吨镀锌卷。河钢通过德高公司与南非工业发展局（IDC）合作，实现了对南非 DSP 公司双方各控股 50% 的收购，实现了在南非的重要工业布局。

美国克拉赫公司是一家大型的碳素钢、合金钢、不锈钢材质全系列管、棒材产品加工服务中心，产品主要应用于汽车、建筑、扣件、油气机械等行业。2016 年河钢德高公司通过购买卡斯特 50%股份，全资拥有了克拉赫公司。同时利用克拉赫公司资产负债率较低可以进行再融资的优势，以克拉赫公司本身进行融资，融资资金用来支付收购卡斯特金属公司 50%股权的费用。此次收购，河钢德高实现了无现金收购，低投入掌握了克拉赫全部的所有权和管理权。

南非 PMC 公司拥有约 2 亿吨 56%品位的磁铁矿（铜尾矿）、3000 万吨含铜量 0. 54%的在产铜矿、1. 69 亿吨含铜量 0. 65%的待开发的铜矿二期资源，以及一个年产销量约 20 万吨的世界级蛭石矿。2014 年，河钢作为最大股东和牵头单位，主导由河钢集团和天津物产集团、俊安公司、中非发展基金共同组建的中方联合体，与南非工业发展公司共同出资，完成收购力拓集团英美资源公司所持有的南非 PMC 公司 74. 5%股权。其中，河钢占股 35%，以最大股东身份主导 PMC 公司的运营与管理。

2004 年 9 月，河钢会同武钢、马钢和沙钢各自境外公司与澳大利亚必和必拓铁矿（津布巴）公司、伊藤忠澳大利亚矿产与能源公司及三井铁矿公司在澳大利亚投资组建澳大利亚威拉拉铁矿合营企业，开采西澳洲皮尔马拉地区津布巴铁矿，给企业带来了较高的固定年投资回报。

三是连点成线，产业链有机整合。河钢在进行全球布局时，既考虑产业链的完整性，又考虑全产业链的有机整合，并形成有效的管理中枢。

河钢德高经过近 40 年的发展，成为全球最大的钢铁综合贸易服务国际平台，拥有覆盖全球钢铁产业链的营销服务平台，在全球设有 76

家子公司和办公室，在120个国家从事商业活动，产品出售给全球44000多家客户。德高业务涵盖工业生产、贸易、银行融资、信贷保险、市场分析、风险管控、船务物流、加工配送、技术服务等领域。河钢利用德高公司，不仅可以实现在国际、国内两个市场的协同销售，还可以延伸钢铁产业链至全球终端，同时形成了开展国际合作的支点和中枢。在多项收购中，都是依靠河钢德高公司实现的，在完成收购后，再利用该平台公司实现全球资源的整合利用，使生产得到迅速恢复，并取得较好的效益。例如，在河钢完成塞尔维亚公司收购后，利用河钢德高营销平台，为塞钢提供了大宗原料支撑和国际市场保障。

四是特色布局，高端市场引领。不同于通常的国际合作，河钢的国际合作首先在发达国家和地区开展，“四钢两矿一平台”中两家在欧洲、一家在美国、一家在澳大利亚、两家在南非。河钢在全球化布局中提出了有先后、分主次，逐步推进实施的规划，在次序上，优先选择进入欧美成熟发达的市场区域和“一带一路”沿线国家。欧美地区是钢铁工业的发源地，拥有成熟高端的技术、市场与客户资源，通过并购方式布局欧美地区，既可以最大限度地规避市场开发风险，还可以有效促进国内面临的结构调整和转型升级，反哺国内的供给侧结构性改革。

五是本地化运营，快速融合。实现海外公司收购或控股后，河钢充分尊重不同国家和地区企业的文化特征和管理体系，在战略管控的基础上，实施本地化运营，即利益本地化、用人本地化、文化本地化，实现了海外企业快速融入集团并运营。无论是在河钢塞尔维亚公司，还是在河钢南非PMC公司、河钢德高公司，河钢均大胆启用当地员工承担关键管理岗位，维持企业原有先进高效的业务运行及管理模式，同时将集团先进的管理方法嵌入管理流程，实现跨文化管理，经营业绩不断突破。

记者：请您谈一下对河钢集团“走出去”的思考体会。

于勇：企业自身的发展战略一定要和国家的大战略相契合。河钢的全球布局和海外投资，既是企业的自主行为和企业自身成长的需要，又高度契合了国家战略。“一带一路”建设为河钢全球化战略提供了强大支持，相关机构和主权基金给予了河钢鼎力支持。这些机构和主权基金为中国制造业企业“走出去”注入了强大的动力，这是国际上其他伙伴所不具备的优势。面对钢铁市场形势发展和世界经济形势新变化，河钢通过“走出去”和对外投资，寻求新的发展路径，形成了河钢“全球拥有资源、全球拥有市场、全球拥有客户”的战略定位。全球化让河钢拥有了更大的发展空间。

河钢通过海外发展，不仅拥有了在30多个国家的投资项目，更重要的是在欧美发达经济体当中，吸收到很多先进的经验、技术和管理理念，如在金融方面、在企业流程管理和再造方面、在全产业链创效方面等。这些管理和技术反哺到国内企业，极大地提升了国内企业的竞争力和管理水平。河钢作为传统钢铁企业，原来的产品仅仅是钢铁本身。通过实施国际化战略和海外合作，真正体会到全产业链概念和全资源概念，坚定了河钢在“一带一路”倡议下“走出去”实现更好发展的信心。

我们深切感受到中国制造业具有极强的竞争力，包括我们的技术、工艺和制造能力，以及在海外发展中顺势而为的能力。中国制造业企业经过数十年积累，具备了和世界同行在世界各地展开竞争的条件，建立了自信。在对外投资当中，要进一步关注投资环境对我们投资方的看法、承受能力和态度。不要把自己当成所投资国家的“救世主”，也不是去改造这个国家的文化和改变这些人的传统，而是要用好当地的条件，去做我们要做的事情。因此，河钢将实现经济收益与当地社会发展共赢上升到了企业战略的高度，提出了“三个本地化”原则，即利益本地化、用人本地化、文化本地化。

记者：请您为中国企业“走出去”提供一些建议。

于勇：建议中国企业在海外投资当中要进一步关注全产业链布局，不断提升国际竞争力。任何海外操作都不只是简单的一笔交易和涉及一个企业，要综合考虑在海外的协同性、与国内企业的互补性。“走出去”的企业要关注并用足用好国内政策和政府机构提供的良好环境。比如，河钢在国家商务部支持下，“塞尔维亚国际产能合作培训班”项目为河钢塞尔维亚公司塞方员工提供了大型两地交流培训机会，这对提高当地员工素质和提高他们对中企的认识提供了极大支持。

全球化让河钢拥有了更大的发展空间，进一步坚定了河钢在“一带一路”倡议下“走出去”实现更好发展的信心。可以说，中国制造业企业“走出去”，现在已经具备了成熟的条件。整个世界经济环境为我们提供了“窗口期”，“一带一路”倡议和国家“走出去”战略为我们提供了强大的后盾和支持，制造业企业“走出去”现在恰逢其时。

“一带一路”让河钢获得全新发展模式

记者：我们注意到，您在刚刚结束的中国发展高层论坛上表示，“一带一路”让河钢获得了全新的发展模式。请您介绍一下这方面的情况？

于勇：十八大以来，我国提出“一带一路”倡议，发起建立亚洲基础设施投资银行，设立丝路基金，已获得100多个国家和国际组织的积极响应和支持，其中有40多个国家和国际组织与中国签署了合作协议。中国的倡导和引领作用正在产生越来越广泛的影响。正因为“一带一路”符合各国人民利益，促使中国企业走出去的步伐也进一步加快，企业国际化经营能力得到显著增强，为我国培育出世界水平的跨国公司创造了空前有利的条件。

和平发展时期，一个国家的形象和实力，是通过经济实力来体现的。在此过程中，国有大型企业理应发挥重要作用，向世界展现影响力。中国是世界最大的钢铁制造国，河钢作为国内最大的钢铁企业之一，一直以来将建设“世界的河钢”作为自身使命和目标。这不仅是一个钢铁企业置身国内实施“差异化”战略的体现，也是一个行业置身全球对世界经济的贡献。

正是基于这样的战略考量和责任担当，近年来，河钢积极践行“一带一路”倡议，从综合性矿山企业南非矿业公司，到全流程钢铁企业塞尔维亚斯梅代雷沃钢厂，再到全球最大的钢铁营销服务网络瑞

本文原载于《21世纪经济报道》2017年3月19日。

士德高……随着一项项海外并购项目的成功实施，河钢不断加快产业链全球化布局，在深化国际产能合作方面不断结出丰硕成果。目前，河钢在全球五大洲都有投资和合作伙伴，在 110 多个国家有战略伙伴和客户，控制运营海外资产超 70 亿美元。2016 年，河钢海外销售额占集团总销售额的近三分之一。河钢海外板块正呈现出蓬勃发展之势，对企业的支撑作用越来越突出。因此，河钢是“一带一路”倡议的受益者，也要成为“一带一路”框架下最有力的支持者。

记者：为什么说当前钢铁行业“走出去”恰逢其时？在海外发展方面，河钢收获了什么？

于勇：应当说，推进我国钢铁产业海外布局，既契合国家战略发展方向，又是企业未来成长需要，可以说恰逢其时，是历史的必然。

多年来，在国际化发展历程当中，包括河钢在内的中国企业，依靠原材料和销售市场“两头在外”的经营模式，更多的是以低成本的材料出口和外部资金的引进为主。但随着中国经济规模的增长、中国资本的积累、技术进步的提升，这条道路可能越来越难了，因为我们的体量增大了，世界上的消化能力有限。以钢铁为例，去年中国整个钢铁行业产量 8 亿吨，中国的经济规模在适度回落，世界经济发展增速也在回落，中国钢铁工业为中国和世界提供的总量是足够大的。特别是近年来世界上一些国家出现的贸易保护主义现象，让我们走单一的产品出口路径越来越困难。这个时候，我们应当转变思路，从出口导向转向投资导向，推动国际化经营向纵深发展。我们一直以来将 GDP（国内生产总值）作为经济发展的衡量指标，却往往忽视 GNP（国民生产总值）。在日本，GNP 高于 GDP，尽管其经济总量增长不快，但由于有大量海外投资和收益，还是很富有。伴随着中国成为世界第二大经济体和世界经济进入深度转型调整期，我们也将进入 GDP 到 GNP 的跨越。

恰恰在这个时期，中央提出了“一带一路”倡议。作为钢铁行业国际化发展的先行者，河钢恰恰搭上了这个快车。全球化不仅让河钢重新获得了发展路径，世界的很多企业也需要中国的技术、中国的资金。如果说30年以前中国的经济发展是以产品输出和劳动力输出为主的话，那么未来，或者10年、20年以后，中国在全球的输出应该是以资本和技术输出为主。

记者：河钢有哪些值得分享的案例或经验？

在“一带一路”倡议下，河钢在海外有两项颇为引人关注的收购。2015年，河钢完成对瑞士全球最大的钢铁贸易商德高的收购，并购价格约4亿美元。这是中国国有钢厂第一次走出去并购钢贸商。

瑞士德高是全球最大的钢铁营销网络，几乎占全球钢铁贸易一半的份额。它在全球110多个国家建立了商业网点，在全球60几个国家拥有加工配总中心，在全球有4万多客户。

这笔收购让河钢迅速在全球110多个国家拥有了自己的营销网络和网点，让我们成为世界上营销网络最发达的钢铁企业之一。对中国的钢铁企业来说，这项收购最有价值的体现就是让我们拥有了全球营销贸易渠道。

另外一个是去年对塞尔维亚斯梅代雷沃钢厂的收购。欧洲很多钢铁企业沉淀了很好的商业模式和技术，但这些年由于世界经济危机出现流动性和资本的缺失，让这些企业陷入困境。河钢的资本收购让这些企业重获新生。河钢输入了资金、输入了技术，让企业重新获得活力，让企业员工重新拥有了未来。在这个项目中，河钢明确“利益本地化、用人本地化、文化本地化”的“三个本地化”原则。河钢塞尔维亚公司有员工5000多人，中方员工常驻人员不过9人，日常生产经营主要依靠当地员工。在此基础上，河钢输入先进管理和技术，配置全球优势资源，让钢厂在不到一年的时间里，实现了全面扭亏，扭转了其连续七年亏损的局面，走上了健康可持续发展道路。看到被誉为“塞尔维亚的骄傲”的钢厂如今重现活力，塞尔维亚国家领导人多次感谢习近平总书记、中国政府和中国人民为塞尔维亚所做的一切。河钢以行践诺，树立了中国企业的良好形象，打造出中国的一张“金色名片”。从“将企业经济行为与国家发展战略紧紧联系在一起”，到“创新提出‘三个本地化’原则”培育自身成长性，再到“成为‘一带一路’框架下最有力的支持者”，河钢在国际化进程中逐渐打造出了具有河钢特色的国际化发展“样本”，坚定了海外发展的路径自信。

发展是解决一切问题的总钥匙。钢铁产业具有全球配置资源的特征，全球化是钢铁工业发展的必经之路。在中国成为世界第二大经济体、世界最大钢铁制造国之后，如果一个钢铁企业没有全球化的资源配置能力，没有全球化的市场和国际化的战略伙伴，那这个企业的生存能力一定是有限的。未来，国际化将是我国钢铁产业发展不可或缺的一部分，也是钢铁企业做大、做强的重要路径。因此，在践行“一带一路”倡议已经迈出坚实步伐之后，河钢集团将乘势而上、顺势而为，抓住新工业革命的发展新机遇，加强资本和技术输出，在全球范围内建立起自己的客户群体和资源配置体系，在深入参与国际竞争的过程中加快缩小国内钢铁企业与世界先进钢铁企业在管理理念、经营机制、商业模式等方面的差距，深入推进供给侧结构性改革，切实增强企业内生动力和活力，不断推动“一带一路”建设行稳致远，与世界一道迈向更加美好的未来。

"走出去"成就"塞尔维亚的骄傲"

塞尔维亚共和国斯梅代雷沃市，"HBIS"旗帜在浓浓的异国风情中迎风飘扬。去年12月，中国河钢集团收购斯梅代雷沃钢厂仅半年，就帮助这家曾深陷困境的企业扭亏，并得到了员工的真心拥护——塞钢独立工会协会主席萨萨·乔利奇说，工人对工厂现状很满意。这座塞尔维亚唯一的国有大型支柱性钢铁企业，曾被誉为是"塞尔维亚的骄傲"，如今重新焕发活力，中塞友谊之花盛开在美丽的多瑙河畔。河钢集团是如何成功"走出去"并实现与当地共赢的？记者就此专访河钢集团董事长于勇。

收购半年实现扭亏

记者：河钢并购塞尔维亚斯梅代雷沃钢厂是"一带一路"产业合作的一个成功案例，能否请您介绍一下相关情况？

于勇：塞尔维亚位于欧洲东南部巴尔干半岛中心，是一个内陆国家，不仅与欧盟进行自由贸易，而且还与俄罗斯签订了自由贸易协定。塞尔维亚斯梅代雷沃钢厂是塞尔维亚唯一的国有大型支柱性钢铁企业，始建于1913年，距今已有上百年历史，曾被誉为是"塞尔维亚的骄傲"，目前拥有5046名工人，220万吨配套钢铁生产产能，并在多瑙河畔有两个在用的港口。

本文原载于香港《紫荆》杂志2017年3月。

河钢集团是目前世界最大的钢铁材料制造与综合服务商之一，2016年位列《财富》杂志世界500强企业第201位。

河钢建设最具竞争力钢铁企业，需要融入世界，参与全球资源的配置，打造世界的河钢，共同创造并共同分享世界钢铁工业进步的成果。契合国家“一带一路”倡议，河钢不断加快“走出去”步伐，2016年，我们完成了对塞尔维亚斯梅代雷沃钢厂的收购，建立了首个海外全产业链的生产制造基地。河钢国际产能合作及钢铁产能全球布局迈出了关键一步，进一步向具备高端制造能力的欧洲地区布局，为拓展海外实业基地、构建全球产业制造平台打下坚实基础。

正式并购后，我们充分发挥技术、管理、绿色制造和全球最大营销服务网络的优势，通过管理输入、工艺改善以及全球配置优势资源，迅速扭转了塞尔维亚公司长期被动的经营局面，钢厂发生了历史性巨变，连续亏损七年的塞钢在2016年12月扭亏。据塞财政部数据，2016年下半年，河钢塞尔维亚公司出口量大幅增加，为塞第二大出口企业，成为带动塞尔维亚2016年出口增长的重要动力之一。

河钢集团有信心、有能力，将塞尔维亚公司打造成为装备档次显著提高、产品质量更加精良、厂区环境更加美好的现代化钢铁联合企业，成为中国—中东欧产能合作和“一带一路”建设的标志性工程，成为欧洲最具竞争力的钢铁企业和中塞两国合作共赢的典范。

以强大的全球资源配置和综合竞争能力获得信任

记者：我们知道，不少外国企业对海外资产非常挑剔。您认为，是什么让河钢可以成功收购斯梅代雷沃钢厂？

于勇：的确如你所说，国外企业往往很在意投资者是否能恢复企业的活力，解决就业，给这个企业未来。我们能够获得对方的信任，也是与在这些方面坚定他们的信心有关。

一个大企业集团的资源配置能力，对企业竞争力至关重要。河钢近年来抓住“一带一路”建设的重大机遇和欧洲产业资本重组“窗口期”，按照“全球拥有资源、全球拥有市场、全球拥有客户”的定位，加快实施产业链全球化布局，已经构建起了基于“全球钢铁制造平台”“全球营销服务平台”“全球技术研发平台”三大平台的竞争优势。2015 年完成了对瑞士德高的收购，拥有了全球最大钢铁营销服务网络和金融贸易平台、资源配置平台、国际化人才整合平台，这将极大地提升斯梅代雷沃钢厂的竞争力。

如今，我国钢铁工业在技术装备、营销网络、绿色制造、人才储备等方面已经具备了融入海外市场、配置全球资源的综合实力。在收购的过程中，我们邀请斯梅代雷沃钢厂高管团队来到有着“世界最清洁钢厂”之称的河钢唐钢参观，时任斯梅代雷沃钢厂 CEO 的皮特·卡马斯说像看电影一样：“我想过河钢要比斯梅代雷沃好，但是没想到好到这个程度。我相信中国人、河钢能够把这个企业救活。”

既授鱼，亦授渔

记者：成功收购只是第一步，把收购来的企业经营好才是真正见水平的。河钢仅用半年就令塞钢扭亏为盈的秘诀是什么？

于勇：近几年河钢加快国际化发展步伐并取得了系列突破，如果说实践心得的话，我们认为河钢收购的初衷就是要共赢，要让并进来的企业越来越好，而不是简简单单地追求通过资产增值获利，更不是仅仅为转移产能或是占有资源。

河钢在这半年对斯梅代雷沃钢厂的管理中，一直是按照“三个本地化”模式在进行，即企业利益本地化、企业用人本地化和企业文化本地化。同时，河钢把最优秀的团队派到这里，把全球最好的资源配置到这里。2016 年下半年，河钢来塞尔维亚的技术团队多达 11 批，近 200 人，全面对钢厂设备、技术、信息化、工艺等存在的问题进行了诊断，投入巨大的精力用于成本的控制、工艺的完善和全球资源的重新配置。2016 年 12 月，塞钢产销量均创 2010 年以来最高水平。2016 年下半年累计产铁、钢和钢材，分别比上半年增长 56%、52%和 55%，同时产品结构快速优化，高附加值的冷轧板产量比上半年大幅增长 112%。

我们把先进的生产工艺和管理理念带进塞钢，日常生产经营则依靠当地员工。公司有 5000 多名员工，常驻塞尔维亚的中国员工仅有 9 人。

中国古人有云："授人以鱼，不如授之以渔"。中国企业的到来，并非索取和盘剥，而是秉承共赢的目标，整合各自所长，谋求合力发展，"言必信、行必果，优势互补，提高企业竞争力"已成为所有河钢员工的共识，这也是我们成功的基石，体现了河钢人对打造"一带一路"样板工程的信心和决心。

用真诚关爱赢得员工认同

记者：企业文化的融合是"一带一路"产能合作项目成功落地的一个重要关口。塞钢的本地员工对河钢人的感情特别亲，河钢是怎么做到的?

于勇：我们清楚地认识到，这个企业是塞尔维亚人民的宝贵财富，塞尔维亚政府和人民对这个企业高度关注，对她怀有很深的情结。同时，这家企业有值得每一名员工自豪和骄傲的一面；员工在岗位上的严谨，以及他们对企业的热爱，都值得我们珍惜和敬佩。这也是河钢的巨大财富。我们的目标就是打造中塞两国合作共赢典范和最具生命力的企业，为实现这一目标，我们坚守三个本地化模式。

正如塞尔维亚总统尼科利奇所说，今天的河钢塞尔维亚公司对于5000多名塞尔维亚员工及其家庭来说，是生活的保障。我们真心相待，主动关爱，塞尔维亚当地员工都能感受到，以真情换真诚，企业凝聚力就特别高。

我给你讲几个故事：

塞钢自治工会主席叫西尼萨，去年驻塞尔维亚的中国员工自发给他过了个中国生日，他深受感动，“河钢打造幸福型、责任型企业的理念和做法，让我们对未来充满信心。”

塞钢有个员工叫米西奇，在厂里工作了20多年了，他说，他希望孩子们以后也来钢厂工作。

塞钢独立工会协会主席萨萨·乔利奇说，目前工人对工厂现状很满意，希望中国“一带一路”建设的推进，可以帮助塞尔维亚像中国一样迅速发展。

炼钢车间副主任格丽思卡曾对塞尔维亚记者表示：河钢的到来，对我们的家庭，对斯梅代雷沃市乃至整个塞尔维亚，都具有重要意义。他相信河钢的承诺，相信塞钢会越来越好。

去年习近平总书记到塞钢考察，当地两个老工人自发做了一块2米多宽、1米高、写着塞尔维亚语的木牌，习主席讲了12分钟，他们就举了12分钟。

这样的故事太多了，塞尔维亚员工们的话让我们很欣慰，也更坚定了我们注重“三个本地化”的决心。

记者：习近平总书记的到访，为河钢塞钢员工乃至全体河钢员工带来哪些鼓舞和鞭策？

于勇：总书记要求我们“言必信、行必果”，对此，我们有信心和决心，不仅让这个企业实现盈利，更重要的是让它拥有未来。河钢所拥有的企业运行管理优势、成本控制优势、技术和人才优势，特别是随着集团国际化战略的推进，我们拥有了全球最大的钢铁营销服务网络——德高公司，形成了强大的全球资源配置优势，通过与塞尔维亚公司优势互补，为尽快恢复钢厂活力，进而提升竞争力，提供了坚实保障。同时，我们有中塞两国政府的大力支持，有两国人民之间的深厚友谊，有良好的政治环境，这一切都让我们对恢复钢厂活力、保证未来发展充满信心。

塞尔维亚总理武契奇也对我说，他本人会和塞尔维亚政府一起为促进河钢塞尔维亚公司发展提供大力支持，推动塞中友谊不断升华。

中国驻塞尔维亚大使李满长也称赞河钢塞尔维亚公司是“中塞两国合作的重要典范”，并表示使馆会对塞钢发展提供全力支持，促进两国合作结出更加丰硕的成果！

习近平总书记的认可，以及各方的赞誉与支持，对河钢是莫大的鼓励。随着钢铁行业的完全市场化，钢铁行业全球化是我国钢铁行业必须迈出的一步。“一带一路”建设为钢铁产业“走出去”创造了更多机遇。到 2020 年，河钢将实现海外公司年合并销售收入 1300 亿元（200 亿美元），将占集团比重 30%。

我们也非常欢迎香港、澳门的有志青年到河钢、河钢塞尔维亚公司参观、实习，甚至成为我们的一员，欢迎每一个有志青年为“一带一路”建设贡献力量！

弘扬丝路精神　展现国企担当

2016年，河钢收购塞尔维亚斯梅代雷沃钢厂，在不到一年的时间里，使塞尔维亚斯梅代雷沃钢厂实现了全面扭亏，扭转了其连续七年亏损的局面。作为中国企业海外投资、积极响应和落实“一带一路”倡议的优秀代表，河钢有哪些收获？河钢国际化实践对中国企业走出去、开展国际产能合作有哪些启示？河钢集团党委书记、董事长于勇日前接受了《中国冶金报》记者的采访，阐述了他对“一带一路”倡议的理解。

推进海外布局，既是企业成长需要，又契合国家战略发展方向

记者： 这几年，河钢的国际化步伐迈得很快，取得了显著成效，作为当家人，请您谈谈对此的体会？

于勇： 钢铁产业具有全球配置资源的特征，全球化是钢铁工业发展的必经之路。综观发达经济体钢铁工业的发展历程，一个国家或地区钢铁工业的发展过程，既是由“量的积累”到“质的提升”的过程，也是钢铁工业供给结构不断适应消费结构提档升级、产业链条由立足国内到国际化布局发展的过程。经过改革开放30多年的快速发展，我国钢铁工业已经拥有了世界上最好的装备、最好的工艺和技术，

本文原载于《中国冶金报》2017年5月12日。

拥有了世界上最庞大、最专业的产业工人和全新的绿色制造理念，在收购海外资源、开拓海外市场等方面也积累了宝贵的经验。我国钢铁企业已经具备了走出去的产业发展优势。

在中国成为世界第二大经济体、世界最大钢铁制造国之后，如果一个钢铁企业没有全球化的资源配置能力，没有全球化的市场和国际化的战略伙伴，那么，这个企业的生存能力是有限的。未来，国际化将是我国钢铁产业发展不可或缺的一部分，也是钢铁企业做大、做强的一条路径。韩国浦项、德国蒂森克虏伯、日本新日铁住金、美国钢铁公司等世界级钢铁巨头，都在进行产业链全球化布局。一方面，企业可以通过走出去，在世界范围内建立起自己的客户群体和资源配置体系，在深入参与国际竞争的过程中熟悉国际规则，从而有效弥补国内钢铁企业与世界先进钢铁企业在管理理念、经营机制、商业模式等方面的差距；另一方面，深化钢铁供给侧结构性改革需要钢铁企业走出去。客户结构是装备优势、技术优势充分释放的最大“撬动点”，未来，客户结构的调整将成为拉动产品升级的最大引擎。因此，我们需要寻找适合自身发展的路径，延伸产业链布局，以高端需求来提升产品品质。

党的十八大以来，我国提出“一带一路”倡议，发起建立亚洲基础设施投资银行，并设立丝路基金，已获得 100 多个国家和国际组织的积极响应和支持，其中有 40 多个国家和国际组织与中国签署了合作协议。在注重经济发展的和平时期，一个国家的形象和实力，是通过经济实力来体现的。在此过程中，国有大型企业理应发挥重要作用，代表国家向世界展现影响力。“一带一路”建设加快了中国企业走出去的步伐，增强了企业国际化经营能力，为我国培育出世界水平的跨国公司创造了空前有利的条件。我国钢铁企业推进产业海外布局，既是企业未来成长需要，又契合国家战略发展方向，因此，钢铁企业实施全球化发展战略正当其时。

国际化带来的不仅是经济效益，更重要的是增强了企业软实力

记者：在您看来，国内钢铁企业走出去面临哪些挑战？如何更好地融入全球发展？

于勇：中国企业在海外建设企业面临两大挑战：一是要想在国外陌生的商业环境中形成顺畅的商业流程，需要较为完善的企业营销和服务网络来支撑；二是如何适应国际规则，熟悉当地客户心理，融入当地市场。中国是世界最大的钢铁制造国，河钢作为国内最大的钢铁企业之一，一直将“建设最具竞争力钢铁企业”作为自身使命和目标。河钢加快走出去步伐，实现在世界范围内配置资源，在全球拥有自己的市场和客户，代表民族工业、代表国家向世界展现影响力。这不仅是一个钢铁企业置身国内实施差异化战略的体现，也是一个行业置身全球对世界经济的贡献。基于这样的战略考量和责任担当，近年来，河钢积极践行“一带一路”倡议，加快实施产业链全球化布局，在深化国际产能合作方面不断结出丰硕成果。目前，河钢在全球五大洲都有投资和合作伙伴，在110多个国家有战略伙伴和客户，控制运营海外资产超70亿美元。2016年，河钢海外销售额占集团总销售额的近三分之一。

海外收购主要有两种：一种是收购实体制造业，另一种就是软实力收购。收购像德高这样成熟的全球化商业网络，让河钢一举拥有了全球最大的钢铁营销服务网络、更多的高端人才和先进理念、世界级的品牌和良好的商业信誉，为河钢走向世界搭建了“桥梁”。在发展的初级阶段，我们往往把置办装备、扩大规模看成增强竞争力的一个重要方面，而欧洲发达经济体的钢铁制造业早已走过了这个阶段。在

装备能力得到最大释放时，靠增强软实力来弥补装备的不足，这是后工业时代竞争力的体现，也是我们当前亟须补上的一课。我们从海外收购过来的企业从装备上来讲远远不如我们，但是他们在管理流程的优化，包括产品档次、客户关系建立上，要超越我们一个时期或两个时期。

从中国企业走出去，让世界认识我们、接受我们，到我们寻找到适合自己的成长路径，这需要一定时间的探索和实践。现在，河钢海外收购、并购的目的越来越明确，即更多在能够真正带领我们快速进入后工业时代的发达国家开展产业链横向并购和深加工链条垂直收购。未来，河钢会把欧洲的商业模式、营销环境、市场行为、客户关系，包括新技术、新理念，作为财富带回来，用来武装我们的企业，这比收获经济效益的价值更大。

走出去带来的绝不只是投资本身，还有对国家品牌的影响

记者：“一带一路”倡议将会给钢铁企业带来哪些机遇？

于勇：“一带一路”将推动中国迈向资本输出新时代。未来，中国在全球的输出应该是以资本和技术输出为主。“一带一路”为中国企业开辟了全新的发展模式。

随着中国经济规模的增长、资本的积累、技术的提升，特别是中国经济体量的加大，以往一直沿用的低成本产品出口这条道路越来越难走了。与此同时，由于世界经济危机，欧洲很多拥有很好的商业模式，并在当地拥有一定市场份额的企业陷入困境。这些企业并没有完全丧失竞争力。这些企业的生存问题，为中国企业进一步融入国际市场，激发新的发展动力提供了机遇。中国企业通过收购等措施，让这

些企业恢复活力，对双方来说是互利共赢的。

近年来，河钢加快国际化发展步伐，并取得了一系列突破。这些成绩的取得，我认为要归功于共赢的理念。河钢收购的初衷就是要共赢，让被收购企业越来越好，而不是单纯地追求通过资产增值获利，更不仅仅是为了转移产能或是占有资源。河钢对海外公司管理明确提出“利益本地化、用人本地化、文化本地化”的要求。以河钢塞尔维亚公司为例，该公司一直按照三个本地化模式进行管理。同时，河钢充分发挥技术、管理、绿色制造和全球最大营销服务网络的优势，加强成本控制、工艺改善和全球资源重新配置，日常生产经营则依靠当地员工。公司有 5000 多名员工，常驻塞尔维亚的中国员工仅有 9 人。

在企业全球化进程中，最重要的就是自身的成长性和顺势而为的能力，拥有了这种能力，在任何一个地方都会培养出自身的竞争力。在布局海外市场的过程中，我们真切地感受到，一个大型企业成功走出去，其意义绝不仅仅是该企业在海外拥有了更多资源、客户，以及更大的市场，更重要的是，该企业在海外市场的立足，把中国企业在世界上的品牌形象树立了起来。

让河钢塞钢重新成为塞尔维亚的骄傲

塞尔维亚当地时间2017年7月18日，河钢集团党委书记、董事长于勇与塞尔维亚总理安娜·布尔纳比奇在贝尔格莱德共同出席新闻发布会，就河钢塞尔维亚公司生产经营等方面情况，回答了塞尔维亚国家电视台等新闻媒体的提问。

记者：请您介绍一下斯梅代雷沃钢厂被河钢收购后的变化，以及河钢开展了哪些工作才让塞钢发生了如此明显的变化？

于勇：斯梅代雷沃钢厂拥有让人自豪的历史，虽然近年来因为经济危机和经营不利等原因陷入了困境，但河钢正式接手后，依然能够感受到其拥有很多宝贵的财富。一年来钢厂的改变主要有三个方面。一是5000名员工重新建立了自信，对未来充满了希望。在每一人的脸上、在他们的行动中，处处体现着对这个企业的热爱。这是我们最大的收获和改变。二是企业恢复了活力，特别是在供应链和产品结构方面发生了巨大的变化。河钢塞尔维亚公司的未来，将不再是一个地方性的企业，而是成为一个拥有较强竞争力的全球性企业，重新成为塞尔维亚的骄傲。三是河钢对塞尔维亚人民和河钢塞尔维亚公司塞方全体员工，进一步加深了了解，增进了感情。真正走进塞尔维亚、走进河钢塞尔维亚公司，更加切身地感受到了中塞两国深厚的传统友谊。塞尔维亚有着得天独厚的人文环境，特别是适合企业经营的商业环境、健全的法律环境，塞尔维亚人民对中国人民、对河钢有充分的认可和尊重，让我们对搞好这个企业的生产经营进一步坚定了信心。

一年来，河钢充分发挥技术、管理、绿色制造和全球最大营销服务网络的优势，通过管理输入、工艺改善及全球配置优势资源，为河钢塞钢恢复活力提供了强大支撑。

一是强化组织领导，成立河钢塞钢项目推进工作领导小组，由我本人担任组长。将项目细化分解为10项重点工作任务，逐一落实责任主体，明确工作目标，建立月度汇报及协调机制，第一时间协调解决难点难题。同时，对河钢塞钢管理团队在全面掌握塞钢生产经营状况、加强对塞方管理人员支持力度、强化本土化学习力度、塑造企业形象和团队形象等方面提出明确要求，确保了前方管理团队工作的顺利开展。

二是加大技术、管理和装备支持力度。先后派出11批，累计200多人次赴河钢塞钢开展工作，从生产组织、财务管理、工艺控制、质量保障、设备维护等多个方面，帮助钢厂分析、查找和解决问题。中塞员工依托河钢构建的强大的技术管理平台，一同研究，一道工作，按照共同确定的方案，快速加强了品种开发、质量管理和成本控制，让钢厂月度生产运营水平连续刷新历史纪录。

三是提供技术改造和战略规划支持。在控制风险、平稳过渡的基础上，河钢围绕全面提升竞争力，进一步完善细化河钢塞钢技术改造方案。组织国际专家团队从工艺技术、节能环保等方面，进行深度诊断，做好技术评估，稳步推进技术改进。确保2017年全面达产，2018年全面达效，成为欧洲市场有竞争力的钢铁材料供应商之一。

四是充分利用河钢德高作为全球最大钢铁贸易服务商所拥有的覆盖全球的高端用户和成熟稳健的全球营销平台，以及国际优质原料资源掌控配置能力，全力为河钢塞钢提供大宗原料支撑和国际市场保障。

五是遵循“三个本地化”原则，即用人本地化、利益本地化、文化本地化。河钢在海外的企业坚持用人本地化，这是河钢在海外投资的根本。在接手塞钢后，没有一个中方员工顶替掉塞方员工的岗位。河钢在海外公司获取的利润，用于这个企业的技术进步、产品升级和结构调整。同时，河钢作为一个全球性的企业，投资遍布世界上 30 多个国家和地区，拥有丰富的海外投资经验，充分尊重当地的文化和民俗、信仰。在河钢塞尔维亚公司，我们没有去改变当地人的习惯，而是尊重当地员工的生活习惯、工作习惯等方方面面。河钢的做法赢得塞尔维亚政府的高度认同和全体职工的热烈拥护，同时也在国际钢铁行业中，树立了负责任的长期战略投资者的正面形象。中塞员工团结一心、士气高涨，迅速转化为扭亏增盈的原动力。

记者：您如何看待欧盟对塞尔维亚钢铁企业的反倾销调查？

于勇：塞尔维亚作为一个欧洲国家，市场环境是完全市场化的。河钢在接手斯梅代雷沃钢厂以后，一直按照欧盟相应的商业规则和市场规则组织生产、投放产品。河钢是一个负责任的企业，是一个恪守规则的企业，是完全融入欧盟市场的企业。因此，目前欧盟已经取消对河钢塞尔维亚公司的反倾销调查。

记者：请您介绍一下河钢塞尔维亚公司的未来规划。

于勇：河钢对河钢塞尔维亚公司的未来有明确的规划，就是将其打造成为一个在欧洲有极具竞争力的企业，一个中塞两国国际产能合作的样板工程，这个目标坚定不移。我们在利用一年时间恢复这个企业的活力之后，会进一步考虑其成长性和未来价值。从今年下半年起，河钢对钢厂的投资将重点放在技术和装备的改造上，以使这个企业在产品结构、能源环保、循环利用上实现质的飞跃，关键工艺要达到世界先进水平。同时，河钢对塞尔维亚公司的投入不仅要体现在投资上，还会把全球价值链中最宝贵的供应链和产品结构平台，对接到河钢塞尔维亚公司，让钢厂拥有一个全球化的平台。河钢会把全球最好的资源和优势，配置给塞尔维亚公司，使其未来更具成长性，大幅提升竞争力。相信河钢塞尔维亚公司，在未来塞尔维亚工业结构调整和经济发展当中，一定会充当更加重要的角色，发挥出应有的作用。

开创河钢塞尔维亚公司更加美好的未来

塞尔维亚当地时间2017年7月18日，河钢集团党委书记、董事长于勇在贝尔格莱德应邀接受了塞尔维亚国家通讯社——南通社的采访。

南通社： 您这次访问河钢塞尔维亚公司的目的是什么？

于勇： 准确的说，不是访问，是来自己公司工作的，是回家。河钢塞尔维亚公司是河钢集团首个海外全产业链的生产制造基地，也是我们海外板块的重要组成部分和重要的钢铁子公司。这次国外工作的目的有三：一是详细了解河钢塞钢上半年生产经营情况，总结工作，提出要求；二是谋划今后一段时间的工作，进一步坚定路径自信，以更大的进步满怀信心地迈向未来；三是拜会塞尔维亚相关部门，沟通协调工作，为河钢塞钢发展创造更好的环境。

南通社： 您对于河钢塞钢的经营和塞尔维亚政府的配合满意吗？

于勇： 从去年7月正式接手经营斯梅代雷沃钢厂，成立河钢塞尔维亚公司，到今天，我们中塞团队携手合作走过了不平凡的一年。河钢塞尔维亚公司结束连续7年亏损局面，重新恢复了活力，5000多名钢厂员工有了稳定工作和稳定收入，不论公司还是员工，拥有了更光明的未来。一年来河钢塞尔维亚公司从濒临倒闭的困境中重获新生，这种改变不是河钢企业自身能够完全做到的。河钢塞尔维亚公司的变化和发展，得到了来自中塞两国政府和中国各部委各层面的巨大支持，为河钢充分发挥自身优势、展示实力创造了环境。

河钢非常感谢中国政府和塞尔维亚政府对这一项目的高度关注和鼎力支持。河钢塞尔维亚公司同以塞尔维亚经济部为首的十几个政府部门建立起了定期沟通机制，与中国驻塞尔维亚大使馆保持经常性的沟通，进一步推动了这个项目的合作与发展，成为了企业在短时间内扭亏为盈的重要保障。在这里，尤其要感谢河钢塞尔维亚公司的全体员工，这是一支非常敬业、非常优秀的职业团队，他们热爱这个企业，为这个企业付出了特别多的努力，是河钢塞尔维亚公司摆脱困境、恢复活力的最关键因素。

今年5月16日，武契奇总统应邀参加中国“一带一路”国际合作高峰论坛，专程访问了河钢。我陪同总统参观被誉为“世界最清洁钢厂”的河钢唐钢，双方就多方面内容进行了深入交流。武契奇总统希望河钢塞尔维亚公司更好地运营，表示塞尔维亚政府要全力支持河钢塞钢的发展，实现塞尔维亚政府和河钢双赢。这也是我们的共识。打造一个健康、有活力、有未来成长性的河钢塞尔维亚公司，是每一名塞尔维亚员工和河钢集团共同的目标。河钢有决心、有信心、有能力，把河钢塞尔维亚公司打造成为欧洲有极强竞争力的企业和中塞两国合作共赢的典范。相信不久的将来，河钢塞尔维亚公司将重新成为“塞尔维亚骄傲”。

南通社：河钢塞钢在2016年和2017年前半年实现的业务成果有哪些？

于勇：从正式接手钢厂全面管理以来，河钢始终按照利益本地化、用人本地化和文化本地化“三个本地化”原则对钢厂实施管理，充分发挥技术、管理、绿色制造和全球最大的钢铁营销服务网络的优势，为钢厂配置全球优质资源。2016 年下半年，河钢来塞尔维亚的技术团队多达 11 批，近 200 人，全面对钢厂设备、技术、信息化、工艺等存在的问题进行了诊断，投入巨大的精力用于成本的控制、工艺的完善和全球资源的重新配置，以最快速度理顺并加强了企业核心管理工作。

与此同时，河钢安排塞方生产管理人员到河钢唐钢交流培训。去年 5 月、9 月分两次邀请塞方经营管理团队和生产技术人员 36 人，围绕生产、工艺、技术、能源管理、设备检修、物流运输等方面内容，深入开展技术交流，收到良好效果。

一年来，河钢塞尔维亚公司生产经营、品种结构、产品出口、战略发展、员工精神面貌等方方面面都发生了巨大可喜变化。主要成就有：

成功扭转了钢厂连续亏损 7 年的局面。在河钢收购之前，钢厂每月平均亏损约 1000 万美元，塞尔维亚政府每年得拿出 1 亿多美元养钢厂。河钢正式接手经营后，在去年 11 月底就实现息税前盈利，去年 12 月实现全面扭亏，极大地增强了员工对企业未来的信心，增强了中塞政府及塞尔维亚社会各界对企业的信心，成为企业健康可持续发展的重要“分水岭”。

生产经营实现了稳定增长。钢厂共有两座高炉，过去很长时间内，经常只开一座高炉生产，另一座处于停产状态。河钢接手后，两座高炉都开足马力进行生产。2016 年下半年累计产铁、钢和钢材，分别比上半年增长 56%、52%和 55%，全年产销量创 2010 年以来最高水平。今年以来，钢厂产量和销量继续保持稳定增长势头，1~4 月，铁、钢和钢材的产量，分别同比增长 80%、79%和 65%。我们计划在 2017 年产钢 200 万吨，预计产值达到 8 亿美元，实现利润 2000 万美元。

产品结构得到快速优化，市场占有率稳步提升。2016 年下半年，钢厂高附加值的冷轧板产量比上半年大幅增长 112%，带动钢厂出口量大幅增加，一跃成为塞第二大出口企业，成为带动塞尔维亚2016年出口增长的重要动力之一。

员工幸福指数大幅提升。有钢厂员工对我们讲，在河钢收购以前，由于企业效益不好以及对随时面临着可能的破产关门的担忧，员工的生活感觉充满了不确定性，身边的很多朋友甚至都推迟了婚礼，停止了买房计划，不敢去国外度假。河钢的到来为他们带来了非常积极的变化，随着工资的上涨，人们生活、消费的安全感不断增加，现在很多人都积极地计划去国外度假。1号和15号发工资的日子，这一天很多员工都会对彼此说“明天超市见”，因为第二天斯梅代雷沃市的很多商业场所会举办促销活动来吸引员工。很多员工告诉我们，“在河钢塞尔维亚公司，我们过得很幸福!”

南通社：您对于2017年下半年的业务成果有什么期望?

于勇：去年6月19日，中国国家主席习近平视察河钢塞尔维亚公司，提出将河钢塞尔维亚公司打造“成为中塞务实合作，以及中国和中东欧国家国际产能合作的样板。”河钢集团上下充分认识习主席视察河钢塞尔维亚公司的重要意义，学习领会讲话精神，举集团之力，不辱使命、不负重托、践行承诺，努力把河钢塞尔维亚公司建设好、发展好。

面对未来，河钢将重点在几个方面实现突破：一是不断完善塞钢的整体管理运营，探索出最成熟高效的运营之道；二是以市场和客户为导向，努力优化客户结构，以高端客户带动产品质量和档次的提高，以高端产品带动工艺的升级和管理的提升，这是整个河钢集团的重要发展战略，也是河钢塞尔维亚公司发展的必由之路；三是不断扩大在欧洲的市场地位和影响力，除了提升产品的市场形象以外，还要提高企业在市场上、技术上、产业政策上的话语权；四是努力提高团队国际化运营的适应能力，培养出一批高水平的国际化运营管理人才。

我们相信，2017 年下半年，我们将有更好的业绩水平呈现给诸位，向“欧洲极具竞争力钢铁企业”目标迈出更坚实的步伐。也让我们共同期待这一刻早日到来。

南通社：河钢塞钢有没有考虑到将来的新投资计划？

于勇：今年河钢塞尔维亚公司将投资 1.2 亿美元进行重点设备改造，进一步改善工艺、调整结构、提升产品竞争力。

南通社：国际钢铁市场的情况怎样？

于勇：随着全球经济出现复苏，摩根大通全球制造业采购经理人指数（PMI）表现较好。2017 年以来，该指数的平均值（52.78）为 2011 年以来新高。受益于经济复苏和制造业回暖，全球粗钢产量在 2017 年 3 月创出新高，达到 144.95 百万吨，为 2011 年以来最高值。

中国经济增长止跌趋稳，钢铁行业表现超出预期，量价齐增。今年以来，货币政策松紧有度，发电量、货运量和新增贷款增中现稳。随着去产能的渐次推进，取缔“地条钢”工作的基本完成，环保压力的逐渐增大，钢材有序供应，钢材需求较好。基础设施投资、工程机械、汽车行业、家电行业、挖掘机行业表现可圈可点。

总体而言，2017 年全球钢铁生产和消费将会好于去年。

奋斗在多瑙河畔

2019年4月25日，中共中央宣传部授予河钢集团塞钢管理团队“时代楷模”称号，28日，中央电视台《面对面》节目组在河钢集团总部专访了集团党委书记、董事长于勇，河钢塞钢执行董事宋嗣海，河钢塞钢副总经理王连玺。

古兵：坦率讲，塞尔维亚斯梅代雷沃钢厂这个并购对河钢来说，是一个最好的选择吗？有没有不同声音？

于勇：有非议啊！当时有合作伙伴开始是想和我们一块参与，后来有的就说了，美钢联不要的企业，我们为什么要？欧洲很多企业都没有接盘，河钢有什么资格要？

宋嗣海：刚一到工厂，其实我们感到很意外，一个是对这个厂的现状感到非常惊讶；另外一个，说实在的，有点忧伤。

古兵：惊讶是因为什么？忧伤又是因为什么？

宋嗣海：可以说，当时到处都是杂乱无章的，特别是进到车间以后，看到它的现场，那些装备说实话现在我们连乡镇企业都没有了，太落后了，上世纪七八十年代的设备，员工在现场的操作全部是手工。

古兵：就是和你们的期待值反差很大吗？

宋嗣海：是啊，反差太大了，当时我们去了十几个人，因为年轻

本文为2019年5月5日中央电视台《面对面》栏目访谈。

的比较多，许多人就没看到过那样的设备。

古兵：和当地的工人有交流吗？

宋嗣海：大家状态非常不好。政府管理有四五年了，这四五年其实都不是叫半停产状态，叫多半停产状态。大家经常开不起工资，哪天没准儿就通知，这俩月咱们就不生产了，所以员工人心惶惶的。

于勇：改革开放40年，中国的钢铁制造技术和钢铁企业的竞争力，在充分的市场竞争环境中取得了极大进步，2008年原唐钢集团和邯钢集团强强联合，组建了国内最大、全球第二的特大型钢铁集团——河钢集团。近年来，河钢由一个地方企业实现真正蜕变，第一步是集团化，第二步是国际化。

古兵：从国际化的舞台再看河钢的时候，会和您在河钢这个角度看河钢会有什么样的不同？

于勇：完全不一样了，可能河钢依然是河钢，但是你换一个角度或者跳出一个高度，我们感觉原来对一个集团化企业的经营，这种理念，这种站位，这种资源的概念，客户的概念，市场的概念，局限性太大了。

古兵：会促使你们做出什么改变？

于勇：其实河钢人员、装备等这些看得见的东西什么都没变，但是决策层的思路变了，视野打开了。比如，河钢在国际化之前，我们更多的注意力是集中在企业内部管理上，我不能说一个企业抓内部管理不对，但真正当我们走出去时，发现国外企业和我们更大的差别是，他们把更多的精力更多的资源用在市场上，用在客户端，这是和我们之间差别比较大的。而且我们这个变革，可以说是河钢真正实现历史性蜕变的根本。2013年，河钢集团作为最大股东，成功收购南非PMC公司74.5%的股权。仅2017年，PMC公司就实现利润近10亿元。2015年，河钢集团控股全球最大的钢铁营销贸易网络瑞士德高，成功搭建自己的全球营销服务平台。在此基础上，河钢提出了“三个全球拥有”，即全球拥有资源、全球拥有市场、全球拥有客户的定位。那么我们完成这几个并购之后，就开始在寻找像欧洲这个地区，做一个实体钢铁企业的运营，去寻找这个机会。为什么选择欧洲呢？因为在集团决策层面，大家一直有这样的一个共同想法，欧洲终究是工业革命的发源地，它有成熟完善的商业模式，有很好的经营理念、技术、资源，包括对客户端的理解，都是河钢乃至中国钢铁企业未来转型发展需要的。

我一直确信风险和机遇是并存的，商场上没有哪件一点风险都没有的好事在那儿等着你。我在河钢决策层的会议上说过一句话，如果我们满足现状的话，河钢就是一个河北的企业，区域性和地方性的企业，河钢就达不到现在的高度。从走出去开始，你没有这个胆识，不尝试你就不会成功。就像我们当初最早并购塞钢的时候，就有人质疑，美钢联不要的，你凭什么要啊？或者其他企业都不并购你为什么并购？我说美钢联继续要的话，我们还有这个机会吗？其他企业都要的话，河钢可能也争不过其他企业。我不认为大家都不做的事它就没有成功的可能，我倒不认为大家都争的事它就是好事，我想做企业本身也是个辩证法。

从2016年1月开始，我们先后派出十几个工作小组，总计二百多人，对斯梅代雷沃钢厂进行从财务经营、设备管理、质量控制的全面考察。

宋嗣海：我们到它的冷轧现场，虽然现场是破破烂烂的，满地是油，设备上也是，但是它的产品，当时我们看到最薄的是0.14毫米，因为我本身就是搞轧钢的，这个产品其实在我们国内很多最先进的设备，无非也就这个水平。

古兵：就是说虽然装备差一点，但是它出来的产品并不差。

宋嗣海：所以从这个角度说，其实我们也看到了有它的希望所在，当时我的想法是，如果我们把整个市场把握好，把产品结构好好地做一做，把装备做一些修复，这个企业如果把产能放出来，还是有希望的。

于勇：如果在欧洲这么亏损的一个企业，我们看不出问题，河钢就不会去触碰它。就像一个病人看上去很重，我们看不出这个病人症结在哪，就不会贸然去接这个病人的。企业也一样，所以当时我们对所有的管理团队提出一个目标就是，风险大起底，措施总覆盖，就是面对这些风险点，河钢一定要有所有的对冲手段。后来在真正交割之前，下决心收购之前，河钢做到几乎把所有风险点都有措施能覆盖。2016 年 4 月 18 日，河钢集团最终以 4600 万欧元收购斯梅代雷沃钢厂，建立了我国钢铁行业首个海外全产业链生产制造基地。

古兵：在决定最后拍板的那一刻，真正打动您和下这个决心的关键元素是什么？

于勇：最后去做这个决定的时候，两方面因素最为关键，一个就是河钢对这个企业信心越来越足了，另外一个就是塞方从政府高层，到企业员工对这个企业的感情，特别是我们对这个企业进行诊断的时候，谈判和交割当中，塞方员工对河钢简直是一种企盼。当时的总理武契奇先生和我面对面谈到了，希望中国能救救塞尔维亚企业。塞尔维亚政府对这近 6000 人的就业，是看得很重的。

古兵：但对企业家肯定不能感情为先。

于勇：我认为政府对这个企业的重视和企业员工对这个企业的感情，恰恰是一个很重要的因素。

古兵：什么因素？

于勇：就是河钢真正治理这个企业不能缺的——塞尔维亚政府的态度，而且它也承诺了很多的支持，比如国家从能源供给方面原来有很多霸王条款，它都做了放弃的承诺。另外就是员工，我们看到员工对这个企业这种深厚的感情和对河钢的渴望，所以我觉得这两点都是企业未来走出困境不可或缺的。

2016 年 7 月 1 日，河钢集团派出管理团队，正式接管斯梅代雷沃钢厂。这支管理团队最多的时候是十几个人，后来减少到只有九个人。河钢在塞钢之前已经有了一个较为成熟的一个做法就是，我们在域外经营的企业更多的是管控这个企业，不参与企业的细节，就是它很多工艺流程，很多细节都是由塞尔维亚人自己来完成。

古兵：没有渗透下去能够完全控制吗？

于勇：没有问题。因为这个企业原来陷入被动，绝对不是员工层面的，也绝对不是细节层面的。它是战略层面的，企业决策层面的。塞尔维亚的企业涉及安全管理、人事管理、纪律管理这些还是由塞尔维亚人自己管为好，对于境外并购企业的管理，河钢提出了“三个本地化”，即用人本地化、文化本地化、利益本地化。尽量规避一些碰撞或者一些文化差异化的东西，我们在域外的企业是不触碰这些的。

古兵：在整个管理的工作中最难的一个点是什么？

王连玺：一开始最难应对的就是误解，他们对咱们有一个误解。比如媒体一些戴有色眼镜的报道，就说中国人要占领我们的市场了，中国人来赚我们的钱了，中国人不愿意给员工福利等。

古兵：怎么消除误解呢？

王连玺：这个就是跟他们去讲，我们河钢有十几万人，我们这些人，每一个人他们都是有劳动合同法对他们进行保护的。

古兵：但是在你们那种管理的职位上，怎么能够兼顾当地的法律法规和他们的一些约定俗成的习惯，同时又要保证我们中方管理责任和管理利益？

王连玺：首先，我们给河钢塞钢的定义是，一家由中国河钢集团投资的塞尔维亚企业，那我们所有的这些商业行为必须符合当地的法律法规。

古兵：会不会有这样的一种水土不服？因为本地化是为了他们稳定，但你们呢？

宋嗣海：我们有些企业走出去的时候发生了水土不服，有很重要的东西，就是老想全盘推倒重来，当时我们中方人员其实也有这种想法。刚开始我们还确实做了很多耐心的工作，不错，我们是投资方，我们100%的股份，但是我们的目的是什么？目的不是让对方听我们的，目的是把企业经营好。

古兵：这个角色转变顺利或者容易吗？

宋嗣海：实事求是讲，初期就是强行转。用我们自己国有企业的纪律，就是转也得转，不转也得转。

古兵：但是产能说起来容易，真正提高的话，做起来有多难？

宋嗣海：可以说是非常难的。

古兵：难在什么地方？

宋嗣海：难，主要是因为现场的装备太老旧了，很多设备因为当时政府也没钱修，所以经常出事故，我们接手第一个月其实每一天都有事故。在河钢，高炉一个月里面有一天停都是有很大影响的。但是在这里，我们接手头一个月，天天停。让人欣慰的是，经过努力，接手半年后，斯梅代雷沃钢厂的平均产能达到十二万多吨，比上半年提高了将近一倍。与此同时，河钢集团利用自己控股的全球最大的钢铁贸易平台德高公司，为河钢塞尔维亚公司配置资源和销售产品，使得河钢塞尔维亚公司在客户端和供应链上，华丽转身，成为一个全球企业。2016年12月，连续亏损了七年的百年钢厂终于实现扭亏。

于勇：我曾经跟很多钢铁同行提到过，河钢并购塞钢仅仅半年时间，让它扭亏，可能我们有一些技术输出、管理输出都来不及。我们最直接的手段就是全球资源的配置，河钢全球的客户端的嫁接，让它整个由东欧巴尔干半岛一个区域性市场，变成全球市场。所以它的售价也大幅地提升，这是一个集团化大企业在资源配置上，挽救一个企业的实力所在。

古兵：现在，当地的工人和管理层对于现在这样的一种并购合作、国际合作，他们自己的态度如何？

王连玺：现在员工对咱们这个企业，对管理团队，还是非常认可的。因为他们用事实，用他们自己的双眼，看到了或者说见证了，2017 年公司产钢 147. 6 万吨，实现销售收入 7. 4 亿美元；2018 年公司产钢 176. 9 万吨，实现销售收入 10. 62 亿美元，首次成为塞尔维亚第一大出口企业，成为带动塞尔维亚出口的重要动力。

于勇：塞钢这个企业从并购到最后成功，应该说它做了很多工作，付出了很多努力，从宏观上说，我认为河钢在塞尔维亚的成功，绝对不是偶然的，它是中国国力强大的象征，彰显出我们国家改革开放 40 年钢铁行业巨大的进步。现在中国这个大环境下，很多企业也具备这个实力，为何是河钢脱颖而出？这是因为我们在适当的时候把握住了这个机会。

古兵：河钢对塞尔维亚斯梅代雷沃钢厂这样一个并购，可以说是开了一个很好的国际合作的头，但是大家都知道，创业难守业更难，要保证这样一个钢铁企业，能够持续地盈利，您还有什么样的一种规划？

于勇：因河钢塞钢而获得就业机会的，不仅仅是工作在厂区里的员工，钢厂的许多承包商和供应商及雇佣人员，粗算城市中有 2 万多人在围绕钢厂工作，也就是说，斯梅代雷沃这座有 10 万余人的城市，平均每 5 个人中就有 1 个人的工作直接或间接与河钢塞钢有关。因为河钢的到来，一个有着 5000 多名员工的百年钢厂重生了，一座古城也更有活力了。

未来将会更好。河钢塞钢未来不仅仅是一个盈利的企业，我们定位它应该是巴尔干半岛，甚至欧洲地区极强竞争力的企业。河钢塞钢是河钢集团，包括我本人都十分有信心的企业。到目前为止，我们已经做了一些结构上的改造和投资，在可预见的 1 年左右的时间，随着我们对它一些工艺、技术改造和自动化水平的提升完善，这个企业在它的成本、效率和产品端将会有一个更大的提升。

探寻“时代楷模”背后的价值观和方法论

4月25日，中共中央宣传部在中央广播电视总台《时代楷模发布厅》向全社会发布河钢集团塞尔维亚公司（下称河钢塞钢）管理团队的先进事迹，授予他们“时代楷模”称号。

这是河钢，也是中国钢铁行业国际化发展所达到的一个新高度。河钢塞钢管理团队成功的背后，有着怎样的战略谋划？未来的发展之路将怎样走？这是日前《中国冶金报》记者专访河钢集团党委书记、董事长于勇所要探寻的问题。

随着话题的展开，支撑河钢国际化行稳致远的价值观和方法论，徐徐浮出水面……

记者：首先祝贺河钢塞钢管理团队荣获“时代楷模”称号。这是河钢乃至中国钢铁行业的骄傲和自豪。

于勇：这段时间，包括我在内的河钢人都沉浸在幸福和喜悦之中。河钢没有辜负习近平总书记的嘱托，利用不到3年时间，挽救了一个国家的支柱型企业，对塞尔维亚的经济做出了突出贡献，河钢人为之自豪。

河钢塞钢的巨大成功，是“一带一路”倡议在欧洲大陆的一次成

本文原载于《中国冶金报》2019年5月30日。

功实践。面对中塞两国元首的关注，面对总书记的嘱托，面对这个项目所承载的中塞两国传统友谊，河钢“言必信、行必果”，配置全球最优质资源，保证项目达到了预期。

走过改革开放波澜壮阔的40年，钢铁产业已经成为我国最成熟的基础产业，也是在全球最具竞争力的基础产业之一，特别是我们对环境、成本、能源效率的理解，比一些起点较高的西方企业更加深入，更懂得怎样去经营一个企业。我相信，如果兄弟企业能够承担这个任务，也会坚定不移地践行“一带一路”倡议，也会和他们一起分享中国改革开放的成果。与其说这是一种自信，不如说是中国钢铁企业具备了在全球任何一个区域与任何一家企业竞争的实力。追本溯源，这是我们综合国力的象征，彰显着改革开放40年来中国钢铁工业的巨大进步，是值得我们这一代钢铁人为之自豪的。

记者：河钢塞钢的成功，证明全面推进“一带一路”建设恰逢其时。但是，目前中国企业海外并购的成功案例还比较少，在布局和运营等各方面，都面临重重考验。就拿2016年河钢收购塞尔维亚斯梅代雷沃钢厂成立河钢塞钢来说，对于它的前景、它能给河钢带来的价值，当时也颇有争议吧？

于勇：当时确实有人质疑，河钢在国内市场业绩不错，为什么一定要跑出去收购一家已亏损7年的企业？其实这与我们的海外发展战略密切相关，没有国际化布局这步棋，河钢也不会贸然在境外开始这一轮并购。可以说，河钢塞钢的成功，是河钢集团自身发展定位和全球战略布局上一步重要的落子。

河钢组建于2008年，是当时国内最大的钢铁企业集团。运营达到一定高度后，我们一直在思考，作为世界最大钢铁制造国的最大钢铁企业之一，应该有怎样的定位？扮演怎样的角色？担当怎样的责任？河钢的发展让我们越来越清晰地认识到，企业需要理性的思考和缜密的判断，也需要有与时代高度契合、同频共振的理想和追求，从振兴民族制造业的角度考量，就是“代表民族工业、担当国家角色”。

寻求国际化发展路径，与河钢的重新定位密不可分。在与西门子、浦项等国际一流企业的交流合作中，我们深刻体会到，要真正成为一家能够高效配置资源的跨国企业，必须走出去经历全球化的洗礼。国际上有较高竞争力的一流企业，都经历了从产量到规模、从产品到客户的认知深化过程，经历了从单个企业竞争到深度融入产业链的协同发展。从全球竞争的角度看，一个企业的核心竞争力不单纯是一个技术和管理问题，而是从供应链资源配置到客户端、再到产业链融合的系统工程。基于此，河钢走出去的时候，明确提出，要在全球拥有资源、拥有客户、拥有市场，树立起“走出去同时要更好地带回来”的理念，力求从资源配置、客户管理、人才、技术等方面得到全方位提升。

党的十八大以来，河钢加快国际化布局，形成了“四钢两矿一平台”（河钢塞尔维亚公司、河钢马其顿公司、河钢南非开普敦公司、河钢美国克拉赫公司，河钢南非矿业、河钢澳大利亚威拉拉铁矿，河钢德高公司）的全产业链海外发展格局。截至目前，已完成境外投资11亿美元，控制运营海外资产超百亿美元，拥有海外员工13000人，海外业务年营业收入超过1000亿元。这些境外的投资项目，回报率并不都是线性的，但我们的收获，恰恰是广义的、多方位的。

像斯梅代雷沃钢厂，开始就有人质疑，一家美钢联不要的企业河钢要它干嘛？但是，我们换个角度想，美钢联要的企业我们有机会要吗？别人的放弃不是恰恰给了我们选择的机会吗？做企业也是辩证法，任何事物都不可能是一面的，斯梅代雷沃钢厂设备老化、生产水平不高是不争的事实，但它的另一面是地处欧洲大陆中心的区位优势，它在我们配置整个欧洲大陆客户端和践行最先进管理理念、市场理念时拥有前沿阵地的作用。

现在，河钢塞钢 80%的产品销往欧盟。实事求是地说，这几年我们在对客户端的理解上是越来越深刻了，真正感受到一个产业、一家企业应该如何对待客户，如何从客户端寻求企业发展的动力和方向。

再如瑞士德高。2014 年，我们在海外发展起步初期做出判断，河钢走出去最大的问题，不是如何管理一个厂，而是商业模式、客户端、供应链等如何融入当地市场的问题。德高不仅仅是一个年销售钢材及原材料 2200 万吨，在 120 多个国家有着贸易活动的钢材贸易商，更是拥有国际一流金融、商业、法律人才资源，为全球 4.4 万多家客户提供服务的优质轻资产平台。现在回头看当时的判断非常正确，收购德高不仅使我们能够分享这个企业的利润回报，更重要的是它构筑起了河钢从供应链到客户端的全球平台。

另一个收获是国际化人才的培养。河钢的理念就是与强者为伍。走出去，给河钢带来更宽的视野、更高的站位，能够让我们更加理性地判断发展过程中的得与失、未来的取与舍，从而让战略路径更加明晰。同时，河钢的海外平台，为企业培养了一大批懂国际规则、熟悉国外商业环境和法律的高素质团队，反哺河钢国际化发展战略的快速推进。

创造环境提供平台，比单纯的说教更有效。我一直崇尚一句话：用合法合规的方式行事。河钢的海外团队真正做到了。特别是河钢塞钢团队，远在异国他乡，用钢铁般的意志和强大的适应能力，克服了重重困难，合法合规行事，赢得了当地社会的尊重。这种素养，是在企业创造的平台上打磨出来的。

改革开放 40 年，中国钢铁工业实现了快速赶超，拥有了世界上最好的装备、工艺和技术，我们这一代钢铁人最大的感受是海阔凭鱼跃的波澜壮阔。进入新时代，中国经济进入了一个从高速增长阶段转向高质量发展阶段的历史性“窗口期”。未来，我们会有更年轻的团队，用更开放的思维，在高质量发展道路上精雕细琢，引领河钢释放无限潜能。

记者：河钢国际化战略，可以说是为中国钢铁行业国际化发展，提供了一套价值观和方法论。那么，在具体方法上，河钢塞钢团队采取了哪些措施，使这个企业仅用半年就扭亏为盈了呢？

于勇：河钢走出去一直都是比较慎重的。我们有一个做法，叫“问题大起底，措施总覆盖”。对斯梅代雷沃钢厂也是这样。

收购前，河钢派出的前期调研团队发现，这个企业在工艺装备、能源效率等方面，存在一些结构性的缺陷，采购半径和销售半径集中在巴尔干半岛，局限性比较大。但同时，它的产品结构和员工素质是不错的，塞尔维亚员工用30年前的装备，生产出和我们质量差距不大的产品，给团队留下很深的印象。这也促使我们反思，软实力可以弥补装备的不足。

“问题大起底”后，我们通过分析研究，认为挽救这样一家企业，恰恰是河钢、是中国企业的强项。我们充分利用中国钢铁企业在由弱到强发展中积累的经验，发挥河钢全球配置资源的优势，让这家企业短期内“止血”恢复活力，并且通过有计划的投入，让它在可以预期的时间内，成为欧洲比较有竞争力的企业。

河钢塞钢的巨变，河钢德高发挥了至关重要的作用。我们把它的供应链嫁接到河钢的全球采购网络上，让它的客户端搭建到河钢的全球客户端，最大限度地把一个极具区域性特点的企业，变成了全球性的企业。这样，它的采购成本大幅降低，议价能力大幅提升。

从长远发展来看，“战略管控+本土化管理”，是河钢在国际化发展中创新运用的一种经营管理模式。“用人本地化、利益本地化、文化本地化”的“三个本地化”原则让河钢实现与相关方的和谐共赢，受到当地社会的欢迎，也为河钢参与全球产业价值链分工与协同创造了广阔平台。

记者：今天的河钢，又站上一个新的高度。那么未来，河钢有哪些新的谋划？

于勇：我们河钢要做中国钢铁行业国际化发展的领军企业。习近平总书记指出，国有企业要成为实施“走出去”战略、“一带一路”建设等重大战略的重要力量。河钢集团作为中国最大的钢铁材料制造和综合服务商之一，坚决贯彻执行党中央决策部署，坚定践行“一带一路”倡议，在打造开放型经济中展现了使命和担当。未来，河钢将抓住国际钢铁及相关产业重组的“窗口期”，主动参与全球资源配置，与钢铁产业链上下游企业开展多层次的资本合作，进一步加快全球化布局，构建基于“全球营销服务平台”“全球钢铁制造平台”“全球技术研发平台”的竞争优势，海外营业收入占集团总营业收入的比例突破30%。

我们要实现从传统领域“跟跑”向新兴领域“领跑”的跨越。今天的钢铁产业相比昨天，理念、思路已经发生了很大变化。未来，河钢将以钢铁为基，汇聚起现代社会最活跃的元素，深度嵌入下游及新兴产业，对全要素进行“总动员”和“总释放”，适应新商业模式、“互联网+”、人工智能等创新元素的要求，提升个性化、定制化服务水平，跳出低端竞争，迈向高端循环。

“时代楷模”的荣誉，带给河钢的不仅是自豪，更是鞭策。站在新的起点，河钢人将不辜负总书记的期望，珍惜荣誉再出发，不忘初心、牢记使命，做习近平新时代中国特色社会主义思想的忠诚信仰者和坚定实践者，以优异成绩向新中国成立70周年献礼！

全球化为企业提供更好的发展环境

2017年3月18日，由国务院发展研究中心主办的“中国发展高层论坛2017经济峰会”在京举行。中国发展高层论坛自2000年首次举办以来，已经连续举办17届。论坛坚持“与世界对话，谋共同发展”的宗旨，形成了专业化、高层次的鲜明特色。参会代表包括中国政府领导人和部委领导，国际组织负责人、中外跨国公司CEO（首席执行官）和著名学者。

本届论坛以“中国与世界：经济转型和结构改革”为主题，围绕深化供给侧结构性改革、经济全球化、防范和化解系统性金融风险等议题进行探讨。论坛期间，河钢集团党委书记、董事长于勇接受了媒体采访。

记者：您认为全球化能够为钢铁企业带来哪些影响？

于勇：全球化是大方向，自由贸易势不可挡。中国企业全球化进程方兴未艾，资本、知识、技术、人才等要素在全球加速流动，改变了全世界，大家都是全球化的受益者。

今天的钢铁行业是全球化配置资源的典型代表，我们的铁矿石很大一部分来自澳洲、美洲，我们的产品销往世界各地。全球化就应当是我中有你，你中有我，有进有出，进出平衡。

河钢建设最具竞争力钢铁企业，需要融入世界，参与全球资源的配置，成为世界的河钢，共同创造并共同分享世界钢铁工业进步的成果。

本文原载于人民网2017年3月18日。

第一，河钢是世界上最大的钢铁生产商和综合服务商之一。到目前为止，河钢在全球五大洲都有投资和合作伙伴，在 30 多个国家有 70 多个项目，在 110 多个国家都有我们的战略伙伴和客户，我们的海外投资总额突破 70 亿元。到目前为止，河钢也是中国钢铁企业国际化程度最高的企业。到 2016 年，河钢的海外销售总量占河钢集团总销售额的将近三分之一。

第二，对河钢来讲，全球化的确为我们提供了更好的发展环境。我们在国际化发展历程当中，更多的是以低成本的出口和外部资金的引进为主。但是，随着中国经济规模的增长、中国资本的积累、技术进步的提升，特别是中国经济体量的加大，我们一直沿用的低成本产品出口这条道路可能越来越难了。因为，我们的体量增大了，世界上的消化能力有限。以钢铁为例，去年中国整个钢铁行业产量 8 亿吨，中国的经济规模在适度回落，世界经济发展增速也在回落，中国钢铁工业为中国和世界提供的总量是足够大的。特别是近年来世界上一些国家出现的贸易保护主义的现象，让我们走单一的产品出口路径越来越困难。恰恰在这个时期，中央提出了“一带一路”倡议。河钢恰恰搭上了这个快车。如果说 30 年以前中国的经济发展是以产品输出和劳动力输出为主的话，那么未来，或者 10 年、20 年以后，中国在全球的输出应该是以资本和技术输出为主。所以，“一带一路”让河钢获得了全新的发展模式。

第三，跟大家分享一下在全球化当中，特别是在“一带一路”的倡导下，河钢的海外案例。2015 年，河钢收购了全球最大的钢铁贸易服务商德高公司。瑞士德高是全球的钢铁营销网络，几乎占全球钢铁贸易网络一半的份额。它在全球 110 多个国家建立了商业网点，在全球 60 几个国家拥有加工配送中心，在全球有 4 万多客户。河钢的这笔收购让河钢这个全球最大的钢铁制造商之一在全球 100 多个国家拥有了自己的营销网络和网点，让我们成为世界上营销网络最发达的钢铁企业之一。对中国的钢铁企业来说，最有价值的体现就是通过并购，可以让中国的地方企业成为全球营销和贸易网络的活跃企业。另外一个著名的收购就是去年对塞尔维亚斯梅代雷沃钢厂的收购。欧洲很多钢铁企业沉淀了很好的商业模式和技术，这些年，由于世界经济危机，它的流动性和资本的缺失，造成这些企业陷入困境。对这个企业最珍贵的是河钢输入了资金、输入了技术，恢复了企业的活力，让企业员工重新拥有了未来。全球化不仅让中国企业获得了新的发展路径，世界的很多企业也需要中国的技术、中国的资金。

记者：面对全球化过程中的挑战，企业最看重哪方面能力？

于勇：河钢更为重视培育自身的成长性和顺势而为的能力。拥有了这种能力，企业在任何一个地方都会培养出自身的竞争力。

一方面，全球化为河钢提供了更好的发展环境，让企业获得了全新的发展模式。另一方面，我们在海外发展过程中深刻感受到，海外各地区有着不同的法律、经济、文化环境，这会给企业发展带来一定的挑战。世界各个地区都有失败的企业和成功的企业，无论在任何地方发展，自身是否拥有成长性、适应能力，以及制造机会的能力，才是决定企业成功与否的关键。

近几年来，在积累了一定的国际市场投资经验，并初步完成全球钢铁营销服务网络布局之后，河钢在欧洲乃至全球布局的步伐进一步加快。

去年上半年，我们制造平台全球布局迈出了关键一步。河钢收购了塞尔维亚共和国唯一一家国有大型支柱性企业斯梅代雷沃钢厂，成立了河钢塞尔维亚公司，进一步向具备高端制造能力的欧洲地区布局，为拓展海外实业基地、构建全球产业制造平台打下坚实基础。

而今，半年多时间过去，通过全球配置河钢优势资源，河钢塞尔维亚公司各方面工作已经取得巨大进步，多年陷入经营困境的斯梅代雷沃钢厂正在焕发活力。

目前，河钢海外板块布局欧洲、美洲、非洲等地区，现拥有“四钢两矿一平台”，在海外已经形成了500万吨钢铁材料制造能力。未来，河钢将继续谋划在全球掌握行业核心技术的发达地区进行战略布局，密切关注投资机会，实施海外产业链垂直收购和战略合作，力争在海外形成突破1000万吨的制造能力，并以国内外优质钢铁产能为依托，形成全球制造平台。

在马其顿，首都斯科普里市东北部约10公里处，有河钢马其顿中板公司，工厂年产能120万吨，现有员工801人。

在开普敦，西开普省萨达尔尼亚港湾，有河钢南非开普敦DSP公司，设计年使用65万吨热卷或酸洗卷，生产45万吨冷硬卷、12万吨冷轧卷、32万吨镀锌卷，现有员工340名。

在美国伊利诺伊州，有河钢美国克拉赫公司，总资产8807万美元，综合加工能力45万吨，现有员工179人，产品主要应用于汽车、石油和天然气行业，是世界知名重工企业卡特彼勒公司的优先供应商。

在南非的林波波省帕拉博拉地区，有河钢南非PMC公司。它是南非最大的铜产品供应商，铜产品在南非的市场占有率超过50%。同时，它还是南非有较强影响力的磁铁矿供应商。

记者：在全球化背景下，河钢如何有效整合技术资源？

于勇：任何一个实体企业，技术支持永远是最重要的。在过去几十年的发展中，河钢在技术方面始终是跟随者，迫切需要补齐这块“短板”。河钢打破常规，加强产业资本与技术资源的高效融合，打造能够汇聚全球创新要素、开放式的协同创新平台。去年7月，由河钢和东北大学联合共建、国内首家校企合作实体化运作的钢铁技术研发平台——河钢东大产业技术研究院正式成立。该研究院是河钢“全球技术研发平台”的重要组成部分。依托双方的产业资本和技术资源优势，研究院不仅要解决制约河钢产业升级的关键性、根本性问题，更要聚集全球技术创新要素，主动承担我国钢铁技术的重大专项研究，在核心技术领域实现重大突破。这是河钢推进产业升级、全面提升竞争力的战略需要，更是河钢贯彻国家创新驱动战略、打通钢铁产业链与创新链的责任担当。

与此同时，河钢不断深化国际技术交流与合作，与全球著名的科研机构、企业和行业组织建立了紧密的产学研用合作关系。自 2014 年加入世界钢协以来，河钢先后向世界钢协派出 2 名访问研究员，有 11 人出任各下属委员会委员；河钢获世界钢协技术委员会主席席位——这是我国钢铁企业首次获得世界钢协技术含金量最高的核心委员会主席席位；与西门子携手打造智能工厂样板，针对国家智能制造 2025 重点项目——河钢冷轧智能制造试点项目和集团沿海新基地项目建设，在数字化智能工厂、企业管理模式领域将开展紧密合作；加入瑞典国家冶金研究院（Swerea MEFOS）、世界汽车用钢联盟；与澳大利亚昆士兰大学共建绿色“智”造联合研发中心；与澳大利亚伍伦贡大学、乌克兰巴顿研究所、普锐特、浦项钢铁等具有国际影响力的院校及企业加强合作交流。

驶入国际化快车道

为了落实习近平总书记要求河钢集团将塞尔维亚公司打造成“一带一路”建设的样板工程的殷切嘱托，河钢集团有限公司积极响应和落实“一带一路”倡议，在不到一年的时间里，使塞尔维亚斯梅代雷沃钢厂实现全面盈利，扭转了连续7年亏损的局面。作为中国企业海外投资、积极响应和落实“一带一路”倡议的优秀代表，河钢集团“国际化”的实践对中国企业“走出去”、开展国际产能合作有哪些启示？本刊记者专门采访了河钢集团党委书记、董事长于勇。

“走出去”恰逢其时

记者：“一带一路”倡议提出以来，为河钢集团带来了怎样的机遇？

于勇：钢铁产业是全球配置资源的产业，全球化是钢铁工业发展的必经之路。综观发达经济体钢铁工业的发展历程，一个国家或地区钢铁工业的发展过程，既是由“量的积累”到“质的提升”过程，也是钢铁工业供给结构不断适应消费结构提档升级、产业链条由立足国内到国际化布局发展的过程。经过改革开放30多年的快速发展，我国钢铁工业已经拥有了世界上最好的装备、最好的工艺和技术，拥有了

本文原载于《国企管理》2017年第6期。

世界上最庞大、最职业的产业工人和全新的绿色制造理念，在收购海外资源、开拓海外市场、建设海外制造业等方面也积累了国际化的宝贵经验。我国钢铁企业已经具备了“走出去”的产业发展优势。

在中国成为世界第二大经济体、世界最大钢铁制造国之后，如果没有全球化的资源配置能力，没有全球化的市场和国际化的战略伙伴，这个企业的生存能力是有限的。国际化是我国钢铁产业未来发展不可或缺的一部分，是钢铁企业未来做大做强的一种路径。韩国浦项、德国蒂森克虏伯、日本新日铁住金、美国钢铁公司等世界级钢铁巨头，都是产业链全球化布局。通过“走出去”，一方面实现在世界范围内建立自己的客户和配置资源，更重要的是能够参与国际竞争，熟悉国际规则，这将有效弥补国内钢铁企业与世界先进企业在管理理念、经营机制、商业模式等方面的差距；另一方面，深化了钢铁供给侧结构性改革。客户结构是装备优势、技术优势充分释放的最大“撬动点”，未来，客户结构的调整将成为拉动产品升级的最大引擎。我们需要寻找路径、延伸产业链布局到已经步入后工业化时期的欧美发达国家，以高端需求来提升产品高度。

党的十八大以来，我国提出“一带一路”倡议，发起建立亚洲基础设施投资银行和设立丝路基金，已经有 100 多个国家和国际组织积极响应支持，40 多个国家和国际组织同中国签署合作协议。在注重经济发展的和平时期，一个国家的形象和实力，是靠经济实力来体现的，在此过程中，国有大型企业理应发挥重要作用，代表国家向世界展现影响力。“一带一路”建设为中国企业加快“走出去”，增强企业国际化经营能力，培育世界水平的跨国公司创造了空前有利的条件。我国钢铁企业推进产业海外布局，既符合提升竞争力、真正成为全球化企业的成长需要，又吻合国家战略发展的需要，因此，钢铁企业实施全球化发展战略恰逢其时。

“走出去”硕果累累

记者：能否介绍一下河钢集团是如何抓住、用好这些机遇，取得了怎样的效果？未来，河钢集团在“一带一路”沿线国家的布局、合作，有什么具体的新的考虑？

于勇：中国作为世界最大钢铁制造国，河钢作为国内最大钢铁企业之一，一直将“代表民族工业、担当国家角色”、建设“世界的河钢”作为自身目标。河钢加快“走出去”步伐，实现在世界范围内配置资源，在全球拥有自己的市场和客户，展现了民族工业的世界影响力。这不仅是一个钢铁企业置身国内实施“差异化”战略的体现，同时也是一个行业置身全球对世界经济的贡献。

基于这样的战略考量和责任担当，近年来，河钢加快实施产业链全球化布局，积极落实“一带一路”建设倡议、深化国际产能合作不断结出丰硕成果。目前，河钢在全球五大洲都有投资和合作伙伴，在30多个国家有70多个项目，在110多个国家有战略伙伴和客户，海外投资总额突破70亿元。2016年的海外销售额占集团总销售额的近三分之一。

河钢在海外建设的过程中面临两大挑战，一是如何建立企业的营销和服务网络，二是如何适应国际规则、市场条件、客户心理。海外收购主要有两种，一种是实体制造业收购，另一种就是软实力收购。收购瑞士德高公司这样成熟的全球化商业网络，正是河钢拓展产业链全球化布局的需要，让河钢一举拥有了全球最大的钢铁营销服务网络，拥有了世界上最前沿的风险控制、金融管理、商业网络、管理架构的高端人才和先进理念，拥有了世界级品牌和商业信誉，更拥有了走向世界的“桥梁”和“踏板”。在发展初级阶段，中国的钢铁企业往往是把置办装备、提高规模看成竞争力的一方面，而欧洲发达经济体的钢铁制造业早已走过了这个阶段。靠软实力弥补装备的不足，释放装备的最大能力，这是工业化以后竞争力的体现。无论我们装备多先进、规模多大，都弥补不了现在存在于管理、对待客户、对待市场和客户关系建立方面的缺陷，这是我们从工业化初期步入工业化中期，真正进入了一个成熟市场，开始面对市场、面对客户需要补的一课。而欧洲这些企业会提供一些很有价值的借鉴。我们海外收购过来的企业看装备，远远不如我们国内的装备，但是它无论从管理流程的优化，包括产品档次、客户关系建立上，都要超越我们一个时期或两个时期。

中国企业走出去，让世界认识我们、接受我们，我们建立自信，寻找到自己一个成长路径，这的确是需要实践的。现在，河钢海外收购、并购的目的越来越明确，更多选择在能够真正带领我们一步进入后工业时期的发达国家，开展产业链横向并购和深加工链条垂直收购。未来，河钢会把欧洲的商业模式、营销环境、市场行为、客户关系，包括新技术、新理念，作为财富带回来。欧洲的很多东西，未来十年、二十年值得我们国内制造业学习。往往硬件可以拿钱买来，软实力是需要体验、需要积累的。我们拿回这些东西来武装我们的企业，这比收获经济效益的价值更大。

“走出去”实现共赢

记者：河钢通过融入“一带一路”开展国际产能合作，参与国际竞争，对您有哪些新的启发？

于勇：“一带一路”将推动中国迈向资本输出新时代。如果说30年以前中国的经济发展是以产品输出和劳动力输出为主的话，那么未来，中国在全球的输出应该是以资本和技术输出为主。“一带一路”

让中国企业获得了全新的发展模式。

一方面，随着中国经济规模的增长、资本的积累、技术进步的提升，特别是中国经济体量的加大，以往一直沿用的低成本产品出口这条道路越来越难了。因为，我们的体量增大了，世界上的消化能力有限。以钢铁为例，去年中国整个钢铁行业产量 8 亿吨，中国的经济规模在适度回落，世界经济发展增速也在回落，中国钢铁工业为中国和世界提供的总量是足够大的。另一方面，欧洲很多企业沉淀了很好的商业模式，多年来在本地区拥有一定的市场份额，这些年，由于世界经济危机，它的流动性和资本的缺失，造成这些企业陷入困境，并不是这个企业完全丧失竞争力。这些企业的生存，对中国企业加快融入国际市场来激发新的发展动力和增长空间很有价值。中国企业通过收购及投入，让这些企业恢复活力，给企业和员工未来，这是双方互利共赢的。

近年来河钢加快国际化发展步伐并取得了系列突破，如果说实践心得的话，我们认为河钢收购的初衷就是要共赢，让被收购企业越来越好，而不是简单追求通过资产增值获利，更不是仅仅为转移产能或是占有资源。河钢对海外公司管理明确提出“利益本地化、用人本地化、文化本地化”的要求，以河钢塞尔维亚公司为例，一直是按照“三个本地化”模式进行管理，同时，河钢充分发挥技术、管理、绿色制造和全球最大营销服务网络的优势，用于成本控制、工艺改善和全球资源重新配置，日常生产经营则依靠当地员工。公司有 5000 多名员工，常驻塞尔维亚的中国员工仅有 9 人。

在企业全球化进程中，最重要的就是自身的成长性和顺势而为的能力，拥有了这种能力，在任何一个地方都会培养出自身的竞争力。我们真正感受到，一个大型企业成功“走出去”，不仅在海外拥有了资源、市场和客户，更重要的是，在全世界树立了中国企业的品牌形象。

“一带一路”倡议为中国和欧洲带来发展契机

2017年11月30日，以“中国与欧洲：‘一带一路’下的中国全球化发展”为主题的第八届国际资本峰会（ICC）在北京举行。来自英国、法国、意大利、德国、西班牙、波兰、荷兰、丹麦、瑞典、挪威和芬兰的欧盟代表团参加了本届峰会。河钢集团在第八届国际资本峰会上宣布启动河钢德高“丝路能源钢铁公司（简称BRESCO）”项目。

河钢集团董事长于勇应邀参加峰会，与国际资本峰会联合主席、中国前商务部副部长、博鳌亚洲论坛前秘书长龙永图，国际资本峰会联合主席、法国前总理、荣誉议员、法国展望与创新基金会会长让·皮埃尔·拉法兰，芬兰前总理、芬兰工业东方局董事会执行主席、俄罗斯联邦储蓄银行董事会成员埃斯科·阿霍就“如何理解中国和欧洲通过‘一带一路’共同成长”进行了深入探讨。峰会期间，于勇接受了新闻媒体采访。

“一带一路”倡议为世界经济开辟了一条全球化的新路径

记者：“一带一路”倡议的提出给中国企业“走出去”带来哪些机遇和挑战？

于勇：“一带一路”倡议为世界经济开辟了一条全球化的新路径，

本文原载于河北新闻网2017年12月2日。

为中国企业走向全球创造了重大历史机遇，也为欧洲国家经济振兴、提升全球影响力、充实中欧全面战略伙伴关系带来新的发展机遇。

河钢不仅是“一带一路”倡议的积极践行者，更是“一带一路”实践的最大受益者之一。

近年来，河钢把握“一带一路”倡议和国际产能合作带来的重大机遇，按照“全球拥有资源、全球拥有市场、全球拥有客户”的战略定位，加快国际化发展步伐，迅速成长为在境内外具备5000万吨优质产能，拥有行业最先进、最绿色的工艺技术装备，最具成长性、最具竞争力的钢铁材料制造和综合服务商之一。河钢塞尔维亚公司仅用半年时间就使钢厂从连续7年的亏损中摆脱出来，2017生产经营保持稳定并持续盈利，今年预计产值将达到8亿美元，实现利润2000万美元，成为了中国与中东欧合作和“一带一路”建设的标志性工程。更重要的是，这一项目已经成为造福塞尔维亚当地人民和引领“一带一路”建设的共赢项目，真正实现中国和欧洲的共同成长。

河钢在国际国内的影响力快速提升，先后荣获“世界钢铁工业可持续发展奖”，获中国钢铁企业“竞争力极强”的A+最高评级。被世界钢协列为全球钢铁制造企业50强第3位。在去年峰会上，河钢获得了“国际资本峰会中欧企业合作大奖”。今年11月8号，又入选“2017年中国企业全球化50强”和“2017年‘一带一路’十大先锋企业”榜单。河钢的快速发展，得益于实施国际化战略对企业经营管理的整体提升。河钢已经在“一带一路”上迈出了坚实的步伐，而且越走越稳健、越走越充满信心。

“一带一路”倡议为中国和欧洲带来发展契机。“一带一路”倡议为世界经济开辟了一条全球化的新路径，为中国企业走向全球创造了重大历史机遇。“一带一路”背景下，中国为企业“走出去”打造了新的载体和平台，中国企业不仅获取了更多同“一带一路”沿线国家深化合作的机会，而且能够充分享受到中国及参与“一带一路”建设国家的政策支持。同时，中国与沿线国家的全面友好，为中国企业“走出去”营造了更加良好的商业环境。

同样，“一带一路”倡议也为欧洲国家带来新的发展机遇：一是给欧洲经济振兴带来机遇。欧委会提出的战略基础设施投资计划——容克计划（注：为推动欧洲克服欧债危机对增长和就业的影响，容克就任欧盟委员会主席后，于2014年11月提出高达3150亿欧元的投资计划，即“容克计划”，旨在促进基础设施、新能源、信息技术等领域投资），完全可以和“一带一路”倡议对接，推动欧亚互联互通建设，帮助欧洲经济复苏。二是给欧盟提升全球影响力带来机遇。欧洲在全球治理、地区治理方面有很成熟的经验，欧洲的先进经验、标准规范、历史文化是欧洲的软实力。“一带一路”倡导和弘扬“团结互信、平等互利、包容互鉴、合作共赢”的丝路精神，欧盟的理念和规范性力量必然对“一带一路”沿线国家和地区产生深远影响。三是给充实中欧全面战略伙伴关系带来机遇。“一带一路”倡议为推动中欧“四大伙伴”——和平伙伴、增长伙伴、改革伙伴、文明伙伴关系的发展提供了新的平台、新的动力。围绕建设21世纪海上丝绸之路，海洋合作将成为中欧合作新亮点。围绕建设信息丝绸之路，互联网领域的合作也会成为中欧合作的新亮点。

习近平总书记在党的十九大报告中明确指出：“积极促进‘一带一路’国际合作，打造国际合作新平台，增添共同发展新动力。”这是新的指引、新的部署、新的坐标。河钢搭乘国家“一带一路”倡议快车，主动融入全球经济，分享世界文明，走出了一条备受各方关注与认同的国际化发展之路，为促进国际产能合作发出了“中国声音”、讲述了“中国故事”、展示了“钢铁力量”。未来，河钢将坚持与国家战略同向而行，顺应时代进步要求，乘势而上获得更加广阔的发展空间；坚定产业发展自信，向世界展示中国制造业全新的一面，塑造中国企业的新形象；坚持统筹配置资源，实现各类要素资源的协同联动，把握行业发展趋势和投资运营规律，推进国际化战略布局取得新突破。行百里者半九十，站在务实合作的新起点上，河钢秉持“代表民族工业、担当国家角色”和“建设世界的河钢”的企业使命，誓做走进“一带一路”的先锋力量，开辟中国企业全球化的新版图，与一切友好的人们相向而行，携手共赢未来。

BRESCO 项目将成为“一带一路”倡议下最有力的平台

记者：河钢提出了“丝路能源钢铁公司（BRESCO）”项目的战略构想是怎样一个运作主体？

于勇：全球化是当今世界经济发展的必然趋势。作为规模位列世界第三的特大型钢铁企业，河钢实施国际化发展战略，在全球范围内配置资源，为全球客户提供产品与服务，是融入全球经济的主动战略选择，也是立足于国际化企业为世界经济发展贡献力量的责任与担当。

近年来，河钢以打造“全球钢铁制造平台”“全球营销服务平台”“全球技术研发平台”为目标，以互利多赢为原则，实施以资本并购为主要特征的国际化战略，先后完成南非 PMC 矿业公司、瑞士德高的控股收购，以及塞尔维亚斯梅代雷沃钢厂的收购，成为实现了钢铁全产业链海外布局的国际化企业。特别是对德高的控股收购，开创了行业国际化轻资产收购的先河，实现了处于行业顶端的材料制造企业与营销服务网络的强强联合。控股德高不仅让河钢一举拥有了覆盖全球110 多个国家和地区的营销服务网络，也为河钢搭建了海外金融服务、国际人才培养、战略资源整合、投资风险防控的重要平台，为河钢迈向国际高端市场提供了重要通道。河钢的国际化布局契合了国家发展战略，也为河钢增强资源配置功能拓展了广阔空间。在"一带一路"沿线区域的战略布局，特别是控股德高公司，为河钢加快国际化发展提供了全方位支撑。

"一带一路"倡议为企业转型发展提供了广阔空间。在国际资本峰会的大力支持下，河钢结合推进德高控股实现可持续发展，提出启动"丝路能源钢铁公司（简称 BRESCO）"项目的战略构想。启动 BRESCO 项目，是我们基于对"一带一路"倡议蕴含的创新共赢发展理念的理解，以及河钢与德高综合实力和发展前景的信心。这也是河钢作为中国大型国有企业践行"一带一路"倡议的重要战略举措。

能在国际资本峰会上成立河钢德高丝路能源钢铁公司，既是一个最佳的时期，对项目也是最大的利好。我们将创新把握"一带一路"倡议下的发展机遇，整合河钢、德高控股在钢铁制造、营销网络、金融服务以及国际化运营方面的综合优势，引入各相关领域的战略合作，在大宗商品和基础设施领域开展广泛投资，利用 10 年时间将德高控股由行业领先的国际化营销服务商，打造成为一个产品多元的能源、大宗商品贸易商和生产商，成为"一带一路"倡议下实现超常规发展的"丝路旗舰"，成为实现"世界河钢"战略构想的坚实基础。

BRESCO 项目既是河钢和德高利用好"一带一路"这个重大机遇，发展壮大自己的机会，也是河钢在"一带一路"建设中担当社会责任和国家角色的时机。我们对 BRESCO 寄予厚望，将为 BRESCO 项目配置具有丰富经验的高级别国际化董事会和经营管理团队，在有效管控各类风险的基础上，搭建利益共享、风险共担的开放性投资运营平台。互利才有共赢，同创才能共享。BRESCO 项目需要所有参与者无私地贡献才智，让拥有的优势资源实现最科学的配置，共同创造最卓越的发展成果。我们以至诚之心欢迎所有愿意参与 BRESCO 项目的战略合作伙伴，共同搭乘国际化发展的快车，主动融入全球经济，共同创造并分享“一带一路”倡议提供的发展机会和重要成果。

无论是在全球化战略上，还是在自身的结构调整和改革上，河钢未来还有很长的路需要走，但有一点是相当明确的，“一带一路”和全球化为河钢发展提供了更广阔的空间。河钢最近几年转型发展进入快车道，恰恰是国际化视野、全球化布局和全球化资源配置给河钢提供了强大的支撑，从一个区域性企业发展成为全球拥有资源、全球拥有市场、全球拥有客户的全球性企业。河钢既是“一带一路”背景下的最大受益者，也要成为“一带一路”框架下最大的支持者。河钢在这项工作上是坚定不移的。BRESCO 必将成为“一带一路”倡议下最有力的平台公司和支撑公司。千里之行，始于足下，我们有“一带一路”建设的重大机遇，有国际资本峰会的平台支持，BRESCO 未来必将有强大的生命力，我本人和团队对公司未来是充满期待的。

协同互补推进中欧企业合作

2018年11月29日，以“时代变迁下的中欧关系”为主题的第九届国际资本峰会（ICC）在北京举行。河钢集团党委书记、董事长于勇应邀出席峰会开幕式，并作为VIP演讲嘉宾围绕“世界贸易新时期的中欧关系”专题，就推进中欧优势互补协同发展等内容进行发言。国际资本峰会联合主席、中国商务部前副部长、博鳌亚洲论坛前秘书长龙永图，国际资本峰会联合主席、法国前总理、荣誉议员、法国展望与创新基金会会长让·皮埃尔·拉法兰出席会议。中国商务部欧洲司前司长孙永福主持专题讨论会。

孙永福： 河钢在欧洲地区有哪些投资行为？对河钢的发展是否发挥了作用？

于勇： 德高是河钢在欧洲收购的最好企业之一，它对河钢发挥的作用不仅有经济价值，也有平台价值，包括世界范围内的资源配置能力，特别是它承载着欧洲成熟的市场和商业模式，给河钢发展提供了强有力的支撑。河钢的产品拥有了德高的平台，所展现的竞争力不单纯是钢铁本身的价值，而且配置了欧洲成熟的市场和商业模式赋予的其他功能，比如最可靠的商业保险、商业信誉等。这几年来，德高也把中国许多钢铁企业的高端产品输出到欧洲及世界其他地区的客户，让他们享受到了中国很好的钢铁产品。所以，作为全球最大的钢铁贸易平台，河钢德高不仅仅是一个钢铁交易平台，更重要的是中国和欧洲贸易之间的一个资源配置的综合服务平台。

孙永福：中欧之间有哪些互补优势？如何协同发展？

于勇：中国企业和欧洲企业都具有各自的优势，双方的合作进入了优势互补协同发展阶段。在近年来与欧洲企业合作中，河钢体会到，欧洲是企业对外投资发展理想的区域。作为近代工业的发源地，欧洲有成熟的商业模式、法律基础，在经营团队、企业信誉等方面也有不错的口碑，这都是河钢在欧洲投资的关键点。河钢在欧洲运营的企业中，最著名的是并购塞尔维亚斯梅代雷沃钢厂。这个案例让我们认识到，中国企业和欧洲企业的合作，已经由原来简单的产品出口向现在越来越多的协同互补阶段发展。通过改革开放40年的发展，中国钢铁企业在完全市场化的环境中由小到大、由弱到强，拥有了极强的竞争力，在循环利用水平、绿色制造技术、工业控制效率等方面处于领先地位，在区块链、供应链金融、客户解决方案上也实现了新突破。但是，欧洲成熟的市场和商业模式仍有很多方面值得我们学习，特别是装备制造和服务领域的细分，对中国制造业的发展有借鉴意义。目前中国制造业中的制造和服务在一个区块链里，但未来发展的更高级别是把制造和服务分开，让客户享受到更好的产品价值和附加服务。进入世界贸易新时期，河钢希望利用与欧洲其他同行的合作机会，更多地学习欧洲的先进经验和商业模式，也愿意为中欧企业的合作发展提供资源配置的综合服务平台，促进中欧合作共赢、共同发展。

携手创造世界钢铁工业美好的未来

2018 年 10 月 17 日，在日本举行的世界钢铁协会理事会上，中国钢铁工业协会会长，河钢集团党委书记、董事长于勇当选世界钢协新一届领导人，并在会后接受了媒体采访。

记者：首先祝贺您当选这一国际组织的领导人，请您介绍一下河钢加入世界钢协的初衷和收获。

于勇：谢谢！这次当选从根本上讲，得益于中国综合国力大幅提升、行业水平巨大进步及河钢快速成长的实力担当。在中国宏观经济快速发展期，中国钢铁行业实现了规模效益的迅速提升和整体装备的升级换代、工艺进步，这些都极大提升了钢铁企业的竞争力。我在与世界钢协总干事埃德温·巴松交流时曾讲过，目前中国装备和工艺几乎普遍领先世界钢铁水平十年到十五年。这些装备的配置绝不是摆设，将体现在产品档次的提升、技术进步上，最终形成面向全球的竞争力。在未来十年或二十年当中，中国钢铁工业一定会改变世界钢铁工业的格局。

世界钢铁协会成立于 1967 年，是世界上规模最大、活跃度最高的行业协会之一，拥有理事会成员 73 家、正式成员 160 多家，包括钢铁制造企业以及各国（地区）的钢铁行业协会，是世界钢铁行业的权威

本文原载于《世界金属导报》2018 年 10 月 19 日。

机构，会员企业粗钢产量占世界粗钢产量的85%左右。河钢始终运用全球化思维审视自己并促进自我提升，积极参与全球中高端产业链竞争，这是企业发展的需要。世界钢协作为行业内的重要战略资源平台，河钢始终与世界钢协保持着密切交流和合作，2014年整体加入协会，2016年成为协会15位执委会成员之一。

河钢以加入世界钢协这个相互开放、彼此合作的广阔平台为契机，从欧美发达经济体在工业化进程中造就的百年优秀企业中汲取成长经验，为高质量发展提供了活力源泉。借助这一平台，广泛开展国际间的交流与合作，已建立起全球营销服务、全球钢铁材料制造、全球技术研发“三大平台”，强有力推动发展质量、效率和动力三大变革，从一家区域性传统钢铁企业发展壮大为具有全球竞争力的世界级跨国集团，找到并坚定了高质量发展的“路径自信”。

在这一过程中，让我感触最深的是，实现超常规发展迈向更高更强，就要与强者为伍、与时代同行。走向国际舞台，让我们拥有了与强者为伍的机会，通过跨界融合创新，在打通迈入高端循环的战略通道的同时，更为创新理念，推进发展方式、体制机制和商业模式创新提供了最直接的学习借鉴平台。这也正是世界钢铁协会的重要担当。

记者：中国作为全球最大的钢铁制造国，中国钢铁行业如何在世界舞台中央扛起中国担当，发挥引领作用？

于勇：当前，中国正在深入推进供给侧结构性改革，优化要素配置，有力地推动了经济的健康发展。2017年，中国GDP增长6.9%，远高于全球经济3%的增速，对世界经济增长的贡献率超过三分之一。在外部环境发生明显变化的背景下，2018年上半年中国GDP依然保持了6.8%的增速，经济形势稳中向好。

中国钢铁工业以化解过剩产能为抓手，促进结构调整，提升运行质量。行业产能利用率恢复到合理区间，销售利润率基本达到了全国规模以上工业企业利润率水平。2018 年上半年，协会会员企业实现销售收入 1.97 万亿元，同比增长 15.33%；实现利润总额 1393 亿元，同比增长 151%。

有效化解钢铁过剩产能问题，不仅推动了钢铁行业优化升级，也为全球钢铁市场回暖做出了贡献。目前，中国是全世界唯一一个公布了钢铁去产能目标并且付诸实施的国家。2016 年与 2017 年，共化解钢铁过剩产能超过 1.2 亿吨，特别是 2017 年上半年，依法依规全面取缔“地条钢”。2018 年，还将继续压减钢铁产能 3000 万吨左右，目前已完成全年目标的 80%。世界钢铁协会总干事埃德温·巴松先生充分肯定了我们的去产能成果，表示去产能不仅使中国钢企受益，也让全球钢企享受红利。未来，我们愿与全球钢铁业的同行分享成功经验，为全球化解过剩产能问题提供解决之道。

中国钢铁工业发展，始终以满足国内市场需求为主。近年来，钢铁行业运行质量改善，主要是得益于供给侧改革红利的充分释放和国内市场需求的强力拉动，同时也缘于行业自身转型升级与结构调整的不懈努力。当前，我们正在从高速增长阶段迈向高质量发展的新阶段，全行业持续推动质量变革、效率变革与动力变革，实现了新旧增长动能的加速转换。

中国钢铁不但有力支撑了中国经济，也为世界钢铁消费增长及相关产业发展做出了重要贡献。2017 年，中国钢材消费增量占全球钢材消费增量的 79.8%。同时，钢铁稳定发展还带动了进口原燃料增长，2017 年进口铁精矿 10.75 亿吨，世界主要矿山公司的收入及利润因此均有较大幅度增长。下一步，作为改革开放的参与者、推动者、受益者，我们还将继续扩大对外开放，为中国经济增长乃至世界钢铁的美好未来做出新的贡献。

记者：您认为中国钢铁和世界钢铁未来发展还存在哪些挑战？

于勇：众所周知，人类的发展历程从来没有平坦的大道可走，钢铁工业的每次重大进步都是在不断征服挑战中取得的。无论是中国钢铁，还是世界钢铁，未来发展还存在许多挑战。

就中国钢铁而言，至少有三方面的挑战。

一是需求结构发生重大转变。中国经济正在步入发展新阶段，结构调整和转型升级成为钢铁行业新的发展主题，钢铁企业必须重新审视传统思维定式，在发展理念、经营方式、商业模式等方面尽快做出调整，主动适应钢铁从量大面广需求向高端化、个性化、定制化需求的转变。

二是环保政策日益趋严。随着社会主要矛盾转换，我们正面临着严峻的环保压力，这是钢铁行业从高速扩张阶段转向新发展阶段必然要经历的“痛点”，可以说是“成长的烦恼”，需要更加理性、辩证地去认识和理解。当前，我们正在加大钢铁企业的环保技术升级改造，适应日益趋严的环保标准，提升绿色发展水平。

三是国际贸易环境出现不确定性。当前，全球正面临着贸易保护主义的严峻挑战，钢铁对外贸易条件发生重大变化。这就需要我们主动适应国际市场的多元化需求，探索对外贸易的新模式和新路径，共同构建国际竞争的新秩序。

就世界钢铁而言，同样也面临着不少挑战。比如，发达经济体增长恢复面临诸多不确定性，发展中经济体增长低于预期，对钢铁需求的拉动作用不够；世界范围内的钢铁发展依然存在布局不平衡的突出矛盾；全球气候正在变暖，世界钢铁需要更加致力于低碳发展；伴随着工业 4.0 浪潮，钢铁制造急需与信息化、智能化深度融合，以及管理模式、商业模式的颠覆性变革。这些，都是世界钢铁工业不可忽视也不能回避的现实挑战。

挑战虽然不少，但这些挑战恰恰是我们发展的重要机遇。事实上，无论中国钢铁还是世界钢铁，过去的每一次重大发展，都是我们成功战胜挑战的伟大实践。因此，我们钢铁人就应该拿出钢铁般的意志，把握好这些机遇，勇敢战胜挑战，迈向更高水平的发展道路。

记者：如何战胜这些挑战，您在这届世界钢协年会上，给出了哪些具体意见建议？

于勇：世界是一个整体，开放必然成为全球钢铁的发展趋势，同时也是推动世界经济共同繁荣的最佳路径。改革开放40年来，我们一直秉持开放发展的态度，在装备、技术以及在原燃料等方方面面通过国际合作，实现了由小到大、由弱到强的快速“转身”。我们的成功实践为世界钢铁工业的开放发展提供了有力的佐证。因此，我由衷地希望世界各国继续坚持“开放合作、互利共赢”的发展理念，加大开放力度，推动世界经济共同繁荣和钢铁工业健康发展。

中国提出的“一带一路”倡议，是推动世界经济开放合作、互利共赢的创新性举措，得到了世界上多数国家的赞赏和积极参与。同时，也为我们钢铁工业提供了发展契机，希望各国钢铁工业加强互利合作，推动全球钢铁布局更加合理，供需更好平衡，竞争秩序有效改善，为世界人民的美好生活提供钢铁支撑。

钢铁作为不可完全替代的工业基础原材料，在世界经济发展中的战略地位和重要作用还不会改变。为此，我们必须根据消费需求新变化，充分运用“互联网+”、人工智能等创新要素，构建以服务为导向的商业模式，从关注内部向关注市场转变，专注于满足客户核心价值；加快推进钢铁产业链向下游高端用户嵌入式延伸，持续推进钢铁产业向深加工领域和高端制造业延伸，重点培育高端装备制造、工业设计、信息技术、新型钢铁材料以及智慧物流等现代工业服务产业，不断满足人类美好生活的新需求。

经济全球化已经成为一种不可逆转的历史客观趋势。在国际贸易格局趋于复杂的形势下，我们也越来越感到公平公正的自由贸易秩序是多么的宝贵。过度的贸易保护其实是在保护本国的落后企业，使得那些没有市场竞争力的高成本企业不能被市场有效淘汰，这样不仅严重损害钢铁下游消费者利益，而且直接阻碍产业转型升级与竞争力提升。借此机会，我们呼吁世界各国的钢铁组织加强沟通，携手合作，共同行动，维护世界自由贸易体制。

同在一个世界，同在一个地球，维护环境是我们的共同责任。近年来，我们通过提高环保标准、严控排放总量、淘汰落后产能、推广新环保技术等一系列举措，在钢铁行业加快执行超低排放标准，即烧结机头烟气、球团焙烧烟气在基准含氧量16%条件下，颗粒物、二氧化硫、氮氧化物小时均值排放浓度分别不高于10、35、50毫克/立方米；其他污染源颗粒物、二氧化硫、氮氧化物小时均值排放浓度分别不高于10、50、150毫克/立方米。这项工作已经取得明显成效。目前，我们拥有世界上最清洁的钢铁厂，不断推广应用最先进的环境治理技术，正在成为改善全球环境质量，推进绿色制造的引领者。希望全球钢铁企业都要注重环境保护，以全生命周期理念，以更有力的举措和更先进的环保技术，降低污染物排放与碳排放强度，打造绿色产业链，共同维护好我们赖以生存的家园。

中国有句老话叫“有破才有立”。要实现世界钢铁更好的发展需要我们做出很多改变，但我坚信，只要我们携起手来，在世界钢铁协会的组织下，以构建全球钢铁命运共同体为目标，发挥比较优势，战胜各种挑战，就一定能够迎来世界钢铁工业新一轮发展，创造更加美好的未来！

携手合作，共担责任
推动世界钢铁繁荣发展

非常高兴参加本次世界钢铁协会理事会，下面我就中国与世界钢铁工业发展问题，与大家分享几点看法。

一、中国经济发展带动全球经济增长，拉动了世界钢铁消费增加

（一）中国供给侧结构性改革带动全球经济增长

中国实施以“三去一降一补”为主要任务的供给侧结构性改革，既保障了中国经济中高速增长，又为全球经济增长做出了重要贡献。当前，中国正在由高速增长向高质量发展转变，高质量发展的着力点在于发展实体经济，把提高供给体系质量作为主攻方向，建设现代化经济体系。2017年，中国GDP实际增长6.9%，远高于3%的全球经济增速。据联合国测算，中国对全球经济增长的贡献率约占1/3。这充分表明，中国供给侧结构性改革红利，不仅使中国经济保持了稳中向好发展，还成为带动全球经济增长的重要力量。

本文系作者参加在印度孟买召开的世界钢铁协会2018年春季理事会上的演讲。

（二）中国经济稳中向好发展有效缓解了国内钢铁供需矛盾

中国钢铁消费增长主要归功于自身经济的稳中向好发展，经济中高速增长直接拉动国内钢铁消费增长。2017 年，中国大陆粗钢产量 8.32 亿吨，同比增长 3%；净出口折合粗钢 6444 万吨，占国内粗钢产量 7.7%，同比减少 4.5 个百分点；粗钢表观消费量 7.67 亿吨，同比增加 7914 万吨，占全球粗钢表观消费量比重达到 45.8%。同时，中国经济 2018 年还将保持 6.5%以上增速，国内基础设施建设力度不会迅速减弱，“一带一路”建设拉动作用逐步增强，宏观经济环境继续保持稳中向好发展态势。从钢铁需求侧来看，钢铁仍将保持相对稳定增长，特别是下游产业高质量发展，对钢铁质量性能提出了新的要求，将继续为钢铁消费增长提供新的市场空间。

（三）中国经济及钢铁行业发展还带动了全球钢铁及相关产业发展

全球钢材消费中相当一部分的增量得益于中国经济及钢铁产业拉动。根据世界钢协 2017 年 10 月发布的全球钢材需求预测，2017 年全球钢材消费量 16.22 亿吨，同比增加 1.06 亿吨，其中中国钢材表观消费量 7.66 亿吨，同比增加 8470 万吨，中国钢材消费增量占全球钢材消费增量的 79.8%，中国为世界钢铁消费增长做出了积极贡献。

同时，中国进口机电产品还间接带动了进口来源国家和地区的钢材消费。据有关统计，2017 年中国机电产品进口额 8545 亿美元，同比增长 11%。中国钢铁稳定发展还带动了进口原燃料增长，为全球钢铁相关产业提供了广阔的市场空间。2017 年，中国进口铁矿 10.75 亿吨，同比增长 4.94%；进口锰矿 2125.67 万吨，同比增长 24.67%；进口铬矿 1384.81 万吨，同比增长 30.91%；进口炼焦煤 6934.62 万吨，同比增长 17.07%。随着中国钢铁原燃料进口量增长，世界主要矿山企业经营形势明显好转，收入及利润实现了较大幅度增长。

二、中国钢铁供给侧结构性改革成效显著，惠及全球钢铁行业向好发展

（一）中国主动化解钢铁过剩产能取得突出成效

钢铁工业是中国供给侧结构性改革的先行行业之一，中国钢铁将去产能作为供给侧结构性改革的重要抓手，克服困难，抓住机遇，坚定不移地推进去产能。2017 年，化解钢铁过剩产能 5500 万吨，连同 2016 年的 6500 万吨，两年共化解钢铁过剩产能超过 1.2 亿吨。中国钢铁产能利用率基本恢复到合理水平，钢铁产能严重过剩矛盾得到有效缓解。特别是 2017 年上半年，依法依规全面取缔困扰钢铁行业健康发展的“地条钢”产能，彻底扭转了“劣币驱逐良币”的现象，有效促进了市场环境规范有序，国内钢铁优质产能得到更好的发挥。

随着中国化解钢铁过剩产能深入推进，国内市场供需矛盾得到缓解，行业经营形势显著好转。2017 年，中国钢铁工业协会统计的重点大中型企业累计实现销售收入 3.69 万亿元，同比增长 34.1%；会员企业平均销售利润率恢复到 4.7%，比上年同期增加 3.23 个百分点。

（二）中国钢铁去产能为解决全球产能过剩问题提供了可借鉴的成功案例

中国是目前全世界唯一一个公布了钢铁去产能目标并付诸实施的国家。产能过剩问题虽然是全世界钢铁业的共同问题，但中国在钢铁去产能方面的力度之大、措施之全在全球范围内独一无二，并且落实到位，效果有目共睹。中国钢铁以去产能为抓手，还促进了结构调整、

转型升级、质量节能环保水平的显著提升，为世界钢铁解决产能过剩矛盾提供了很好的中国方案。2016 年 2 月，中国发布《关于钢铁行业化解过剩产能实现脱困发展的意见》，明确提出了用五年的时间，再压减粗钢产能 1 亿~1.5 亿吨。根据近两年去产能情况，中国钢铁去产能的目标不但能够按期完成，而且还将提前两年超额完成上限目标。

中国采取了一系列政策措施保障了钢铁去产能顺利推进。中国钢铁严格按照“市场倒逼、企业主体、地方组织、中央支持”的原则，综合运用经济、行政和法律等手段，积极稳妥地化解钢铁过剩产能矛盾。一是严禁新增钢铁产能。停止建设扩大钢铁产能规模的所有投资项目，结构调整及改造项目必须严格执行产能减量置换。尤其是京津冀、长三角、珠三角等环境敏感地区按不低于 1∶1.25 的比例实施减量置换。二是淘汰落后违规钢铁产能。全面关停并拆除 400 立方米及以下炼铁高炉，30 吨以下炼钢转炉、30 吨以下电炉（高合金钢电炉除外）等落后生产设备，还全面取缔了生产“地条钢”的中频炉、工频炉。三是强化环保、能源、质量、安全等方面的约束，对达不到以上标准要求的钢铁产能，要依法依规关停退出。四是发挥专项奖补资金等政策的激励作用。设立工业企业结构调整专项奖补资金，专门用于安置化解过剩产能的转岗员工，鼓励钢铁产能规模较大的地区主动压减钢铁产能。中国钢铁去产能工作还充分发挥社会监督举报作用，利用卫星监测等技术手段严格执法督查，社会各方面形成合力，保障了去产能工作取得显著成效。

中国钢铁去产能的困难与压力前所未有。一是中国完成化解钢铁过剩产能共将造成 50 万钢铁工人转岗再就业。目前，已经成功转岗安置了 20 万钢铁工人，未出现社会稳定问题。中国钢铁去产能过程涉及的钢铁工人转岗数量，远比世界有些国家钢铁从业人员的总数还要多，困难与压力之大，可见一斑。二是中国钢铁去产能涉及了高额资产损失。为保证化解过剩产能顺利推进，中国钢铁企业以报废拆除、有偿转让等方式，处置设备、厂房、土地使用权、原材料等各类资产，企业经济损失巨大。

（三）中国钢铁成功化解产能严重过剩矛盾，得到全球钢铁业界的认可与肯定

中国在全球化解钢铁产能过剩矛盾方面发挥了示范引领作用，贡献了宝贵经验。中国面对钢铁产能过剩这一全球性问题，毫不回避、勇于担当、率先发力，不仅推动了本国钢铁行业脱困发展、优化升级，也为全球钢铁市场回暖做出重大贡献，受到了全球钢铁业界的好评。世界钢铁协会总干事埃德温·巴松充分肯定了中国钢铁产业去产能成果，表示去产能不仅使中国钢企受益，也让全球钢企受益。中国钢铁化解过剩产能所做的重大贡献应该受到全世界的肯定与认可，中国也愿意与全球钢铁业同行分享成功经验，为全球化解钢铁过剩产能提供解决之道。

中国钢铁工业还将继续推进供给侧结构性改革。前不久刚结束的十三届全国人大一次会议上，国务院总理李克强在《政府工作报告》中提出，要继续破除无效供给，坚持用市场化、法治化手段，严格执行环保、质量、安全等法规标准，化解过剩产能、淘汰落后产能。2018 年，中国将再压减钢铁产能 3000 万吨左右，届时中国将提前两年完成钢铁去产能的上限目标，为全球钢铁产业健康发展做出新的贡献。

三、中国与世界钢铁产业面临的主要挑战

（一）中国与世界钢铁的结构性、阶段性供需不平衡矛盾依然存在

中国经济由高速度增长转向高质量发展，钢铁总需求波动和结构性产能过剩并存的格局将持续相当一段时间。“十三五”期间，中国

经济发展长期向好的基本面没有变，经济韧性好、潜力足、回旋余地大的基本特征没有变，经济持续增长的良好支撑基础和条件没有变，经济结构调整优化的前进态势没有变。下一步，中国经济进入高质量发展的新常态，装备制造用钢尤其是高端装备制造用钢需求将呈现增长趋势，建筑业用钢需求将会有所回落，钢铁材料性能要求将由满足基本质量标准向更高性能的特殊钢转变，中国钢铁的阶段性、结构性过剩矛盾还将不断出现，结构调整与转型升级已经成为中国钢铁业健康发展的重要主题。

全世界经济向好发展仍有潜力，但钢铁消费增长面临的风险挑战不容忽视，还具有很大的不确定性。一是发达经济体经济增长仍未恢复到历史最好水平，产能过剩的“老问题”将进一步恶化。近几十年来，美国、日本、欧洲等国家的粗钢产量虽有波动和调整，但产能过剩问题一直存在。当发达经济体的经济增长速度下降，就导致国内钢铁消费增长乏力，钢铁产能过剩矛盾更加突出。早年发展起来的世界钢铁大国，很多工艺装备相对落后，生产成本较高，缺乏市场竞争力，在产能过剩背景下产能利用率不能有效发挥。二是除中国外的其他发展中经济体的经济增长低于世界预期，对全球钢铁消费拉动作用不够明显。近年来，世界普遍将全球经济恢复寄托在东盟十国及金砖五国等发展中经济体，希望其在全球经济新一轮复苏中发挥更大作用。但是除中国外，世界发展中经济体的经济增长并不尽如人意，部分年份甚至经济衰退，没能对全球钢铁消费增长提供重要支撑。

世界其他经济体对钢铁新增产能没有严格限制措施，进一步恶化了全球钢铁产能过剩矛盾。中国采用了极为严厉的产能减量置换措施，已经在控制新增钢铁产能方面取得了显著成效。但是，目前世界其他经济体并没有出台明确措施限制新增产能，更多的还是依靠国际市场来消化本国过剩产能。

（二）中国与世界钢铁贸易政策需要进一步向国际化接轨

中国钢铁发展以满足国内市场需求为主，始终不鼓励钢铁大量出口。中国钢铁贸易政策从来不以出口为导向，不仅没有按照国际通行做法对钢铁出口产品增值税予以全额返还，而且还对部分钢铁产品加征了出口关税，限制了钢铁产品大量出口，保持了钢铁出口贸易平稳运行。2005年以前，中国一直是钢铁净进口国，近年来才出现了钢铁出口量大幅增长，这主要归功于中国钢铁产品国际市场竞争力逐步提升，同时也反映了经济全球化和国际产业分工客观规律。2010年以来，中国出口钢材折合粗钢数量占全国粗钢总产量比例也一直稳定在7%~14%。未来，随着中国经济转型升级和供给侧结构性改革逐步推进以及国际市场结构不断成熟，中国钢铁产品出口将逐渐趋于稳定。

世界经济发展离不开中国钢铁，特别是发展中国家经济发展更需要中国钢铁。近三十多年来，中国始终是钢铁工艺技术进步的主要推动者和实践者，已基本实现了钢铁制造主要工艺技术和主体生产装备国产化，产业竞争力在国际市场形成了显著的比较优势。当前，中国钢材出口市场主要在亚洲，占中国出口总量70%以上，其中出口主要集中在发展中国家的增量市场。下一步，中国钢铁将利用“一带一路”这个开放型的合作平台，有信心、有能力在“一带一路”沿线国家及发展中国家的经济发展中发挥更加重要的作用。

中国钢铁需要继续参与国际市场竞争，适度钢铁产品出口有利于全球钢铁健康发展。中国钢铁进出口贸易始终是逆差，在向世界出口部分钢铁的同时，还从全球进口了大量的原燃料、冶金设备以及技术服务。当前，国际钢铁市场已经是买方市场，过度贸易保护将严重扰乱世界钢铁正常贸易秩序。中国钢铁参与国际市场竞争，适度出口钢铁产品，不仅满足了国际下游用户需要，也增强了全球钢铁产业发展活力，倒逼国内钢铁企业提升核心竞争力。目前，中国正在加快推进钢铁工业转型升级战略，中国钢铁愿意与国际同行一起努力，研究全球钢铁发展的热点与难点问题，参与国际市场公平竞争，营造健康有序的世界钢铁秩序。

（三）中国与世界钢铁产业面临转型升级压力逐步加大

中国与世界钢铁的产业结构调整压力逐步增加。一是中国及世界钢铁消费的未来增长潜力有限且影响深远。中国从 2013 年开始已经进入到一个粗钢生产消费峰值平台区，在这个峰值平台区内粗钢产量高位运行并上下波动，直至进入后工业化阶段的新平台区。目前，全世界经济虽有增长潜力，但面临的风险挑战更不容忽视，还存在较多不确定性。下一步，中国与世界钢铁必须主动适应消费规模与结构变化，提高有效供给水平，加快从生产型制造向服务型制造转变。二是中国与世界钢铁质量与技术升级将不断加快。加快工艺技术进步、产品质量升级、节能环保技术创新，成为中国与世界钢铁转型升级的迫切要求。下一步，全球钢铁应以提高产品质量稳定性、可靠性和耐久性为核心，依托信息化、智能化手段和现代化装备，大力发展高强度、耐腐蚀、长寿命的高品质钢材。同时，围绕绿色制造与智能制造等方面，加大技术创新投入，提高原始创新与自主集成创新能力，加快开展行业基础和关键共性技术产业化创新。三是其他材料对钢铁的替代挑战日益明显。科技领域发展日新月异以及下游行业高端、绿色发展，对传统钢铁产品升级提出了新要求。尤其是在汽车制造业，具有密度低、强度高、耐腐蚀、绝热性能好的镁铝合金、塑料和碳纤维等新型材料逐渐成为新宠。下一步，全球钢铁行业加快实施需求牵引战略，推动产品升级，应对新材料对传统钢铁的替代挑战。

中国与世界钢铁联合重组不是搞垄断，而是促进行业健康发展。

一是全球钢铁联合重组，有利于解决盲目发展、贸易纠纷等突出矛盾。回顾世界钢铁发展历史就会发现，联合重组实现了产能集中运营管理，增强了企业综合实力，解决了无序发展与同质化竞争，逐步形成跨行业、跨所有制的国际化集团。例如美国经过大规模联合重组，钢铁产业 CR4 超过 70%；日本钢铁产业 CR4 达到 83%以上。尤其是通过联合重组形成的安赛乐米塔尔、中国宝武集团、新日铁住金等钢铁企业集团，在促进世界钢铁技术创新、解决贸易纠纷、推动全球钢铁良性发展等方面发挥了积极作用。二是中国钢铁联合重组，有利于控制新增产能，解决恶性竞争、无序发展、结构调整等重大问题。中国已经成为世界第一大的钢铁生产与消费国，但是产业集中度低、企业竞争力不强的问题没有彻底解决，尤其是企业间恶性竞争阻碍了产业转型升级。中国始终鼓励按照市场化原则，结合化解过剩产能和深化区域布局调整，推动了行业龙头企业实施跨行业、跨地区、跨所有制的联合重组，提高产业集中度，推进产业结构调整。比如，2016 年宝钢与武钢联合重组为中国宝武集团，就有效地避免了汽车板、取向硅钢、镀锡板等高端产品同质化恶性竞争。

（四）中国与世界钢铁发展的生态环保压力越来越大

全球钢铁环保问题及二氧化碳减排，需要全世界共同应对解决。一是解决全球钢铁环保问题是个系统工程，需要技术驱动、结构调整、工艺创新等多途径综合解决。目前，中国正在推进钢铁绿色制造，实施原料厂棚化仓化、烟气脱硫脱硝、烟气多种污染物协调治理、钢渣高效处理及深度综合利用、能源管控中心等绿色改造升级重大工程。同时，注重以废钢为原料的短流程电炉炼钢的发展机遇，鼓励钢铁与其他产业及城市耦合发展，推广城市中水和钢铁工业废水联合再生回用集成技术，实现钢铁制造、能源转换和废弃物消纳三大功能，积极探索并成功实践与城市和谐共融发展之路。下一步，中国钢铁愿与全球共同努力，加强协作，为改善全球环境质量做出贡献。二是中国环保的政策调整及标准提高对世界钢铁发展产生重要影响。中国推进污染防治攻坚战，显示了生态环境保护的决心，出台了一系列法律法规，很多钢铁环保指标已经超过了其他国家和地区标准。特别是，在“2+26”地区实施采暖季钢铁行业环保限产措施，执行大气污染物特别排放限值标准。下一步，随着环保政策强化执法监督，钢铁企业环保投入加大，节能减排水平将进一步提升，同时也增加了钢铁运行成本，对世界钢铁贸易格局将产生直接影响。

四、维护世界钢铁行业平稳运行的意见

第一，保持世界钢铁平稳向好运行，需要所有国家与地区共同努力。钢铁工业作为国民经济的重要基础产业，其主要功能是服务于本国经济发展，生产出来的钢铁也都是要用来消费的。只有加快本国经济发展，才能直接拉动钢铁消费增长，全球钢铁产能过剩矛盾以及由此衍生出来的各种问题才能根本性解决。

第二，全球钢铁行业应该在化解全球产能过剩问题方面加强合作。中国钢铁已经在化解过剩产能与控制新增产能方面做出了积极努力，取得了显著成效，希望全世界所有国家和地区都高度重视钢铁产能过剩问题，共同采取有效措施，实现钢铁行业可持续健康发展。“己所不欲，勿施于人。”化解全球钢铁产能过剩矛盾，不能只寄希望于别人去产能而自己袖手旁观、坐等渔利。

第三，中国严禁新增钢铁产能措施为世界其他国家和地区提供了“借鉴”。中国明确规定，钢铁结构调整及改造项目必须实行产能减量置换，不允许淘汰落后产能转移，禁止新增钢铁冶炼能力，有效防止钢铁产能过剩矛盾进一步恶化。世界其他国家都应学习借鉴中国经验，

高度重视自身的钢铁去产能问题，将淘汰落后产能与控制新增产能作为化解钢铁产能过剩问题的重要措施。

第四，中国反对别国采取不利于世界钢铁健康发展的过度贸易保护措施。过度的贸易保护扭曲了正常的国际市场秩序，是在保护本国的落后企业，严重影响世界钢铁行业健康发展。以保护国内钢铁产业为由实行过度的贸易保护，对于化解全球钢铁产能过剩问题十分不利，严重损害钢铁下游消费者利益，直接阻碍钢铁产业转型升级与竞争力提升，使得那些没有市场竞争力的高成本的落后企业不能被市场有效淘汰。

第五，加强与钢铁上游产业合作，维护原燃料供应平稳运行。原燃料是保障钢铁行业平稳运行的基础。全球钢铁行业应与上游行业按照互利共赢、长期合作的基本理念，相互支持，加强产业链协同，共同维护公平、公正的原燃料市场秩序，形成一个能够客观反映供求关系、符合各方基本利益的铁矿石供给体系。

第六，中国加快推进国有企业向社会化、公众性公司转变。改革开放以来，中国国有企业主要是依靠自身积累和银行贷款滚动发展而来，并不是依靠政府补贴发展起来的，同时还承担了大量本应由政府承担的社会责任。目前，中国正在加快推进国有企业混合所有制改革，国有企业与民营企业都是中国社会主义市场经济的重要组成部分，相互之间平等地参与市场竞争。希望国际社会不要再单纯地从政策补贴等方面对国有企业的正常经营行为过分解读或者有意曲解。

第七，中国愿与世界其他国家与地区的钢铁企业优势互补，加快国际产能合作。世界经济发展已经高度一体化，建议国际钢铁企业携手合作，顺应钢铁产业国际分工新趋势，以“一带一路”建设倡议为契机，坚持“义利并举、合作共赢、开放包容、市场运作”的原则，发挥中国钢铁工业比较优势，消除国际钢铁投资政策壁垒与贸易摩擦，协力支撑全球经济发展，为建设可持续和谐美丽的全球钢铁共同努力。

改革开放让河钢更加自信地“走出去”

2018 年 11 月 29 日，在北京参加第九届国际资本峰会的河钢集团党委书记、董事长于勇接受新华社的专访，回顾了河钢“走出去”的发展历程，分享了河钢在其中的收获与体会，展望了未来国际化发展方向。

记者：请您介绍一下河钢国际化发展战略的定位及规划？

于勇：河钢致力于建设最具竞争力的钢铁企业，成为“世界的河钢”，为钢铁工业可持续发展贡献力量，这是作为中国特大型钢铁企业的担当和责任。河钢当初选择“走出去”，主要基于经过改革开放的发展，已经具备了与境外同行进行竞争的能力，到海外去寻求更大的发展空间，促进企业立体化发展。“走出去”除了体现中国钢铁企业的实力，也是在世界的领域中更加清晰地认识自身的优势和不足，寻找更多的发展机会。所以，河钢在海外进行投资合作，一方面是企业的经济行为，是企业成长和发展的需要。另一方面，在此过程中，时刻与国家战略保持同向同行，并成为“一带一路”倡议最坚实的支持者和践行者。

记者：在回顾河钢“走出去”的发展历程时，您有哪些感受和体会？

于勇：一个企业“走出去”的时候，不仅要了解自己，更要了解

本文原载于新华网 2018 年 11 月 30 日。

别人。当河钢真正迈出国际化步伐时，首先做的是了解外部、评估自我。通过对海外的了解，河钢认识到了自身技术、产品、团队的竞争力，但要让西方发达经济体真正认可河钢，必须要拥有自己的渠道和平台。所以，河钢选择并购全球最大的钢铁贸易商德高公司，不仅仅是因为德高有良好的盈利能力，更看重它的渠道价值和平台价值，特别是欧洲极具竞争力的商业模式。拥有了渠道和平台后，河钢就具备了在海外运营公司的胆识和手段，最著名的是并购塞尔维亚斯梅代雷沃钢厂。

河钢塞尔维亚项目源于经济行为，又超越了经济行为。它的成功，彰显了中国改革开放40年来国家实力的极大提升，折射出中国钢铁工业40年由小到大、由弱到强的发展成果，也展示出河钢自身的实力。河钢正是通过德高的平台，把河钢的全球供应链和客户端，嫁接给斯梅代雷沃钢厂，让它由一个极具区域性的地方企业变成了一个全球性企业。现在钢铁的元素符号没有改变，但钢铁的概念、内涵发生了巨大变化。产品的竞争力已经不是产品本身，而是全社会最活跃元素的综合体现，包括金融属性、科技水平、管理水平、追赶客户的速度等方面。一个“高大上”企业的产品背后，就是企业综合资源的体现。河钢对斯梅代雷沃钢厂的成功运营，充分展现了河钢丰富的资源以及强大的资源配置能力。这是一个国际化企业最终的竞争力所在。

记者：河钢“走出去”做法和经验是否可复制？

于勇：河钢成功“走出去”，得益于改革开放的伟大背景、中国钢铁工业的发展以及企业自身实力的提升，未来要进一步坚定自信，充分发挥强大的资源配置能力，实现国际化高质量发展。河钢“走出去”在某些方面对中国企业具有一定的复制性。一是企业捕捉市场的能力，决策层对自身企业以及并购企业的深刻认识。河钢“走出去”之初，便形成了一条较为清晰的链条，比如构建河钢的全球渠道和平台、保持并购企业特有的性质等，对自身、外部的充分了解是“走出去”的前提。二是企业的战略胆识和做大事敢担当的胸怀。在和平时期，一个国家的实力是靠经济实力来体现，而企业的发展能力是经济实力的重要体现。河钢有着庞大的资源，可以在世界范围内为国家增强经济实力做贡献，所以河钢在海外展开务实的投资，并成为了“一带一路”倡议最坚定的支持者和践行者。三是企业参与世界竞争的自信心和资源配置能力。得益于中国改革开放40年，中国钢铁企业实现了快速的发展，在能源效率、循环利用、产线配置等方面处于世界领先水平，在“走出去”中要进一步坚定自信。另外，河钢在并购斯梅代雷沃钢厂时，提出了“问题大起底，风险全覆盖”，通过强大的资源配置能力，解决了问题，覆盖了风险，获得了发展机会。

记者：您如何谋划河钢未来国际化发展方向？

于勇：这几年来，河钢加快国际化布局、积极参与“一带一路”建设，在海外拓宽发展空间的同时，也将许多先进经验和资源回馈匹配到国内企业中，并实现了突飞猛进的发展。河钢“走出去”是一种双向的发展模式，学习借鉴了西方发达经济体后工业化时期企业的发展路径和先进理念，比如成熟的商业模式、对客户端的认识、个性化服务等，为河钢依靠客户结构优化推动产品结构升级提供了有益参考。当一个经济体满足了基本需求后，随着追求品质的需求增加，整个供给侧必须发生改变，由追求数量、追求效率转向追求品质、追求稳定，这是未来企业共同追求的模式。所以，河钢要在质变上下功夫，整合配置国内、国外两个资源，实现国际化高质量发展。

社会主要矛盾的变化给钢铁行业发展带来机遇

在党的十九大召开期间，《中国冶金报》记者采访了河钢集团党委书记、董事长于勇。

记者：作为十九大代表，您在人民大会堂聆听了十九大报告，有什么感受？

于勇：在雄伟庄严的人民大会堂，近距离聆听党的十九大报告，内心不只是激动，更是被震撼！十九大报告旗帜鲜明、高屋建瓴、深邃精辟、气势磅礴，让我们深切地感受到了作为一名中国人的光荣和自豪。党的十八大以来的5年里，以习近平总书记为核心的党中央，以非凡的政治智慧、顽强的意志品质、强烈的历史担当，提出了一系列治国理政新理念、新思想、新战略，使党和国家事业取得了历史性成就，发生了历史性变革，赢得了全党、全军、全国各族人民的称赞。这些非凡的成就，是以习近平总书记为核心的党中央5年来不忘初心、砥砺奋进谱写的时代华章，是对党和国家的发展做出的历史性贡献。

党的十九大报告指出，中国特色社会主义进入了新时代，我国社会主要矛盾已经转化为人民日益增长的美好生活需要和不平衡不充分的发展之间的矛盾。历史发展到今天，中国特色社会主义进入新时代

本文原载于《中国冶金报》2017年10月23日。

是我国发展新的历史方位。新时代面临新的社会形势，社会的主要矛盾也随之发生变化。这样的判断，是基于中国国情的科学判断，对党和国家的工作提出了许多新要求。

聆听完报告，通过学习领会党的十九大报告，我深感自己身上的责任重大。我们是国有骨干企业，是国民经济的重要支撑。顺应国家战略、推进企业发展既是国有企业肩负的责任和使命，也是实现自身发展的必然选择。只有契合国家战略，才会顺应时代进步要求，才能乘势而上获得更加广阔的发展空间。回到工作岗位后，我一定把十九大精神，以及在这次大会上感受到的信心和动力带给河钢全体员工，带给冶金战线的同志们，为实现“两个一百年”的奋斗目标和中华民族伟大复兴的中国梦，撸起袖子加油干，一张蓝图绘到底。

记者：对于钢铁行业来说，您觉得如何更好落实十九大报告精神，如何实现更高质量发展？

于勇：正如党的十九大报告中所指出的，我们要在继续推动发展的基础上，着力解决好发展不平衡不充分的问题，大力提升发展质量和效益，更好地满足人民在经济、政治、文化、社会、生态等方面日益增长的需要，更好地推动人的全面发展、社会全面进步。这意味着我国未来战略的变化，包括整个发展坐标的前移，国家影响力和我国在国际事务中的担当等都将发生一些变化。应该说，社会主要矛盾的变化也恰恰是中国进入新时代的标志。

矛盾无时不在、无处不在，存在于经济社会发展的全过程，是社会进步发展的根本动力。反映到实际工作中，主要矛盾就是指中心工作、主要环节和工作重点。突出重点、兼顾一般，抓主要矛盾的解决带动其他工作，历来是中国共产党人的思想方法和工作方法。

以钢铁制造业为例，中国特色社会主义进入新时代，人民群众对钢铁的需求，不再是简单地满足于数量，而是对供给质量和服务质量提出了更高的要求。因此，钢铁行业要在满足个性化、品质化需求上做一些重大的调整。改革开放近40年来，特别是党的十八大以来这5年，我国发生的巨大变化，标志着我们已经进入了从量的积累到质的提升的新阶段，也就是“落后的社会生产”已不再是中国的现实，这也昭示着“人民日益增长的物质文化需要”转变为“人民日益增长的美好生活需要”的中国特色社会主义新时代的到来。

对于钢铁行业来说，客户希望能够得到更高品质的钢铁产品，会对钢铁材料制造企业形成一种倒逼力量。钢铁行业未来要实现有效供给，最核心的问题是要打破对原来路径的依赖，以市场化改革的手段推动创新，对技术、人才、管理、装备、资源、资本等所有要素进行“总动员”和“全释放”，进行最科学、最有效的配置，加快构建与市场充分接轨的商业运行模式。对钢铁行业来说，这是一个新的目标和挑战，同时也给下一步发展带来了一个重大的机遇。

我们在深度解读“供给侧结构性改革本质是一场改革，要用改革的办法推进结构调整”这句话的时候，感觉到了供给侧结构性改革蕴藏着对现有生产力进一步解放的极大的能量。改革开放以来，我国钢铁行业实现了持续快速发展，在供给侧拥有了雄厚的产业基础和技术实力，具备了以需求侧拉动供给侧快速提升的有利条件。

记者：在这方面，河钢有哪些做法，如何更好地落实十九大精神，实现更快更好发展？

于勇：河钢和其他先进企业一样，快速实现了装备的大型化、现代化和清洁化，拥有了世界顶级的工艺技术装备，具备了满足市场和客户需求的强大基础。在我国转变发展方式、加快结构调整的初始阶段，大多数钢铁企业的盈利水平出现了快速下滑。其表面原因是产能过剩、需求下滑，实质上是钢铁企业在行业高盈利时期追求简单的“规模化”发展，形成的经营理念、运营模式、体制机制不能适应市场形势发展的新要求，与市场严重脱节，导致供给端的能力没有得到有效释放，不能为市场提供高质量的产品和服务。党的十八大以来，河钢坚定不移地聚焦市场和产品，全力围绕解决影响“满足客户需求”和“增加有效供给”的重点问题，研究、设计和理顺企业的发展路径、主攻方向和战略举措，迅速找到了制胜市场的“秘籍”，成为钢铁行业中实现逆势发展的标志性企业。

以产品升级和结构调整为例，2014 年至今，河钢高技术含量、高附加值品种钢比例从 29%提升到 65%。这段时期成为河钢品种钢比例提升速度最快、幅度变化最大的时期。目前，河钢已经成为国内最大的家电板供应商和第二大汽车用钢供应商，汽车用钢实现了“整车造”，家电板实现了知名家电品牌“全覆盖”。未来，河钢仍将坚定不移地聚焦市场和产品，对接客户需求、优化客户结构，逐步建立起用户导向型的营销服务模式和需求驱动型的商业模式，不断增加有效和中高端供给，为客户提供更优质的产品与服务。

社会主要矛盾的变化，给我们带来了一个路径重新选择和发展模式全新变革的机遇，让钢铁行业获得了更大的发展空间，有利于实现技术创新、产品质量、客户服务上的一个大提升。我们在解决不平衡、不充分发展的矛盾的同时，也会让行业的发展走上一个快车道。可以期待，在不久的将来，我国钢铁行业会发生颠覆性的变化，其动力就在于社会主要矛盾的变化对行业的推动作用，以及给行业带来的发展机会。

成绩只能代表过去，不能代表未来。今后，我们将按照党的十九大确定的目标和方向，加快转型升级，加快全球布局，进一步把企业做大、做强、做精，真正承担起民族工业振兴的主体责任，为把我国建设成为富强民主文明和谐美丽的社会主义现代化强国贡献力量！

Part 4

与世界共舞

在开放中分享机遇，为人类社会可持续发展和文明进步提供钢铁动力。

换个活法天地宽

记者：经过前几年的持续去产能之后，目前钢铁行业供需格局已经相对平衡。新阶段，河钢采取了怎样的经营策略，以适应形势的变化？

于勇：近年来，河钢集团以深化供给侧结构性改革为主线，以新发展理念引领思维方式和经营思路的变革创新，聚焦“市场”和“产品”两个核心，持续激发内部动力与活力，找到了适合自身发展的“路径自信”，综合竞争实力和品牌影响力有效提升，在MPI中国钢铁企业竞争力排名中获“竞争力极强”最高评级，连续11年位列世界企业500强，2019年居第214位。

一是以客户结构高端化倒逼产品结构升级。围绕打造高端客户集群，河钢改变“依赖中间商”的传统营销模式，在业内率先实施“大客户服务经理制”，实现了对重点客户“点对点的服务”和“像卖家电一样卖钢材”。同时，深化与下游企业的协同创新，加快推进EVI先期介入，与北汽集团、国能汽车等高端客户开展全面深度战略合作，嵌入下游高端用钢企业的制造工序链条，培育了一批极具黏度的战略客户集群。集团高端品种钢比例由2014年的29%提高到2019年的72%，已经成为国内第一大家电板供应商、第二大汽车钢供应商；是核电、海洋工程、高强耐候、高强建筑用钢的一流品牌企业。

二是以技术进步提升企业可持续发展的动力。在优化技术创新体

本文原载于《人民日报》2019年11月6日。

系、充分发挥现有技术团队力量的基础上，河钢加大资源整合配置力度，加快打造“全球技术研发平台”，加速由技术“跟跑”向创新“领跑”转变。与东北大学联合共建“河钢—东大产业技术研究院”；与中科院、北京科技大学、重庆大学、昆士兰大学、华为、海尔等国内外先进企业、科研机构深度合作建立战略合作平台；加强与西门子等世界顶级企业的全球战略合作，共同面对世界经济发展。近年来，河钢有三个项目获国家科技进步奖；承担了15个国家重大课题专项，在行业内位居第二。

三是以盘活非钢资产培育新的效益增长极。近年来，河钢聚焦“钢铁材料+工业服务”，推进钢铁产业链条向先进制造业及现代城市服务领域延伸。与西门子签署增材制造战略合作协议，确定了发展增材制造的主攻方向。与中国工程院战略咨询中心、中国钢研科技集团、东北大学联合组建“氢能技术与产业创新中心”，加快谋划建设引领氢能产业发展的示范工程。与普锐特合资组建技术服务公司，推进产业链向高端制造技术服务领域延伸，为冶金行业提供最具价值的工业技术整体解决方案。深化与华为、金蝶的战略合作，以数字技术推动钢铁工业转型升级和高质量发展。

四是以生态优先的理念引领行业绿色发展。河钢在业内率先实施《绿色发展行动计划》，构建绿色制造、绿色产业、绿色产品、绿色采购、绿色物流和绿色矿山“六位一体”的绿色发展体系。2016年，集团获得世界钢铁工业可持续发展卓越奖，被中钢协誉为“创造了钢铁企业清洁生产、绿色发展的成功典范”。核心子公司河钢唐钢被誉为“世界最清洁的钢厂”，河钢邯钢已达到超低排放标准，持续引领行业绿色发展。

五是以全球全产业链布局拓展国际化发展空间。近年来，河钢紧紧抓住“一带一路”倡议和国际钢铁产业资本重组战略机遇，按照

“全球拥有资源、全球拥有市场、全球拥有客户”的发展定位，加快“走出去”步伐，快速实现了以“全球营销服务平台、全球技术研发平台和全球钢铁制造平台”为支撑的全产业链全球化布局。目前，河钢已完成境外投资 11 亿美元，控制运营海外资产近百亿美元，服务网络遍布全球 110 多个国家和地区，拥有海外员工 12000 人，海外业务年营业收入超过 800 亿元，通过实施系列海外战略投资和国际交流合作，河钢已经形成了“四钢两矿一平台”的全产业链海外发展格局，四钢（河钢塞尔维亚公司、河钢马其顿公司、河钢南非开普敦公司、河钢美国克拉赫公司）、两矿（河钢南非矿业公司、河钢澳大利亚威拉拉铁矿）、一平台（河钢德高公司）为主的海外经营实体，成为中国国际化程度最高的钢铁企业。河钢塞尔维亚公司已经成为中国—中东欧国际产能合作和“一带一路”建设的样板工程。今年 4 月，河钢塞尔维亚公司管理团队被中宣部授予“时代楷模”称号。

记者：近年来产品的研发、生产、销售有什么新的亮点？

于勇：一是产品研发和生产方面，推进全球技术研发平台建设，累计建立 27 个“产学研用”协同创新平台。筹建汽车用钢实验室，将钢铁产业服务链条嵌入到汽车产业链条，推动材料供应、汽车制造两个领域融合发展。汽车用钢方面，完成了 10 余个新车型 51 个牌号仿真模拟、疲劳性能等数据和技术支持。家电板方面，以外壳外观设计、性能评价和成型分析为切入点，为客户提供定制化服务和一揽子材料解决方案。聚焦前沿技术和行业引领能力，积极开展复合铁焦、高比例球团冶炼、铸坯大压下、底喷粉真空脱气精炼、无头轧制等未来钢铁关键技术的研发、应用和推广。今年上半年，高技术含量、高附加值的品种钢比例达 72.2%；特色战略产品同比提升 83%。汽车钢、家电板产量分别达 360 万吨、176 万吨，同比分别增长 7.9% 和 4.6%；1000MPa 级 1.5mm 热轧超高强薄规格汽车用钢、新一代船用

LNG 低温奥氏体型高锰钢、超厚加钒铬钼钢板、中锰耐磨钢、Ni 系耐海洋环境桥梁钢、700MPa 级热轧高强钢筋 6 个新产品填补国内空白。

二是产品销售方面，全面对接终端客户，深化用户技术研究，以战略客户增量、大客户升级为重点，促进客户结构持续优化。建立与市场化改革相适应的客户经理及其团队的运行体制和机制，组建了 200 多个客户经理团队，派驻客户经理团队 73 个，构建各具特色的支撑服务体系。积极布局产业链“嵌入式”延伸，建立“你中有我、我中有你”互为支撑的新型客户关系。以控股海尔特钢为例，将钢铁产业链深度嵌入家电产业链，打通了进军国内外高端家电用钢市场的战略通道，以海尔的严苛要求倒逼产品升级，实现了产品结构和效益空间的强力释放，树立了河钢家电板品牌，实现了国内外知名家电品牌“全覆盖”。以与恒大国能新能源汽车集团全面战略合作为代表，培育出一批具有河钢特色的高素质客户经理团队，开发、服务终端用户，加速与高端制造业无缝对接。今年上半年，集团新增高端直供客户 185 家，战略客户总数达到 109 家；大客户销量占比 35% 以上；一对一直供比例达到 63%。

记者：节能环保、超低排放是当前钢铁企业普遍面临的一道重要考验。为了推动节能环保改造，近年来河钢采取了哪些举措，有什么明显效果？如何看待和应对改造带来的成本？

于勇：当前，钢铁工业简单的绿色化和节能减排阶段已经过去，进入了复杂、难度大、投入高的绿色化和超低排放阶段。今年 4 月，生态环境部等五部委联合印发的《关于推进实施钢铁行业超低排放的意见》，不仅对末端治理后的超低排放指标提出了明确要求，而且提高了全过程、全系统、全产业链的污染治理要求。代表了当今时代全球钢铁业最严格的生态环境保护排放指标和要求。相比传统工艺的改进，源头治理和技术创新更具有生命力，具有竞争力，也更代表行业发展的方向。

近年来，河钢集团强化责任和担当，深入推进绿色制造、加快发展绿色产业、研发应用绿色产品、稳步实施绿色采购、系统优化绿色物流、培育打造绿色矿山。累计投入195亿元，实施了460多个重点节能减排和污染治理项目，推广应用了一批节能减排新工艺、新技术，主要能源环保指标居国内一流甚至领先水平，获得世界钢铁工业可持续发展卓越奖，是我国第一个获此殊荣的企业。

河钢持续推进大气污染深度治理项目实施，加快超低排放改造，23个原料厂完成全封闭改造；15台烧结机完成烟气脱硫脱硝超低排放改造。截至目前，河钢邯钢、河钢石钢超低排放改造项目全部完成，2018年集团吨钢综合能耗、吨钢耗新水同比分别降低4.5%和1.6%，吨钢二氧化硫、氮氧化物、烟粉尘排放量较上年分别下降10.3%、23%和12.2%，主要能源环保指标继续保持行业先进水平。

低碳绿色发展是钢铁工业实现转型升级战略发展核心内容和关键，也是实现钢铁强国的战略目标。近些年钢铁行业节能减排工作持续推进，绿色发展取得了长足进步，但是距国家要求的绿色发展目标还有距离。推进超低排放改造要与高质量发展相结合，社会的监督激励机制一定要导向那些环保水平先进的企业。根据一组调研数据，纳入统计的钢铁企业2018年12月吨钢环保运行成本平均135.48元/吨，其中最高环保运行成本268.43元/吨、最低环保运行成本21.67元/吨，两者相差246.76元/吨。反映部分企业生产过程中环保投入不足、环保设施未全部正常运行，存在较大风险。我们认为，监管不能让环保绩效优的企业“忧虑”，而要让环保绩效优的企业更加优异，一定要树立环保标杆企业。

记者：智能制造关系到钢铁企业的未来。近年来河钢在推进智能制造方面采取了哪些举措，取得了怎样的成效？下一步还将如何持续推进？

于勇：钢铁智能制造将从提升钢铁制造过程中新钢种高效研发能力、产品质量稳定生产能力、柔性化生产组织能力、能效成本综合控制能力等方面实现产品规模化生产与定制式制造相融合，极大提升钢铁企业综合竞争力。

在这样一个变革时期，钢铁已经不再是简单工业产品的概念，而是汇聚了现代社会中科技、人才、创新、金融、商业模式等最活跃的因素。工业互联网特别是5G技术真正进入工业领域，将推动钢铁行业由单一企业竞争转变为平台经济体的竞争，推动整合钢铁产业链上的生产商、贸易商、用户、金融机构、物流配送机构、技术服务机构等多种资源，实现共同经营、共享成果、共担风险，提升效率、降低成本，并能更高效地服务于客户。因此，培育差异化优势，就要让产品成为技术和创新的载体，以数字化技术驱动钢铁行业加快新旧动能转换，培育市场竞争新优势，率先实现高质量发展。

河钢拥有70多条产线，具备数字化技术、智能制造等广阔的应用场景，核心子公司河钢唐钢成为钢铁行业“钢铁企业智能工厂试点示范”项目的企业。2016年10月，河钢与西门子正式建立全面战略合作伙伴关系。2018年，双方联手在河钢乐亭建设了我国钢铁行业首个数字化料场，并规划河钢石钢新基地智能制造总体建设；今年3月，双方签订增材制造战略合作协议，共同打造中国金属材料领域增材制造领军型企业。2018年，河钢集团、华为公司、金蝶实施战略合作，利用云计算、大数据、人工智能、IoT通信等现代信息技术与钢铁产业进行深度融合。今年7月，河钢、华为、中国移动签署战略合作协议，成立“5G+智能制造联合实验室”，基于河钢集团的应用场景，融合智能硬件、物联网、云计算和人工智能等技术，使单一机器、部分关键环节的智能控制延伸至生产全过程。未来的智慧河钢，将不仅仅是大家看到的传统意义上的高炉和转炉，而是将5G等新一代ICT技术（信息通信技术）、云计算、人工智能与制造工艺流程技术紧密结合，成为连接、开放、智能的工业互联网平台，成为钢铁制造向网络化、数字化、智能化发展的高科技企业。

记者：从企业来看，当前钢铁行业供需形势如何？未来市场需求会出现怎样的变化？供给格局还需如何进一步完善？

于勇：钢铁行业下游需求分布广泛，主要包括基建、机械、汽车、家电、造船、管道、集装箱等，多元化的渠道加之中国制造、“一带一路”等宏观政策持续推进，使我国钢铁需求极具韧性和增长潜力。2018年我国粗钢表观消费量达88655万吨，同比增长3.8%，创历史新高，应当说，当前钢铁行业供求关系是基本平衡的。未来一段时间，我国经济增长从高速转为中高速，伴随着发展方式转变、经济结构调整和增长动力转换，钢材消费总量进入峰值弧顶阶段。但我国经济长期向好的基本面没有改变，经济结构调整优化的前进态势没有变。中国钢铁产业拥有世界最大最活跃的内需市场、最全最完整的产业体系、最多最丰富的人力资源、最新最先进的技术装备、最快最及时的服务体系，仍将长期保持强大的竞争力。在实现由低水平供需平衡向高水平供需平衡跃升的过程中，提高钢材供给质量、改善钢材供给结构将是推进中国钢铁产业迈向中高端的新引擎。

记者：企业认为，要促进钢铁行业长期健康发展，国家还需采取哪些措施，企业有什么建议？

于勇：推进钢铁工业持续健康发展，建议从政策导向上关注几个方面：一是绿色化，引导企业从全方位、制造全流程、产品全周期等角度，强化绿色低碳发展，建立有效益、可持续的现代化绿色工厂、绿色产业链和产品体系；二是有序化，引导企业以提升竞争力为核心，推进联合重组，打造一批具有国际竞争力的世界级钢铁企业集团；三是差异化，引导企业加强对市场需求和竞争对手的研究，找准企业定位，明确发展战略和实施路径，同时做好产品差异化、产线差异化；四是智能化，引导企业促进工业互联网、云计算、大数据在研发设计、生产制造、经营管理、销售服务等全流程和全产业链的综合集成应用；五是国际化，引导企业利用全球资源和网络体系，开展产能、工程、产业链上下游、研发、贸易等全方位合作。

“五个转向”推动钢铁工业实现高质量发展

知所从来，思所将往。掌握工作主动权，首要任务在于看大势，站在更长的历史周期和更广阔的经济领域，把握不同发展阶段的属性，正确判断经济发展从哪里来、向哪里去。“由高速增长阶段转向高质量发展阶段”，是以习近平同志为核心的党中央对中国经济历史新方位做出的科学判断。改革开放40年来，中国钢铁工业实现了快速赶超，拥有了世界上最好的装备、工艺和技术，拥有了世界上最庞大、最职业的产业工人和全新的绿色制造理念，有力推动了我国工业化和现代化进程，极大增强了我们在全球任何一个区域与任何一家企业竞争的自信，这是值得我们这一代钢铁人自豪的。

进入新时代，随着支撑我国经济高速增长的要素发生深刻变化，中国经济进入了一个从高速增长阶段转向高质量发展阶段的历史性“窗口期”。这迫切要求钢铁行业把握宏观经济领域发生根本转变的深刻内涵，把高质量发展作为当前和今后一个时期确定发展思路、选择发展路径、实施发展举措的根本要求，把握好“五个转向”，推动钢铁工业实现高质量发展。

本文原载于《中国冶金报》2018年5月30日。

从“数量增长”转向“质量提升”

经济走上高质量发展的转向期，最大特点是数量速度要“下台阶”、质量效益要“上台阶”。“凡属过往，皆为序章。”改革开放后的中国经济是从短缺经济起步的，经济发展的主要任务就是填补“数量缺口”。钢铁工业作为基础产业，伴随国民经济的快速发展，提供了国家经济发展所需的绝大部分钢铁材料，有效支撑了下游用钢行业和国民经济的平稳健康发展。

但我们也要看到，随着新时代的到来，产业迈向中高端对钢铁工业有效供给水平提高的迫切需求，不再是“量大面广”的同质化产品，而是满足个性化、差异化需求为主，主要任务是填补“质量缺口”，增强发展的质量优势，创新提高产品和服务质量，形成一批具有国际竞争力的高质量品牌企业和产品——这既是钢铁工业作为国之基石，支撑国民经济转向高质量发展的使命与担当，也是抓住这一历史“窗口期”，构建比较优势、再造发展动力、提升行业发展质量和效益的新一轮机遇。

党的十八大以来，河钢深化供给侧结构性改革，坚定走产品高端化路线，以客户结构的优化推动产品升级，实现了品种结构的快速提升和效益空间的强力释放，找到了河钢高质量发展的“路径自信”。以产品升级和结构调整为例，2014 年至今年第一季度，河钢高技术含量、高附加值品种钢比例从 29%提升到 70%，成为河钢历史上品种结构提升速度最快、幅度最大的时期。河钢已经成为国内最大的家电板和第二大汽车用钢供应商，实现了“整车造”和知名家电品牌全覆盖。

从“规模扩张”转向“结构升级”

“一个时代有一个时代的主题，一代人有一代人的使命。”必须看到，传统制造业大干快上的规模扩张时代已经画上了休止符，未来产业发展将是产业价值链和产品附加值的提升。新形势下，市场、企业、客户之间所有的关系都在发生深刻变革，唯有主动适应变化尤其是需求结构的变化，改变传统发展方式和商业模式，才是实现企业高质量发展的根本路径。

未来，在钢铁业庞大的流程中，产品本身只是一个末端价值链，流程各道工序、各个中间环节都将成为创效链。河钢将持续推动“两个结构”向产业中高端进阶，加强与高端客户的战略合作，在进入高端领域、参与重大工程中锻造品牌实力；同时抓住我国正处在向工业化后期过渡这一关键的历史机遇期，深度嵌入下游及新兴产业，建立跨界材料方案研发机制，打造先发品牌优势，快速推进转型升级，加速向钢铁材料解决方案和综合服务商转变，实现从“跟跑”向“领跑”的跨越。

从“要素驱动”转向“创新驱动”

“处大事贵乎明而能断，临大势贵乎顺而有为。”推动经济发展的“三大变革”，从根本上就是要突破创新能力的“瓶颈”，提高全要素生产率。高质量发展时代的到来，倒逼企业把更多的精力从“增量”向“提质”转移，客观上为实现“质的飞跃”创造了前提。将最优良的资源配置到产线上，把企业多年来积累的技术、人才、创新能力、改革以及管理能力进行总释放，这本身就是一种全要素的总动员，对资源重新配置、流程管理梳理再造是一种极强的推动。以河钢为例，十八大以来，围绕“市场”和“产品”这两个关键词，河钢推行了一系列管理体制机制变革，营造出了全员关注市场、关注用户的氛围，更以客户结构的调整直接带动了产品结构的优化。在党的十九大报告中被点赞的国产大飞机C919、“神舟”载人飞船、“嫦娥”探月工程、“中国天眼”射电望远镜等诸多重大科技成果以及国内外重大工程上，河钢产品得到广泛应用。

产品实力和品牌影响力的快速进步，依托的是河钢技术创新实力的迅速提升。而这种提升，得益于汇聚全球技术创新要素，与中科院、东北大学、昆士兰大学等国内外一流科研院所和西门子等高端用户广泛开展创新合作、持续打造的全球技术研发平台。“十三五”期间，河钢承担和参与了15个国家重点科技专项项目，参与国家重大需求和共性关键技术研究的能力显著提升。

从“节能减排”转向“绿色制造”

生态文明源于对发展的反思，也是对发展的提升、对工业文明的超越。正是从文明进步的新高度重新审视中国的发展，我们党把生态文明建设纳入了中国特色社会主义“五位一体”布局。对钢铁行业来讲，首先就是要深刻思考资源—能源约束、环境—生态约束等带来的挑战这一战略性命题，通过供给侧结构性改革，解决更为高远的迈向绿色化、智能化等的深层次命题。

“常制不可以待变化，一途不可以应无方。”唯有顺应时代潮流，才能找到自己的发展之路。宏观上讲，钢铁行业迫切需要树立全局观念，加强政策支持和引导，通过总量调整、工艺升级等措施来解决区域环境容量不平衡、区域产业发展不平衡等问题，推动产业布局结构调整；微观方面，需要集中力量攻克一批关键共性技术难题，开发更高强度、更好性能、更长寿命的高效绿色钢材产品，全面构建科技含量高、资源消耗低、环境污染少的产业结构和生产方式，体现出钢铁工业的绿色低碳价值。应当说，随着自然环境约束的收紧和社会对环境认知的加深，实施绿色制造，生产绿色产品，实现绿色发展，已经成为钢铁行业实现高质量发展的核心要义。

从“立足国内”转向“全球布局”

当前，国际经济合作和竞争局面正发生的深刻变化与我国经济发展的阶段性转换相互叠加。我们须加快形成国际经济合作和竞争新优势，在风云激荡的国际竞争中赢得主动。钢铁产业是全球性配置资源的产业，经过改革开放40年的快速发展，已经成为我国最成熟的基础产业之一，也是全球最具竞争力的基础产业之一，中国钢铁早已深深打上了全球资源要素互补和产业链协同的烙印。随着中国经济结构的深度调整和世界钢铁产业发展格局的不断变化，快速发展的中国钢铁产业迫切需要新的发展空间；同时，中国钢铁企业也需要在国际化进程中，借鉴世界先进的经营理念和商业模式，完善提升我们的体制机制和管理水平。

作为“一带一路”倡议最坚定的支持者和最大受益者之一，2018年，河钢将依托已经初步形成的全球营销服务和投融资平台、全球钢铁材料制造平台、全球技术研发平台，持续提升国际化发展质量，推动前沿技术研究和科研成果转化，把“大有可为”的利好环境变成“大有作为”的发展平台，在擘画新的发展蓝图中砥砺前行。

“不善驭者畏如虎，善于驭者驾如龙。”增强发展质量优势、形成新的具有战略制高性发展模式的“机遇窗口”已经打开，钢铁工业蕴藏的所有潜力活力，都需要以深化供给侧结构性改革为引擎激发出来。迈向新的阶段不可逆，紧迫发展任务不能等，当前最需要的“有为”，就是撸起袖子加油干。对钢铁行业来说，就是要加快实现“从要素驱动、投资规模驱动发展，向以创新驱动、全要素总动员发展转变”，扩大有效供给和中高端供给，实现中国制造向中国创造转变、中国速度向中国质量转变、中国产品向中国品牌转变。

加强“两个维度”改革
推动钢铁高质量发展

高质量发展，为钢铁带来新变化

记者：今年上半年，国务院在印发关于落实《政府工作报告》重点工作部门分工的意见中提出，继续破除无效供给。坚持用市场化法治化手段，严格执行环保、质量、安全等法规标准，化解过剩产能、淘汰落后产能。今年再压减钢铁产能3000万吨左右。党中央、国务院压减钢铁行业过剩产能，减少无效供给的重拳举措为钢铁行业发展带来哪些变化？

于勇：上半年，钢铁行业运行取得稳中向好、持续改善的发展态势，这是全行业拼搏努力的结果，同时也得益于党中央、国务院坚决推进供给侧结构性改革的英明决策，得益于有关部委及地方政府继续对严禁新增产能和防范“地条钢”死灰复燃各项措施的坚定执行。

当前，我国经济已由高速增长阶段转向高质量发展阶段，钢铁行业已经处在由量的增长到质的提升，从而实现高质量发展的关键时期；处于大有可为的重要战略机遇期。我国钢铁工业发展的主要矛盾已经转变为持续满足更高要求、与生态环境和谐友好共处、实现可持续运

本文原载于《中国冶金报》2018年7月24日。

营的高质量发展的矛盾。企业战略、运营管理、科技创新都要围绕这一变化而变化，企业要把握发展规律，加快创新发展，坚决贯彻供给侧结构性改革的各项要求，做好存量和增量两个维度上的改革，切实推动“三大转变”（推进中国制造向中国创造转变，中国速度向中国质量转变，制造大国向制造强国转变），提高全要素生产率。

记者：刚才您谈到钢铁行业已经处在由量的增长到质的提升，从而实现高质量发展的关键时期，处于大有可为的重要战略机遇期。那么，解决现实与发展的矛盾，您认为钢铁行业应当如何顺势而为，又该从哪些方面做出改变？

于勇：高质量发展要解决的重点问题不再是短缺而是过剩，不再是数量而是质量，不再是有无而是好坏。改革开放40年造就了中国钢铁工业大发展的伟大时期，我国钢铁行业有基础、有条件、有能力率先实现高质量发展。

任何一个事物的改变，包括一个企业发生巨大变化，优先要做的是营造环境。2015年以来，供给侧结构性改革作为国家推动经济高质量发展的“先手棋”，从“三去一降一补”到“破、立、降”，为经济高质量发展创造了必要的外部环境，支撑钢铁行业迈向高质量发展的有利条件积累增多。广大钢铁企业以质量、效率、动力变革为中心，从“数量增长”转向“质量提升”、从“规模扩张”转向“结构升级”、从“要素驱动”转向“创新发展”、从“立足国内”转向“全球布局”、从“节能减排”转向“绿色制造”，高质量发展已经成为行业共识和行动，钢铁行业的发展态势发生了根本性好转。

从钢铁行业“破”“立”并举、加快新旧动能转换方面来审视钢铁行业运行的亮点：2016年以来，钢铁行业累计压减粗钢产能超过1.2亿吨，取缔了1.4亿吨“地条钢”产能，优质产能得到有效发挥，实现了从产能严重过剩到供需基本平衡。广大企业不再片面追求规模扩大，而是把提升发展的质量和效益作为首要任务，围绕高质量发展，在产品创新、技术创新、商业模式创新、智能制造等方面呈现出新的动力。钢铁企业效益持续好转，运营质量不断提高。今年1~5月，会员钢铁企业实现销售收入1.6万亿元，同比增长11.82%；实现利税1649.97亿元，同比增长97.77%；实现利润总额1079.56亿元，同比增长143.74%；销售利润率基本达到了全国规模以上工业企业利润率水平。

展望下半年，钢铁行业面临的经营环境不确定因素在增多。从国际形势上看，中美经贸摩擦对世界经济、中国经济发展构成重大挑战，对钢铁行业直接或间接的影响存在很大的不确定因素。从国内情况来看，需求已经达到基本平衡；受结构调整和利益驱动，新增产能冲动、“地条钢”死灰复燃冲动仍然存在。站在行业的角度看，保持行业的平稳运行是最首要的任务。下半年，全行业要把巩固去产能成果放在突出位置，坚定不移地配合做好化解钢铁过剩产能工作，严禁新增产能和防范“地条钢”死灰复燃，努力巩固去产能成果。站在企业的角度看，下半年，钢企要紧紧抓住钢铁行业供给侧结构性改革取得积极成果、行业运行环境持续改善、效益持续好转的难得机遇，着力解决影响企业当前和长远发展的突出矛盾和问题，提高发展的质量和效益。

存量提质，发挥需求引领作用

记者：新时期我国经济新发展方式有了新的转变，钢铁行业在契合人民群众对美好生活的向往及对提高生活环境品质的需求方面，应当如何有效发挥需求引领作用推进转型升级和可持续发展？

于勇：随着经济结构不断调整，我国经济增长的投资拉动方式由基础设施转向战略性新兴产业及高科技产业。这一转变对钢铁需求由品种、数量转向了质量和品质，提出了更高的要求。存量提质，推动传统钢铁产业与时俱进，迈向全球价值链中高端，已经成为钢铁行业的重点攻坚之地。

40 年的改革开放使我国钢材产品质量经历了从不能满足国内需求到基本能够满足，再到产品质量不断提升，并在国际市场具备较强竞争力的发展历程。随着我国经济结构深度调整，外部环境迫使钢铁行业由以制造为中心向以服务为中心转移，服务要素日益成为创造钢铁制造价值的主导因素。近年来，我国钢铁企业总体服务水平有了一定提高，但绝大部分企业只注重改善生产工艺装备，提高产品质量，而对下游客户诉求不够重视，在适应制造业发展方面还存在一定差距。

实现产业升级，必须把提高产品和服务质量作为立业之本和转型之要，着力发挥好客户需求的引领动力，加快钢铁企业由钢铁制造商向材料服务商转变。未来企业的竞争优势体现在追赶客户的速度上。这不仅是谁离客户更近、谁更了解客户，更关键的是谁能跟上客户发展的步伐。客户需求永远是企业生产经营和技术进步的指挥棒，也是企业推动各项工作的不竭动力。河钢全面推进以客户结构调整推动产品结构升级，把钢铁材料制造与市场、客户的需求紧密相连，积极适应新商业模式、互联网经济、开放的国际化环境的要求，提升个性化、定制化服务水平，以充分满足高端客户需求倒逼现有装备潜能的进一步释放，让高端装备发挥出一流效率，生产出一流产品，实现一流效益。在持续推进与客户无缝对接方面，河钢已经与北汽、国能、五矿、浦项等企业合作建设 17 个加工中心，加快推进钢铁产业链向下游高端用户嵌入式延伸，与客户的黏度持续增强。今年上半年，河钢已经全部取消贸易商，国内销售一对一直供比例达到 55.2%，品种钢比例提高到 70.6%。

契合人民群众对美好生活的向往及对提高生活环境品质的需求，

坚持绿色发展的理念，推动钢铁行业从“节能减排”转向“绿色制造”，也是实现高质量发展的题中要义。“补绿色短板”不仅是世界各国工业发展普遍面临的问题，也是一次重塑竞争力的机遇。河钢深刻践行习近平总书记提出的“绿水青山就是金山银山”重要思想，坚持生态优先、绿色发展，推进绿色引领战略，加快从“绿色制造”到“制造绿色”，推广应用世界领先的节能技术，拓展节能环保产业，大力发展循环经济，打造节能环保、循环发展典范，引领绿色发展。

增量提速，加快新旧动能转换

记者：加快新旧动能转换，对钢铁行业未来创新发展提出了更高更难的要求。您认为钢铁行业应当如何以新旧动能转换作为总牵引，推动高质量发展？河钢又会通过哪些创新改变来提升自身的市场竞争力和发展引领力？

于勇：当前，我国经济发展的内在条件和外部环境已发生深刻变化。在约束变量增多的情况下，钢铁工业比以往更加需要倚重科技突破和创新驱动。倚重创新驱动发展，产业、产品创新不再是全部内容，业态、模式的创新将更加普遍。增量提速，就是要把握世界新一轮科技革命和产业变革大势，在钢铁产业支撑下，支持技术进步主导的新产业加速创新。钢铁行业要高度关注层出不穷的新技术、新业态、新产业、新商业模式带来的战略机遇，在传统制造业中“挤”空间的同时，也要在新兴行业中“抢”先机。

钢铁行业的“今天”和“昨天”的理念、思路及管理大相径庭。未来企业的竞争力，除了资源配置能力外，还有最活跃元素的汇聚能力。要通过引入创新理念，颠覆对人才、技术、创新的传统认识，让钢铁成为一个载体，汇聚起现代社会中最活跃的元素，体现出人才、科技、金融、商业等新属性。未来10年，河钢将着力构建多维立体化产业发展格局，在做精钢铁主业的同时，做强钒钛材料，提升工业服务水平，拓展海外实业，发展产业金融；持续推进商业模式创新，全面建立市场化经营机制，以此充分激发和释放企业活力，提高市场竞争力和发展引领力。

以提升工业服务水平为例，河钢将打破传统的“钢”与“非钢”界限，以钢铁及钒钛产业链纵向延伸与横向拓展为主线，面向高端制造业和城市发展，全面介入现代工业服务业领域，着力培育壮大工业设计、机械及零部件制造、数字经济、新能源、工业互联网、新一代信息化、智能制造、智慧物流和智慧城市等相关新兴产业。

随着中国经济的快速崛起，中国制造业已经到了必须在全球范围通过并购来获取新技术、新市场，以提升在全球产业链中的价值，提高品牌形象和资源整合能力的新阶段。未来，河钢将倾注更大的精力参与国际化竞争，在全球装备、技术、商业模式最先进的地区展开商业合作，使河钢的技术、人才、商业模式与全球最先进的水平实现同步。同时，河钢将担当起全球化钢铁企业的责任，通过输出先进的技术和管理，促进世界钢铁工业的进步，带动所在地区的就业和经济发展，与世界钢铁同行分享河钢的发展成果。

随着我国经济已由高速增长阶段转向高质量发展阶段，我国钢铁工业必将迎来又一个伟大时期。在这个伟大时期，钢铁行业将实现规模的减量化发展，并在减量化中实现产品升级、结构优化、区位优化和企业竞争力的提升。河钢将向世人、国家和民族贡献一个最具竞争力的大型跨国集团，成为以钢为载体，囊括现代工业服务、城市服务等诸多新兴产业的领军企业。

中国钢铁故事应该这样讲

1月13日，在中国钢铁工业协会2018年理事（扩大）会上，河钢集团党委书记、董事长于勇当选为中国钢铁工业协会新一任会长。会议召开期间，于勇就中国钢铁工业提质增效、绿色发展和钢铁工业走出去等热点问题接受了《中国冶金报》、中国钢铁新闻网记者的专访。

全方位增强质量意识，实现中国产品向中国品牌转变

记者：首先祝贺您当选中国钢铁工业协会新一任会长，恰逢中国经济由高速增长转向高质量发展这一历史阶段，您将如何带领钢铁工业落实供给侧结构性改革要求，迈向高质量发展的新阶段？

于勇：由高速增长阶段转向高质量发展阶段，是以习近平同志为核心的党中央对中国经济历史新方位做出的科学判断，是习近平新时代中国特色社会主义思想的重要组成部分。历经改革开放近40年的快速发展，我国综合国力大幅提升，以经济增速从高速增长转向中高速增长为代表的多重转向，推动中国经济进入高质量发展阶段的历史性“窗口期”。钢铁工业作为传统基础产业，伴随着国民经济的快速发展，实现了跨越赶超，提供了国家经济发展所需的绝大部分钢铁材料，有效支撑了下游用钢行业和国民经济的平稳较快发展。但我们也要看

本文原载于《中国冶金报》2018年1月17日。

到，扩大有效供给，助推产业迈向中高端对钢铁工业提出的要求不再是简单地满足数量上的需求，还对品种、质量和服务提出了更高期盼。适应需求的新变化，提高产品和服务质量，形成一批具有国际竞争力的高质量品牌企业和产品，既是钢铁工业支撑国民经济转向高质量发展的使命与担当，也是钢铁工业提升发展质量和效益的新一轮机遇。

全面推动高质量发展，必须认真贯彻党的十九大精神和中央经济工作会议精神，坚持以供给侧结构性改革为主线，实现发展的质量变革、效率变革、动力变革，提高全要素生产率。对钢铁企业来说，就是要全方位提高质量意识、质量素养和质量水平，彻底颠覆传统的经营理念和发展模式，加快实现从以要素驱动、投资规模驱动发展为主向，以创新驱动发展为主的转变，提升高端制造、绿色制造、智能制造水平，提高自主创新能力，以定制化制造满足个性化需求，扩大有效供给和中高端供给，实现中国制造向中国创造转变、中国速度向中国质量转变、中国产品向中国品牌转变。

十八大以来，河钢坚持走产品高端路线，以客户结构的优化推动产品升级，围绕解决影响“满足客户需求”和“增加有效供给”的重点问题，拓展工作新方法和新路径，实现了产品结构的快速提升和效益空间的强力释放，找到了河钢高质量发展的“路径自信”。

2018 年，河钢将把产品结构和客户结构优化作为全年工作的重中之重，持续推动“两个结构”向产业中高端进阶。未来，客户结构的调整将是拉动河钢产品结构升级的最大引擎，河钢将通过加强与高端客户的战略合作，在占领高端市场、进入高端领域、参与重大工程中锻造品牌实力。同时，河钢还将抓住我国正处于向工业化后期过渡这一关键历史机遇，深度研究下游及新兴产业，建立跨界材料方案研发机制，加速向为客户提供全面钢铁材料解决方案的综合服务商转变，并通过掌握新工业革命的核心技术和理念，快速推进转型升级，成为新竞赛规则的重要制定者、新竞赛场地的重要主导者，实现从“跟跑”向“领跑”的跨越。

循环经济、低碳经济、绿色经济，应成为行业新的经济增长点

记者：党的十九大报告把坚持人和自然和谐共生作为基本方略，进一步明确了建设生态文明、建设美丽中国的总体要求。钢铁行业的节能环保、循环发展一直受到各界广泛关注，对此，您有哪些考虑，应当如何落实要求？

于勇：这对钢铁行业提出了更高的要求，我们必须认真学习、深刻领会，坚持生态优先、绿色发展理念，不断提高钢铁工业可持续发展水平。

低碳绿色发展是钢铁工业实现转型升级的核心和关键。不仅要做去产能的减法，更重要的是要做好品质提升的加法和乘法，以创新为驱动，实现高端绿色制造的更大突破。钢铁工业一方面要继续通过总量调整、工艺结构调整等措施，解决区域环境质量不平衡、区域产业发展不平衡等问题，推动产业布局结构调整；另一方面要继续做好节能环保工作，集中力量攻克一批环保关键共性技术难题，大力推广先进技术，开发更高强度、更好性能、更长寿命的高效绿色钢材产品，全面构建科技含量高、资源消耗低、环境污染少的产业结构和生产方式。

近年来，钢铁工业新一轮节能环保升级取得了很大进步。钢协发布的行业研究报告显示，重点统计的钢铁企业球团、转炉、钢加工工序能耗均呈现降低趋势，钢铁行业能耗指标持续改善，资源、二次能源利用水平进一步提高。一些先进企业积极探索节能环保新途径，在

综合污水深度处理、高温高压高炉煤气发电、冶金渣余热回收及综合利用等热点难点领域开展了示范工程建设；通过发挥钢铁制造、能源转化、社会资源消纳功能作用，实现从依托城市向服务城市转变，努力使钢厂与城市共存、与社会共融，体现出钢铁工业的绿色低碳价值。

随着自然环境约束的加强和社会对环境认知的加深，以及钢铁工业污染物排放系列标准和能源消耗限额标准指标的加严，加强监察监管、严肃问责已成为企业节能环保工作面临的新常态。面对环保达标、节能降本的双重压力，绿色发展已经成为我国走新型工业化道路、调整优化经济结构、转变经济发展方式的重要动力。进一步加大绿色发展投入，实施绿色制造，生产绿色产品，是钢铁行业持续健康发展的必然选择。钢铁行业的绿色发展之路，本质上是一条以低消耗、低排放和资源高效循环利用为主要特征的道路。这与钢铁行业未来发展大势同向同行，必须坚定不移地持续推动。钢企应通过对标国际最先进的能耗指标，加快节能技术的改造推广，发挥再生资源的最大价值，实现现有技术条件下能效水平最优。力争到2025年，钢铁行业能源消耗总量、污染物排放总量在现有基础上实现大幅下降。届时，循环经济、低碳经济、绿色经济将成为行业新的经济增长点，中国钢铁行业竞争力也将实现质的飞跃，从这个意义上讲，产出带来的效益要远高于投入的支出。

在“一带一路”建设中，增强中国钢企参与全球竞争的能力与自信

记者：2018年，是深入贯彻落实党的十九大精神的开局之年，也是改革开放40周年，国家深入推进供给侧结构性改革、京津冀协同发展、“一带一路”建设，将会对钢铁行业带来哪些变化和影

响，应当如何抓住机遇，实现更好更快发展？

于勇：顺应国家战略，推进企业发展，既是国有企业肩负的责任和使命，也是其实现自身发展的必然选择。只有契合国家战略，才会顺应时代进步要求，才能乘势而上获得更加广阔的发展空间。

河钢集团作为中国最大的钢铁材料制造和综合服务商之一，必须坚决贯彻执行党中央决策部署，在打造中国开放型经济中展现使命和担当。河钢塞尔维亚公司的全面盈利，河钢项目在南非等“一带一路”沿线国家和地区的成功运营，以及河钢在欧美等发达国家和地区投资项目呈现出的良好发展态势，让河钢积累了在不同国度、各种社会环境中经营企业的成功经验，增强了中国钢铁企业在世界经济中参与竞争的能力与自信。在国际化发展过程中，中国企业历史上是以低成本产品输出为主。中国钢铁工业经过改革开放近40年的时间完成了欧美发达国家100多年的发展历程，综合竞争力达到世界先进水平，完全具备了资本、技术、管理输出的实力和参与全球竞争的成熟条件，我们需要也完全能够在世界舞台上找到属于中国制造业的席位，向世界展示中国形象，发出中国声音，讲好中国故事。

作为“一带一路”倡议最坚定的支持者和受益者之一，2018年，河钢将以习近平新时代中国特色社会主义思想为指引，加快海外发展，推进区域协同，在钢铁产业布局上构筑新优势。河钢海外发展，一是依托全球营销服务和投融资平台、全球钢铁材料制造平台、全球技术研发平台等三大平台，持续提升国际化发展质量，包括加强境外资产风险防范和经营管控，保持经营业绩持续增长；优化出口产品结构，对接国际高端客户，提高高端产品出口比例；推进丝路能源钢铁公司项目实施，促进河钢德高发展战略转型；加快河钢塞尔维亚公司技改项目进展，调整产品结构，挖掘降本空间，提升产量水平。二是在“一带一路”沿线国家和地区及高端制造、经济发达地区寻求投资项目，加快欧洲钢铁制造基地战略布局。三是深化国际技术交流合作，发挥全球技术研发平台支撑作用，积极推动前沿技术研究和科研成果转化，以蹄疾步稳的节奏加快国际化发展，将外部条件转化为自身竞争优势，把“大有可为”的利好环境变成“大有作为”的发展平台，在擘画新的发展蓝图中砥砺前行。

保持战略定力，引领行业高质量发展

制造业作为立国之本、强国之基，2018年底召开的中央经济工作会议将“推动制造业高质量发展”确定为2019年七大重点工作任务之首。2019年政府工作报告中提出，围绕推动制造业高质量发展，强化工业基础和技术创新能力，促进先进制造业和现代服务业融合发展，加快建设制造强国。打造工业互联网平台，拓展“智能+”，为制造业转型升级赋能。钢铁行业作为中国制造业绝对的主力军，河钢作为特大型国有钢铁企业，如何贯彻落实好全国两会精神，《科技日报》记者采访了河钢集团党委书记、董事长于勇。

坚定不移走以市场和客户为导向的产业升级和产品高端路线

记者：走高质量发展之路，钢铁行业当前亟须解决的问题是什么？河钢如何破题？

于勇：改革开放40年来，中国钢铁人不忘初心，持续奋斗，深化改革，勇于创新，催生了中国钢铁工业的崛起、强大，为强国富民立下了汗马功劳，钢产量从占世界的4.4%到现在的占据半壁江山，工业化水平已跻身世界前列，取得了举世瞩目的发展成就。我国钢铁产业

本文原载于《中国科技财富》2019年第4期。

已成为我国制造业中最具全球竞争力的产业之一，有基础、有条件、有能力率先实现高质量发展。从参与国际竞争和适应国内消费升级的情况来看，钢铁行业“有没有”的问题已基本解决，当前要着力解决“好不好”的问题。

客户端的高度决定产品端的高度，只有产品端的高度才真正代表中国制造业的未来。近几年来，河钢以客户结构优化推动产品结构升级，全员关注“市场”和“产品”在集团已形成高度共识，成为压倒一切的大环境，围绕市场和客户发力成为全体干部职工的自觉行为，河钢也从中找到了路径自信。河钢表现出高度自信的成长和变化，通过渠道的改变，成为了国内最大的家电板和第二大汽车用钢供应商。实践证明，中国钢铁人有实力、有能力，关键是要找到释放的渠道和路径。

企业之间的终极竞争是客户端的竞争。在可预见的未来，河钢的关键词就是市场和客户，一切的工作都围绕市场和客户来展开。只有源于市场，企业才最有活力，只有源于客户，目标才最明确。

我们不断适应客户个性化、差异化需求，建立新型客户关系，跨界学习借鉴西门子大客户经理制和海尔“小微化”经营模式，在业内率先全面推行大客户营销模式。先后成立集团和子公司两级客户服务中心，建立自主营销网络和客户服务体系，以定制化的“一站式”材料解决方案服务满足客户个性化需求，推动传统“销售团队”快速向“技术营销团队”转变。我们将客户资源视为战略资源，成立战略客户委员会，对客户进行分级管理，推进与国内外重点用钢行业知名企业的战略合作，持续推行 EVI 模式，推进钢铁产业链向高端制造业嵌入式延伸，增加客户的刚性和黏度。

进入高质量发展的全新阶段，高端制造业越来越走向“轻资产、重集成”的运营模式，产业链的融合正在成为一种必然趋势。河钢不断延伸产业链布局，从提供钢铁产品向提供钢铁材料和工业服务解决方案转变，实现与高端制造业的无缝对接。

在家电领域，河钢同海尔成功开创了产业链融合发展新模式，在强化河钢深加工能力、延伸钢铁产业链条的同时，也为下游企业生产运营模式带来了新的变化和提升。在汽车领域，河钢与恒大国能成功合作，将钢铁产业服务链条延伸嵌入到汽车产业链条，实现了材料供应、汽车制造两个界面的深度融合。

以客户结构的优化推动产品结构升级，河钢实现了产品结构和客户端的质的飞跃。助力十九大报告点赞的以天宫、天眼、国产大飞机为代表的重大科技成果，仅2018年就开发新产品240余个，11个产品填补国内空白，稳居国内第一大家电板和第二大汽车用钢供应商。目前，集团大客户涵盖了奔驰、宝马、海尔、美的、三星、卡特彼勒、徐工、中石油、中石化、中铁建等知名制造商和大型央企。

河钢将发挥好中流砥柱作用，继续坚定不移走以市场和客户为导向的产业升级和产品高端路线，紧跟国家、行业的发展步伐，用执着和韧劲改变自我，成为高质量发展时期的代表。

与强者为伍，打造最具价值工业服务平台

记者：推动制造业和服务业深度融合是促进高质量发展的内在要求，河钢对此怎么理解，如何提升服务能力？

于勇：制造业的服务化转型是现代化经济体系发展的必然趋势，发展现代工业服务产业，能够给企业带来实现转型升级的全新路径和更加广阔的发展空间。

不同的发展时期赋予企业不同的发展认识和理念。在高质量发展阶段，随着经济社会的发展、商业模式的转变以及发展理念的提升，

钢铁已经不再是简单工业产品的概念，而是汇聚了现代社会中科技、人才、创新、金融、商业模式等最活跃因素。这迫切要求我们颠覆传统认识，以钢铁为基，聚合现代社会最活跃元素，来推动产业结构优化升级，发展更加适应市场需求的新技术、新业态、新模式。

去年四季度以来，河钢集中发力现代工业服务业：成立河钢工业、河钢供应链、河钢数字等专业公司，与华为公司、金蝶公司签约共建工业互联网平台，国内行业首家与西门子在增材制造领域开展合作，携手中国工程院战略咨询中心、中国钢研、东北大学联合组建“氢能技术与产业创新中心”，打造最具竞争力的氢能应用示范企业。

河钢未来的走向是，在做精做强钢铁主业上继续发力，但也要有进有退。我们拥有庞大的资产和体量、高端的研发团队以及国际化领先优势，不能仅拘泥于钢铁领域，要瞄准钢铁向材料转变的高端制造领域、与钢铁有关的新兴产业。所以，“进”就是紧紧盯住行业最前端的材料，集中精力在新兴产业、增材制造、新能源等方面有作为，用世界的眼光把更多的资本和力量，投放到更有竞争力和前景的市场中去。“退”就是保留高端的技术、产品、客户，退出低端同质化竞争领域。

未来，现代工业服务业板块将成为河钢转型升级和战略新兴产业领域推进的一个全新的平台，这不仅是钢铁和客户端的对接平台，更重要的是成为河钢结构升级，特别是新兴产业发力的重要平台。河钢将利用三到五年时间，彻底打通通向现代工业服务的路径，实现从钢铁到材料、从制造到服务的深度融合发展，打造最具价值工业服务平台。

以开放式创新夯实高质量发展的支撑

记者：科技创新是建设现代化经济体系的战略支撑，河钢在提升科技创新实力方面付出了哪些努力？

于勇：钢铁是科技推动和催生的文明成果，科技创新带来了钢铁业的繁荣发展，没有技术进步就没有钢铁业的产生，没有技术突破就没有钢铁业的进步，没有技术创新就没有钢铁业的快速发展，正是由于科技的不断创新，才有钢铁业的今天，才使钢铁业成为国民经济的重要支柱。河钢整体装备已经达到了世界一流水平，未来我们给社会贡献的不应该只是钢材，而应该是技术含量更高的钢铁材料和综合服务解决方案。从钢铁到材料，从制造到服务，这种颠覆性的变化不仅仅是商业模式的转变，还需要捕捉国家和行业最前沿的技术。

提升科技支撑能力，需要企业以更大的魄力推动开放式创新，汇聚整合全球创新资源，加快适应和引领新一轮科技革命和产业变革的潮流。当今世界，各类资源越来越多地转化为公共资源，资源的价值正在由拥有者的价值变为使用者的价值。驾驭资源能力、资源配置能力是新时代企业必须具备的能力。

围绕打造能够汇聚全球创新要素、开放式的协同创新平台，河钢不断深化与下游用钢行业战略客户、国际国内科研机构及一流企业的交流合作。今年以来，河钢与中国钢研签署战略合作框架协议，优势互补推进深入合作与协同创新，打造产学研用高效融合的钢铁技术研发和成果产业化平台，引领行业技术发展，服务国家重大战略。与华为公司、金蝶公司共建工业互联网平台，通过这一平台汇集先进资源，更好地依托具有世界顶尖水平的数字技术力量，为高质量发展提供强大支撑。如今，我们已拥有 27 个协同创新平台，构筑起行业创新高地。“十三五”承担的国家重点科技专项达到 15 项，实现了历史性突破。清洁生产技术、绿色矿山开发技术、低成本炼铁技术、自动化炼钢技术、洁净钢平台技术、钒的清洁提取和钒产品生产技术等多项绿色制造新工艺、新技术达到国际领先水平，填补了国际、国内空白。

未来这段时间，河钢比任何一个时期都需要技术平台和研发力量的支撑。我们要更加积极主动地开放合作，以全球视野、更大力度、在更高起点上谋划和推动自主创新，布局和利用国际创新资源，加快走出一条钢铁业绿色发展、创新发展、高质量发展的路子。

用全新理念引领河钢高质量发展

适应新常态“大逻辑”，用新理念引领改革转型

记者：党的十八大以来，以习近平同志为核心的党中央做出我国经济发展进入新常态的重大判断。河钢如何认识经济发展新常态的“大逻辑”？

于勇：经济新常态下，钢铁行业面对宏观经济环境和市场供求关系都发生了根本性变化，原来追求“量大面广”的同质化产品，转向了现今满足个性化、差异化的需求，传统的发展方式已无法适应企业转型发展的要求。我们认为，表面原因是产能过剩、需求下滑，实质是钢铁企业在行业高盈利期追求简单的“规模化”发展，所形成的经营理念、运营模式、体制机制不能适应市场形势发展的新要求，供给端的能力没有得到有效释放，不能为市场提供高质量的产品和服务，企业的传统优势已不复存在。必须要用新思维、新理念把握和适应经济发展新常态，决定企业的未来。

河钢深入学习经济发展新常态和供给侧结构性改革的理论，用新常态的“大逻辑”取代旧常态的“大道理”，用市场倒逼机制刺痛旧体制的僵化点、激活生长因子，持续引发人们的“头脑风暴”，打破在高增长、高盈利时期形成的思维定式、经营理念和发展模式，探索

本文原载于《企业管理》2018 年第 7 期。

转型发展新路径、新举措、新空间，主动适应市场环境的变化实现可持续发展。

以供给侧结构性改革为主线，走出特色的转型发展新路

记者：围绕把新理念转化为企业改革创新转型发展的实践，河钢具体做了哪些有益的探索？

于勇：党的十八大以来，河钢认真贯彻落实“创新、协调、绿色、开放、共享”发展理念，紧紧围绕供给侧结构性改革主线，以“建设最具竞争力钢铁企业”为愿景，以“技术进步”“管理创新”为两大核心任务，突出“市场”“产品”两个关键，着力增强改革的系统性、整体性、协同性，有计划、有秩序、大力度推进供给侧结构性改革，走出了一条特色的转型发展新路。

第一方面，坚持科技是第一生产力、创新是第一动力，以技术创新提升企业可持续发展实力。河钢依托河钢钢研和 2 个国家级技术中心、4 个国家级实验室、4 个省级技术中心、11 个省级实验室、3 个院士工作站、3 个博士后科研工作站，以及高标准建设的“科研中试基地”，搭建了资源共享、互为支撑的“双层面”科技创新体系基本框架，为技术实力提升奠定了坚实基础。近年来，河钢 141 个项目获省部级科学技术奖，3 个项目获得国家科学技术进步奖，拥有自主知识产权 4323 项。

打造“全球技术研发平台”。河钢与东北大学联合共建“河钢东大产业技术研究院”，与中科院、浦项、西门子、昆士兰大学、瑞典国家冶金研究院等国内外科研院所、一流企业，建立了 17 个战略合作平台，为工艺技术优化、新材料开发、智能制造、高端人才培养提供了重要支撑。

建立高端产品研发中心。瞄准下游用钢行业高端需求，以资本合作、共建研发平台、EVI 先期介入等多种形式，强化联合研发机制，为终端用户提供优质材料解决方案。目前，已建成“河钢海尔家电用钢研发中心”“河钢集团—昆士兰大学可持续钢铁创新中心”。

积极承担国家重大科研专项。“十三五”以来，联合承担了“高强度、大规格、易焊接海洋工程用钢及应用”“钢铁行业多工序多污染物协同控制技术”等 15 个国家重点专项课题，实现了历史性突破，科技研发实力显著提升。与中科院联合研发的世界首个“亚熔盐高效清洁提钒产业化示范项目”在 2017 年上半年投产，促进了钒资源加工制备技术向绿色清洁生产转型。

第二方面，坚持以市场和用户为导向，让高端客户成为产品升级强大引擎。建立“用户导向型的营销服务模式和需求驱动型的商业模式”，全力打造高端客户集群。河钢大客户涵盖了奔驰、宝马、上汽等汽车制造商，海尔、格力、三星等家电商，卡特彼勒、徐工等工程机械，中船重工、中石油、中石化等大型国有企业。大客户总数达到 357 户，大客户月均签订合同量超过 100 万吨，占内贸总销量三分之一以上；月均销售品种钢占总销量的 70%以上。

坚定不移走品种质量高端路线，逐步退出“低端循环”。高技术含量、高附加值品种钢比例由 2014 年的 29%提升到 65%，高端产品量提升 229%。高级家电板实现国内高端品牌“全覆盖”，销量居国内第一；汽车用钢实现了名牌乘用车“整车造”，销量居国内第二；核电用钢、海洋工程用钢、高强建筑结构用钢、锅炉及压力容器用钢、高强含钒抗震螺纹钢筋、高强耐候铁塔用钢成为国内第一品牌；重轨产品顺利通过欧盟认证，成为国内首家具备欧洲钢轨市场供货资质企业；调质海洋平台用钢、180mm 厚 F 级海工钢、核安全壳用钢板、高合金临氢铬钼钢板等产品成为当前国内不可替代的产品；特殊钢棒材产品处于国内行业领先水平，高铁扣件弹簧钢占有国内60%市场份额；“燕山牌”螺纹钢成为国家重点工程项目首选产品，广泛用于北京副中心、北京新机场、亚投行总部、港珠澳大桥等国家重点工程。

坚定不移自我加压去产能。在近几年累计淘汰烧结及球团产能1419万吨、炼铁产能560万吨、炼钢产能684万吨的基础上，主动加压，提出2016~2017年再度压减炼铁产能260万吨、炼钢产能502万吨，2017年9月底，提前完成产能压减任务。

第三方面，坚持大开放和国际化发展的理念，全球拥有资源、全球拥有市场、全球拥有客户。强化全球资源掌控。2014年完成了南非PMC矿业公司的收购，掌控了南非最大的铜冶炼厂和年产销量约20万吨的世界级蛭石矿。同时，也占有了开采过程中伴生的2.7亿吨、56%品位的磁铁矿，为钢铁生产提供了低价优质资源。近年来，该项目保持了较好的盈利水平，成为我国对非投资的成功样板。

拓展全球营销平台。2015年完成了瑞士德高公司的控股收购。德高的营销服务网络覆盖全球，在全球设有76家办事处，在111个国家从事商业活动，与全球331家钢厂建立了业务关系，全球客户达4.4万多家。通过收购德高，河钢迅速拥有了遍布全球的营销服务网络、金融贸易平台、资源配置平台和国际化人才整合平台。

融入“一带一路”建设。2016年完成了对塞尔维亚唯一国有大型支柱性钢铁企业——斯梅代雷沃钢厂的收购。2016年6月19日，习近平总书记视察河钢塞钢并发表重要讲话，提出“打造中国与中东欧合作和‘一带一路’建设的标志性工程”的殷切期望。河钢牢记总书记嘱托，举全集团之力支持河钢塞钢发展，仅用半年时间就实现了河钢塞钢扭亏为盈。2016年，河钢塞钢成为塞尔维亚第二大出口企业；2017年生产经营创造近年来历史最好水平。

第四方面，坚持市场化、专业化和适度多元化，培育新产业新业态，打造多元价值链和效益增长极。整合集团内部具备协同发展优势的产业资源，组建了河钢新材、河钢售电、河钢碳资产管理等专业公司，打造专业化运营管理平台，逐步发展成为协同效应明显、市场创效能力较强的效益增长点。

积极培育和发展矿山资源、金融证券、现代物流、钢铁贸易、装备制造、钢材深加工、资源综合利用、工程技术、医疗健康、社会服务等十大非钢产业板块，助力主业“瘦身健体”。

推进与美国哈斯科、法国威立雅、韩国浦项、德国西门子等世界跨国知名公司的战略合作，寻求前沿产业发展机遇；以供应链金融为切入点，在天津自贸区成立了河钢融资租赁、河钢商业保理公司，拓展了金融产业领域；引入“互联网+”思维和专业技术团队，整合信息产业资源，布局智慧城市产业发展；发挥气体产业先发优势，成功攻克高品质“航天氙”提取技术，打破航天领域长期依赖进口氙气的局面，助推国家“实践十三号”卫星成功飞天。

第五方面，坚持科技和管理“双轮驱动”，以管理创新激发和保持企业内生活力。建立协调统一的集团化管控机制。集团总部突出战略管控和财务管控职能，掌控企业发展方向，强化顶层设计，着重研究“干什么”。在集团管控下保持子公司相对独立的经营主体地位，集中精力抓落实，研究“怎么干”。在确保集团整体战略部署的基础上，发展培育子分公司自身竞争优势，实现集团整体效益最大化。

建立低资金保障下的生产运营模式。通过强化资金刚性集中管控、实施流程再造、清理“外委、外雇、外包”、削减附加成本、大宗物料集中统一采购等强力措施，还原钢铁主业先进性，构建起低成本支撑、低资金保障的生产运营新模式。近三年，集团降低非生产性费用60亿元，每年贷款融资总量硬碰硬降低30亿元。

推动企业核心优质资源向一线配置。改革人力资源配置方式和薪酬分配考核机制，实现“关键人才向关键岗位配置”“关键待遇向关键岗位倾斜”，着力引导企业核心优质资源向产线和技术、营销一线配置、“回流”和聚集。实施以产线为独立市场单元的组织结构扁平化改革，构建以产线为核心的全要素资源配置模式和产销研一体化运行机制。目前，钢铁子公司已组建成立了16个以产线为核心的产销研一体化独立市场单元，为实现由批量化生产向小微化、差异化生产组织模式转变奠定了基础。

坚持人、钢铁、环境和谐共生，汇聚改革发展强大合力

记者：在深化企业改革、推进转型发展过程中，河钢如何看待钢铁与环境之间的关系？如何让职工与企业共享改革发展成果？

于勇：河钢坚持人、钢铁、环境和谐共生，把“为人类文明制造绿色钢铁”作为核心理念，制定实施《绿色发展行动计划》，巩固提升绿色发展品牌优势，推进“绿色制造、绿色产业、绿色产品、绿色采购、绿色物流、绿色矿山”总体布局，为人民创造良好生产生活环境。近年来，累计投入165亿元，实施了430余项重点节能减排项目，有效提高了能源资源使用和循环综合利用效率。2016年，河钢凭借“城市中水替代地表水、深井水作为钢铁生产唯一水源”，获得世界钢铁工业可持续发展卓越奖。

几年来，河钢始终把共享作为企业发展的出发点和落脚点，创造性地把人本理念定义为“员工是企业不可复制的竞争力”，全面营造“业内最佳工作环境”，让员工成为“本地区最受尊敬的企业员工”，使员工的获得感、幸福感更加充实、更可持续。培养造就具有国际水平的战略科技人才、科技领军人才、青年科技人才和高水平创新团队。河钢坚持“干部队伍年轻化、专业人才市场化、人才培育定制化”原

则，着力打造适应集团发展的高素质、专业化干部人才队伍。突出年轻化选用人才，子分公司班子70后比例由2013年底的7%提升到30%。突出市场化引进人才，2017年引进高端人才100余人，并实现了“千人计划”人才引进“零”的突破。突出职业化使用人才，在河钢石钢、河钢新材等单位试点推行职业经理人制度。突出国际化培育人才，利用河钢—东大产业技术研究院、河钢—昆士兰大学可持续钢铁创新中心等平台，组织实施了共2000余人次的培训项目，增强了干部队伍的国际化视野和市场化思维。突出产线化配置人才，适应组织结构扁平化要求，加大人才向基层一线配置激励力度，引领和推动产线员工由“操作工”向“技能工”，进而由“技能工”向“大国工匠”的转型提升。目前，河钢拥有享受国务院特殊津贴13人；省管专家12人，省突出贡献专家21人；“巨人计划”领军人才2人。计划到“十三五”末，拥有行业领军人才10人以上，专家级人才百人以上，技术精英千人以上。

弘扬劳模精神和工匠精神，营造精益求精的敬业风气。广泛开展群众性岗位练兵活动，连续举办八届“河钢杯”职业技能大赛，69名“金牌工人”、129名“技术标兵”、396名“技术能手”脱颖而出，先后有101人次在国家、全省和行业技能大赛中获奖，河钢青年职工周文涛、唐笑宇分别在第11、12届世界模拟炼钢挑战赛中勇夺世界总决赛冠军。近几年，河钢拥有省级职工创新工作室26个，国家级技能大师工作室3个，全国劳模示范性创新工作室2个，在企业技术创新中发挥了强有力的示范引领作用。

用全新的视野、思维和数字技术助推钢铁工业实现指数级跨越

2019年12月25日，世界钢铁协会主席，河钢集团党委书记、董事长于勇受邀到华为公司做钢铁行业发展形势专题报告，分享了在中国钢铁工业引领世界钢铁发展的新一轮周期，中国信息技术产业和中国钢铁工业如何创新推动钢铁产业变革的思考。华为党委书记、首席道德遵从官周代琪出席报告会。

周代琪：大家好！今天很荣幸能够请到于勇主席为我们分享世界钢铁工业的发展情况。华为公司的价值观就是“以客户为中心，为客户创造价值”，河钢是世界知名的钢铁企业，相信通过对河钢的了解，让我们能够深刻认识中国钢铁工业的发展现状和发展方向，深入了解客户的需求，更好地将华为的设备和服务与钢铁相结合，将数字、自动化以及5G等技术带到河钢，为河钢、为中国钢铁工业发展做出更大贡献。今天的钢铁企业已经不同往日，我们坚信，未来中国钢铁企业一定会成为世界上最好的钢铁企业。

于勇：感谢华为提供的这次机会，让我们能够在一起探讨数字技术与钢铁深度融合发展的路径选择，共同展望中国制造的美好未来。近年来，随着与华为合作的不断加深，我们从走进华为到深度了解华为，感受华为与时代同行的发展步伐，越来越体会到华为是一个具有

深刻内涵的企业。华为的创新精神、技术储备、产品服务，以及对市场和客户的解读，站在了中国制造业乃至世界制造业的前沿。河钢作为制造业企业的一员，为华为这样的创新企业、民族企业感到自豪。

我首先与各位简单回顾世界钢铁工业160多年的发展历史：从全球维度看，19世纪以来，世界钢铁重心经历了四次转移的历程，作为最早的产业重心，19世纪初英国钢产量已经占到全球的一半以上；其后拿到接力棒的是20世纪70年代前的美国，20世纪70年代到90年代的苏联和日本，新世纪以来的中国。每一次产业重心的变化，都与量的逻辑关系高度印证，呼应着经济大国的崛起。

也可以说，一个国家在工业化进程中，钢铁在一定意义上决定了这个国家的实力和国力，欧美等国家在其经济高速发展的时期，都伴随着钢铁工业的强势发展，而且在其钢铁工业发展的黄金时期，都为世界钢铁工业留下了深刻的印记。自1996年世界钢铁工业发展重心转向中国以来，中国钢铁工业在工艺装备、绿色制造等方面逐步达到世界领先水平，不仅实现了国内钢材品类全覆盖，而且向世界提供了越来越好的材料。在未来很长一段时间内，中国钢铁工业将引领世界钢铁的发展。在中国钢铁工业引领世界钢铁发展的这段时间里，河钢作为钢铁人、华为作为技术人，站在时代发展的高度，能够为世界钢铁工业在科技、工艺等方面留下什么，哪些东西能够打上“中国印记”，是值得深刻思考的问题。

在高质量发展时期，中国钢铁工业需要注入新的元素，钢铁行业需要华为这样的顶级信息技术企业带来新理念、新技术，实现突破。中国钢铁工业经过几十年的快速发展，产线自动化达到了较高的水平，但钢铁工业控制系统的自动化信息化技术演变过程是基于钢铁本身，缺少互联网思维和5G等新一代数字技术对钢铁工业进行全新的解读。

同时，随着科技的飞速进步和发展，以及我国进入新的发展周期，产品和技术越来越由宏观向微观转化，客户需求也开始从钢铁向材料转变，定制化、小众和分布式客户需求对传统钢铁工业生产经营模式带来了巨大挑战。在一个行业司空见惯的做法，对另一个行业来讲可能就是一项伟大的创新。我由衷希望华为能够走进钢铁，用华为的视野、思维方式，以及5G等新一代数字技术，推动钢铁工业实现变革。这种变革要体现在两个方面：一方面要体现在为产品品质和生产效率带来指数级提升上。华为拥有一流的科学家队伍和一流的计算能力。希望华为通过5G等先进技术，帮助产线在产品质量、品质以及生产效率等方面实现指数级的飞跃。另一方面要体现在推动钢铁工业组织模式变革上。在由钢铁产品向材料转变的过程中，依赖的关键点不再是工艺本身，而在于数据的模计算、数据处理和控制精度、处理速度。5G技术的出现，为钢铁工业庞大的生产体系更好应对定制化、个性化需求提供了有力的技术支撑。希望华为能够带来全新技术和商业模式，实现单一产线同时应对多个个性化客户。

今天，钢铁行业已经成为现代的全新产业，河钢期待与华为携手，赋予产业更多新内涵。随着钢铁工业的不断发展，钢铁的内涵和支撑要素都在发生重大的改变，汇聚了现代社会中科技、人才、创新、金融、商业模式等最活跃的因素。当一个企业的产品已经成为一种技术载体的时候，这个企业就是高技术企业。目前许多世界高端的钢铁企业其产品已经不再是钢铁本身，而是承载着这个企业的专有技术。未来中国钢铁企业也会走向这个周期，由生产钢铁向生产材料，并通过材料向下道工序传递专有技术，这是技术本身更深层次的含义。在河钢2020年度工作会议上，我们提出要把普通产品打造成高技术含量的产品。因为高品质会赋予企业更高的技术含量，产品的高度决定企业未来是否能够与强者为伍、与时代保持同行。河钢希望能够与华为进一步深化合作，通过将华为的 5G 技术与钢铁智能制造深度融合，为钢铁产品带来更高的技术含量，赋予更丰富的内涵。

各位朋友，钢铁是国之重器、民族工业，真诚期待华为能够给中国钢铁工业带来惊喜。多年来，中国钢铁工业为中国经济建设做出了巨大贡献，我国的高铁、高速公路、城市轨道、民用机场、汽车交通等现代化设施发展与钢铁密不可分。作为一个十万亿级的产业，不仅是人员资本密集，同时也是技术密集型行业，拥有巨大的市场空间和商业领域。希望华为通过对钢铁进行深度解读，将最好的技术、最好的商业模式、最好的团队投入到钢铁领域。河钢集团作为世界钢铁协会主席单位、中国最大的钢铁材料制造和综合服务商之一，期待能够与中国信息技术企业的巨头华为公司、中国钢铁技术最权威的高校东北大学，共同推动信息技术、智能技术在工业互联网领域实实在在地落地，实现钢铁工业革命性变革和指数级跨越。

制造业是立国之本，高质量发展最终要落实到制造业的转型升级上来。再一次真诚希望华为能够走进钢铁，运用华为的视野和思维，以及 5G 等先进数字技术，助推我国钢铁工业实现重大变革，为世界钢铁工业发展烙上“中国印记”。谢谢大家！

高质量发展将给中国带来深入灵魂的变化

2018 年，是改革开放 40 周年。这 40 年非同寻常，值得回首，值得远望。回溯这 40 年，有着太多的回忆，有着数不尽的鲜活精彩故事，有着众多历史性时刻。每个钢铁从业者都会有丰富的回想、联想和深度的思考。8 月 7 日，中国冶金报社社长陆闻言到石家庄河钢集团总部，专访了中国钢铁工业协会会长，河钢集团党委书记、董事长于勇。

理性认识“成长的烦恼”

陆闻言：改革开放 40 年，中国钢铁工业取得的巨大成就是有目共睹的，不过，也积累了很多需要解决的问题。习近平总书记在党的十九大报告中明确提出，中国特色社会主义进入了新时代，中国经济转向了高质量发展阶段，如何认识这样一个特定的历史阶段，又当如何应对新时代的新变化？

于勇：回顾钢铁工业改革开放 40 年的发展，审视其转型发展的现状，我认为，对钢铁工业的发展经历、现在面临的环境和一些困难，全行业应该有个理性的认识。

首先，一方面是改革开放 40 年造就了现在的中国钢铁工业，但反

本文原载于《中国冶金报》2018 年 8 月 23 日。

过来讲，中国钢铁工业的巨大发展也极大地支撑了中国工业化的进程，这是相辅相成的。

改革开放以来，中国钢产量从1978年的3000多万吨到现在的8亿多吨，产能、规模极大地扩充了，装备水平极大地提升了，工艺极大地完善了。从产品结构到技术进步，从管理水平到商业模式、员工队伍、创新能力等，中国钢铁工业这40年不断由小到大、由弱到强。同时，改革开放以来，我国成为制造大国，钢铁产业功不可没。新世纪以来，我国生产了80亿吨钢。如果没有这80亿吨钢，哪能建起鳞次栉比的高楼大厦、纵横交错的铁路公路？如果没有钢铁产业的支撑，航空母舰、大飞机、深海石油采炼核心装备技术的突破无从谈起。钢铁如同坚硬的骨骼一般，强力支撑着大国崛起。1949年，我国只有15.8万吨钢，我们是弱国，需要站起来；1978年，全国钢产量刚过3000万吨，我们是贫国，需要富起来。改革开放后，钢铁产业质和量迅速提升，国家才有了强起来的基础。

其次，要理性认识中国钢铁工业现在所面临的环境，包括产能过剩问题。过剩问题和环境问题是中国钢铁工业“成长的烦恼”，是我们在成长当中必须解决的问题。

40年之前，我们面对的是短缺问题，需要不断地加大投入、加大市场投放量，去支撑两位数的增长速度；当从量的积累发展到质的提升的时候，规模扩张的发展势头需要改变。而增长速度一旦放缓，势必要带来一些过剩产能。产能过剩问题，我倒觉得它恰恰给高质量发展带来一个选择的余地，没有量的积累，很难做到质的提升。钢铁工业的快速发展支撑了中国整个经济社会的快速发展，同时，也的确对我们的环境容量、发展模式，包括现在的排放标准、产业结构、扩张方式，带来了新的问题，这些新问题就是当前需要解决的。

我曾经在内部会议上说过，现在大量的中间商屏蔽了我们和客户端之间的一切，但这些现象并不能说明我们过去做错了什么，那是我们那段时期必然选择的发展路径，不同的发展时期赋予企业不同的发展认识和理念，这是理性的、辩证的，因为企业不会超越一个经济社会发展的阶段去看问题。相对于人民日益增长的美好生活需要，相对于社会主义现代化强国建设的要求，钢铁产业还存在着发展不平衡不充分的问题，主要是产业发展与生态环境容量不平衡、区域之间发展不平衡，以及总体创新能力、系统集成能力不足等问题。

规划高质量发展路径

陆闻言：一个大型国有企业实现装备现代化、规模化、大型化以后，下一步从量变到质变的着眼点是什么？高质量发展的突破口是什么？高质量发展的路径怎么选择？高质量发展的支撑是什么？

于勇：未来10年或者更长一段时间，中国钢铁工业在由量变到质变的过程中，要寻求一些新的发展路径。以党的十九大为一个时间节点，对历史经验进行总结并对未来进行设计、定位非常必要，在高质量发展问题上，应该就钢铁工业的下一个10年或40年进行规划。

一是高质量发展与追求规模和速度是完全不同的发展路径，也是完全不同的发展模式。

规模增长就是投资拉动，就是追求大型化、追求效益、追求速度，但经济走上高质量发展的转向期，最大特点是数量速度要“下台阶”、质量效益要“上台阶”。随着新时代的到来，产业迈向中高端对钢铁工业有效供给的需求不再是追求“量大面广”的同质化产品，而是转到了满足个性化、差异化需求为主的新阶段，主要任务是填补“质量缺口”，增强发展的质量优势。

二是以服务为导向的商业模式、专注于满足客户的核心价值，是实现高质量发展的突破口。

数据显示，尽管我国工业从数量指标上看已经到了工业化中后期，但是工业服务尚未从制造业中剥离出来并独立发展，仍停留在工业化中前期阶段，工业服务发展水平滞后导致产业结构“低端锁定”。高质量发展赋予钢铁产业全新的内涵，提供了崭新的成长境遇，外部环境迫使钢铁产业由以生产制造为中心向以工业服务为重心转移，服务要素日益成为钢铁产业链条价值创造的主导因素。未来，企业的竞争优势将体现在追赶客户的速度上。如果企业总是根据自身的问题驾驭企业，是没有胜算的。企业的指挥棒应该来自客户端，客户端的需求、客户端对企业的想法永远是企业发展的方向。

由于整个社会的进步、商业模式的转变和理念的提升，钢铁产品已经不是简单的工业产品的概念，而是一个囊括了从科技到人才、到商业模式、到创新等所有元素在内的一个概念。这迫切要求我们颠覆对人才、技术、创新的传统认识，以钢铁为基，汇聚起现代社会最活跃的元素，深度嵌入下游及新兴产业，加速向钢铁材料解决方案综合服务商转变，实现从“跟跑”向“领跑”的跨越。

三是“补绿色短板”，也是一次重塑竞争力的机遇。对钢铁行业来讲，首先要深刻思考资源—能源约束、环境—生态约束等带来的挑战，通过高质量发展，解决绿色化、智能化等深层次命题。一方面，持续通过总量调整、区域调整等措施来解决环境容量不足、环境质量不平衡等问题，实现与城市发展共享共融；另一方面，集中力量攻克关键共性技术难题，开发更高强度、更好性能、更长寿命的高效绿色钢材产品，充分挖掘钢铁产业的绿色低碳价值。

四是要以开放的心态聚合全球资源。自主创新从来都不意味着闭门造车。我们强调自主创新，但同样仰赖于灵活的市场机制和开放的竞争环境。站在促进钢铁产业更上一层楼的高度，我们应该以更开放的心态聚合全球资源。40年的快速发展，中国钢铁早已深深烙上了全球资源要素互补和产业链协同的显著特征。随着中国经济结构的深度调整和世界钢铁产业发展格局的不断变化，快速发展的中国钢铁产业迫切需要新的空间，在行业发展的原始创新方面，须与世界顶级企业携手共进。同时，中国钢铁企业也需要在国际化进程中，创新借鉴世界先进的经营理念和商业模式，完善提升体制机制和管理水平，实现在全球配置资源。

高质量发展必然赋予钢铁工业一个全新的内涵，即符合当代经济社会发展方向的、符合挖掘人才优势的、具备创新能力的，特别是拥有全新商业模式的发展。当下，互联网就提供了一种全新的发展路径。总而言之，高质量发展对我们国家几十年形成的人才优势、创新优势，包括技术优势、管理优势、组织架构优势将产生更大的激发作用。高质量发展最终会把我们的技术、创新、互联网技术的应用推到一个新的高度，还会使我们在全球化理念的推动下，发展出更好的商业模式。

高质量发展的河钢探索

陆闻言：河钢集团这几年发生了很大的变化，从还原钢铁主业先进性到以客户为中心的商业模式创新，做了大量卓有成效也具有示范引领作用的工作，在行业内也引起广泛关注，请您谈谈河钢是如何选择突破口和着眼点的？

于勇：任何伟大的解决方案都源于问题本身。近年来，河钢以充分满足高端客户需求倒逼潜能释放，对全要素进行总动员和总释放，适应新商业模式、“互联网+”、人工智能等创新元素的要求，提升个性化、定制化服务水平。

在工业服务领域，河钢延伸钢铁产业链条，加大产学研用融合力度，持续推进钢铁产业向深加工领域和高端制造业延伸，重点培育高端装备制造、工业设计、信息技术、新型钢铁材料以及智慧物流等现代工业服务产业。目前，我们已经同中科院等知名科研机构和东北大学、北京科技大学、澳大利亚昆士兰大学、美国佐治亚理工学院等院校共同建立研发中心，与北汽、国能、五矿、浦项等知名企业合作建设配送加工中心，通过系统配套和深入对接，快速推进钢铁产业链向下游高端用户嵌入式延伸，与客户的黏度持续增强。

没有竞争、没有市场意识，高质量发展是缺乏活力的。原来河钢对技术投入还仅限于产线改造，后来感觉到，研发的真正引领应该在客户端，所以我们现在把一大笔研发费用投入到家电板研发中心、汽车板研发中心，让企业的研发直接接触到客户端的需求，以此拉动企业发展。举例说，河钢推进产线作为独立市场单元的变革，让我们感受到一个全新的管理模式和创新模式对高质量发展的支撑作用。“全员推进的营销理念，包括用客户结构倒逼产品升级，折射出高质量发展的全新的市场理念。

纵观河钢这些年来的发展，从来没有出现过像高质量发展时期这般对科技投入的力度、对人才开发的力度、对创新推进的力度、对商业模式创新的力度，包括对市场的开拓力度。

目前，河钢正在全面推进工业服务业务，准备成立一个大型子分公司——河钢工业技术服务有限公司。它将等同于唐钢、邯钢这样的体量。我想为整个工业特别是钢铁工业提供一个全新的模式。未来3~5年之内，河钢在工业技术服务领域要实现一个突破，分纵向、横向两块，分别做到一定深度。一是优先选择几个下道工序、几个大型企业进行战略合作。二是河钢可能会投一部分资本收购南方一些小的零部件企业，改造成模块化企业。

河钢对国家战略的追随、对行业的追随不仅力度会越来越大，而且要逐渐在某些领域实现引领，至少目前在国际化方面，我们是引领的。未来，希望在商业模式的创新上，我们可以谈引领；在市场化模式上，也可以谈引领。前 40 年，是让我们看到一个从无到有、由小到大的巨大的物质变化。未来 10 年或者 40 年，钢铁工业的高质量发展将给中国带来深层次的、内在的、深入灵魂的变化。

本轮的引领正由中国担当

当地时间10月15日，在墨西哥蒙特雷召开的2019年世界钢铁大会上，河钢集团党委书记、董事长于勇正式就任世界钢铁协会第41任主席。这是河钢集团在国际上的品牌影响力的外在表征，也进一步彰显了中国钢铁在世界上的影响力、亲和力。作为世界钢铁协会新一任“掌门人”，于勇将如何向世界诠释今日钢铁？如何推进世界钢铁工业的和合发展？如何展望未来的钢铁工业？

对此，11月7日，于勇接受了《中国冶金报》记者的专访。作为新一任主席，于勇表示将继续致力于推进世界钢铁行业可持续发展，促进业界的交流与合作，加强行业发展创新，携手向社会提供对环境更友好、更智能的钢铁材料，让世界因持续创新的钢铁而更加美好。

世界钢铁工业发展已进入“中国时代”

记者：一般认为，近代全球钢铁业经历了从欧美到日韩，再到中国的重心转移。每一次重心的转移，都对钢铁工业产生了巨大的创新推动力，比如英国人发明了碱性转炉炼钢工艺。您觉得中国钢铁人能为世界钢铁带来什么？

于勇：目前世界钢铁的重心在中国，世界一半的钢铁产自中国，世界钢铁工业发展已经进入“中国时代”。

本文原载于《中国冶金报》2019年11月20日。

纵观160多年世界钢铁工业的发展历程，全球格局不断调整，生产和消费重心几经转移，依次从英国、美国到苏联、日本，现在进入“中国时代”。

从1996年中国钢产量首次突破1亿吨，并超越日本成为世界第一钢铁生产大国，到2018年，中国累计生产粗钢量高达109.02亿吨，占同期世界总产量的37.8%。尤其是近10年来，中国基本占据了世界钢铁生产和消费总量的半壁江山。中国钢铁工业不仅向国内、国外提供越来越好的材料，而且在绿色制造、智能制造、产业结构调整等方面的经验做法对国家经济、世界发展的贡献也越来越大。特别是今天的中国已经成为世界第二大经济体，用70年的发展跨越了西方工业国家200多年的发展史，取得的巨大成就让我们深刻感受到中华民族的伟大。更让我们引以为傲的是，共和国的“高楼大厦”是中国钢铁人用“钢铁骨骼”来支撑的。历史证明，任何一个发达经济体的发展，都与钢铁产业的强势发展紧密联系。

中国钢铁工业已成为本轮世界钢铁工业大发展的主要推动力。

历经改革开放40年的快速发展，中国钢铁工业拥有了世界上最好的装备、工艺和技术，拥有了世界上最庞大、最专业的产业工人和全新的绿色制造理念，中国钢铁工业的快速发展为全球钢铁及其相关产业创造了广阔的市场空间和合作平台，带动了钢铁原燃料、冶金设备及技术服务等相关产业的大发展。

从作为世界第二大经济体的中国的稳健发展态势，以及人口基数、市场容量和经济发展阶段来看，中国主导世界钢铁工业的时间跨度将超过此前的任何一个国家，必将是一个较长的阶段。从世界钢铁发展的历史来看，任何一个历史阶段引领钢铁工业发展的国家都把管理、技术输出到全世界，而本轮的引领正由中国担当。

以绿色、智能、材料创新突破引领未来

记者：您讲到“本轮的引领正由中国担当”，这的确是历史交给中国钢铁人的接力棒。从历史的长河看，准确把握方向才会推动历史的发展进步，否则就会有一些曲折。我们已经站上世界舞台的中央，该如何扮演好引领者角色？

于勇：引领世界钢铁工业发展的未来，不能停留在创造经济效益层面，必须站在可持续发展和国家民族的高度，从技术革新的角度去寻找突破口，把既有现实价值又有战略价值的事情作为主攻方向，持之以恒地付诸实践，真正为国家留下钢铁印记、为世界烙下“中国印记”。

首先，要进一步拓宽绿色发展的内涵，在创新和服务上实现突破。

中国钢铁工业在能源循环利用方面处于世界领先地位，像河钢已经在行业内率先实施绿色矿山、绿色采购、绿色制造、绿色产品、绿色物流、绿色产业“六位一体”的绿色发展行动计划。但把绿色发展仅仅落实为节能环保、循环利用还不够，绿色发展应有更深刻的内涵。排放的数量级改变绝对不是靠回收利用和生产流程减排就能够实现的，必须通过重大工艺改造才能实现。绿色钢铁除了生产流程、生产过程的绿色以外，更应该去关注工艺创造、能源使用本身的绿色，在工艺结构上特别是在能源结构上要实现突破。未来，在重大技术改造、能源介质、重大工艺革新上，要有“中国印记”。如探索氢能冶炼技术的解决方案，将带来一次重大的冶炼技术革命，引领传统钢铁冶炼技术的创新与变革。

目前，河钢正在与中科院、清华大学等科研院校合作，积极推进氢能在钢铁领域的应用。仅仅钢铁生产过程本身的绿色化，是远远不够的，只有从源头——制氢开始，实现绿色生产，才能真正实现绿色发展。

其次，要在智能制造上进一步实现新的突破。

中国钢铁工业最现实的问题是大型化的钢铁企业如何应对多元化的细分市场变化。随着智能制造的应用特别是5G技术的出现，钢铁行业原先实现不了的工业场景将变成现实。5G能实现单一生产线在不同时段生产不同的品种和规格的愿景，智能制造能让一条生产线实现多条生产线的功能。除了质量稳定、精度控制、效率提高以外，中国钢铁工业实施智能制造，更重要的是应对客户端的细分市场变化和满足小批量、个性化、定制化的需求。目前，中国钢铁工业在智能制造上已走在世界前列，进一步实现新的突破，既有重大的现实意义，又将产生示范效应，对世界钢铁工业自动化、信息化和智能制造起到促进作用。

目前，河钢已经在邯钢开始试点智能制造，目的不仅是效率和管理、品质的提升，而且是要能解决用户的个性化需求与工厂的批量化生产之间的矛盾。

最后，中国钢铁工业更要实现由关注钢铁本身向关注材料的转变，进一步深化市场对接，通过材料向下游产业链传递企业的专有技术。

目前，很多高端制造业企业的技术来自上道工序提供的材料。未来，钢铁行业更大的市场和高质量发展的更广阔空间，在于从钢铁向材料的转变。当钢铁企业不再只是卖钢铁产品，而是通过材料输出企业的专有技术时，就实现了一种提升。目前，中国钢铁工业拥有庞大的技术研发团队，但是在没有深入市场、了解下道工序的需求的情况下进行材料研发，势必在行业可持续发展、延续钢铁竞争力上造成缺失。因此，要学习优秀钢铁企业对材料的解读，建立材料研发和下道工序的对接机构。在做好钢铁产品本身的同时，我们要围绕下道工序乃至为下游行业提供钢铁材料解决方案，进一步挖掘企业技术和创新的潜力，提高系统的材料研发能力，在未来的钢铁新材料中传递出独有的专有技术，更好地引领世界钢铁工业的发展。

在这方面，河钢也进行了积极实践。河钢将客户资源视为战略资源，建立客户管理委员会和两级客户中心；推进“传统销售团队”向“技术营销团队”转变，由“钢材供应商”向“材料服务商”转变，向客户提供定制化“一站式”材料解决方案服务。为了更好响应客户需求，河钢还推行以产线为独立市场单元的管理扁平化变革，去行政化和中间层。最终，河钢的朋友圈越来越高端。

开放合作正在为钢铁工业带来新的发展机遇

记者：您作为新任世界钢协主席，将如何利用这一平台，推动世界钢铁工业实现更好发展？

于勇：我们正处于一个非凡的时代，经济形态和技术力量深远地改变着世界。比认识更重要的是决心，比方法更重要的是担当。每一个困难和波折中都孕育着主宰未来的因子，需要我们以更开放包容的心态打造富有活力的增长模式，在开放中分享机会和利益，实现互利共赢，为钢铁行业的可持续发展和人类文明的进步做出新贡献。

近年来，河钢始终运用全球化思维审视自己并促进自我提升，以加入世界钢协这个相互开放、彼此合作的广阔平台为契机，从欧美发达经济体在工业化进程中造就的百年优秀企业中汲取成长经验，为河钢高质量发展提供了活力源泉。

世界钢协作为行业内的重要战略资源平台，河钢始终与其保持着密切交流和合作关系，借助这一平台广泛开展国际交流与合作，已建立起全球营销服务、全球钢铁材料制造、全球技术研发“三大平台”，强有力推动发展质量、效率和动力三大变革，从一家区域性传统钢铁企业发展壮大为具有全球竞争力的世界级跨国集团，找到并坚定了高质量发展的“路径自信”。

想要实现超常规发展，迈向更高更强，就要与强者为伍、与时代同行。走向国际舞台，让我们拥有了与强者为伍的机会，通过跨界融合创新，在打通迈入高端循环的战略通道的同时，为创新理念，为推进发展方式、体制机制和商业模式创新提供了最直接的学习借鉴平台。这也正是世界钢协的重要担当。

我将积极发挥平台优势，推动世界钢铁产业的交流与合作，让先进技术、先进管理和先进经验更好地共通共融，让全球钢铁企业实现更紧密的互动，携手共创美好未来。

做民族工业振兴的脊梁

十九大报告指出，中国特色社会主义进入了新时代，这是我国发展新的历史方位。报告明确了我国经济已由高速增长阶段转向高质量发展阶段，正处在转变发展方式、优化经济结构、转换增长动力的攻关期，建设现代化经济体系是跨越关口的迫切要求和我国发展的战略目标。十九大代表、河钢集团党委书记、董事长于勇认为，这为制造业未来的发展指明了方向。

在接受《中国经济时报》记者采访时，于勇表示，在进入中国特色社会主义新时代的历史背景下，我们有充足的理由来期待“中国制造”在未来散发出智慧与创新交织的美丽光芒，我们坚信，中华民族的伟大复兴必然起于“中国制造”的复兴。

十九大报告为制造业未来发展指明了方向

记者：现场聆听十九大报告，您最深刻的体会是什么？

于勇：能够在现场聆听十九大报告，我感到非常光荣，十九大报告令人振奋，作为业界代表，有三点深刻体会。一是不忘初心，方得始终。十九大报告明确指出，中国共产党人的初心和使命，就是为中国人民谋幸福，为中华民族谋复兴。这个初心和使命是激励中国共产党人不断前进的根本动力。

本文原载于《中国经济时报》2017年10月20日。

回顾历史，制造强国建设绝非易事。当前，我国正处于向工业化后期过渡的关键时期，传统竞争优势正在消退，新的竞争优势尚未成熟。顺势而起，通过掌握新工业革命的核心技术和理念，就有望通过快速推进制造业转型升级，成为新竞赛规则的重要制定者、新竞赛场地的重要主导者。十九大报告明确指出，“行百里者半九十。中华民族伟大复兴，绝不是轻轻松松、敲锣打鼓就能实现的。全党必须准备付出更为艰巨、更为艰苦的努力。”作为制造业的从业者，我们必须要时刻牢记使命，以永不懈怠的精神状态和一往无前的奋斗姿态，敏锐把握世界新发展趋势，紧紧抓住和用好新一轮科技革命和产业变革的机遇，继续朝着实现制造业强国的目标奋勇前进。

二是报告提出中国特色社会主义进入了新时代，这是我国发展新的历史方位。我国经济已由高速增长阶段转向高质量发展阶段，正处在转变发展方式、优化经济结构、转换增长动力的攻关期，建设现代化经济体系是跨越关口的迫切要求和我国发展的战略目标。报告明确指出深化供给侧结构性改革，建设现代化经济体系，必须把发展经济的着力点放在实体经济上，把提高供给体系质量作为主攻方向，显著增强我国经济质量优势。报告为制造业准确把握深入推进供给侧结构性改革、加快企业转型升级和产品结构调整提供了强大理论指导和重要遵循。

三是建设美丽中国。报告提出，我们要建设的现代化是人与自然和谐共生的现代化，既要创造更多物质财富和精神财富以满足人民日益增长的美好生活需要，也要提供更多优质生态产品以满足人民日益增长的优美生态环境需要。这对中国特色社会主义新时代的生态文明建设提出了更高要求。

随着自然环境约束的收紧和社会对环境认知的加深，绿色发展已经成为我国走新型工业化道路、调整优化经济结构、转变经济发展方式的重要动力。实施绿色制造，生产绿色产品，实现绿色发展，是钢铁行业持续健康发展的必然选择。绿色发展是理念，更是实践；需要坐而谋，更需起而行。

“中国制造”的腰杆能不能硬起来取决于创新能力

记者：十九大报告明确指出，“创新是引领发展的第一动力，是建设现代化经济体系的战略支撑。”您认为，创新对支撑“中国制造”复兴有着怎样的意义？

于勇：纵观世界各大制造强国，无不具有雄厚的产业规模、优化的产业结构、良好的质量效益，以及持续的发展能力，特别是自主创新能力。中国制造的腰杆能不能硬起来，由大变强能否如期实现，也很大程度上取决于创新能力。《中国制造 2025》全文两万余字，整整100 次提及创新，并明确以促进制造业创新发展为主题，把增强制造业创新能力作为核心任务。

钢铁行业作为我国传统基础产业，正处于转型发展的关键历史时期，必须彻底颠覆传统的经营理念和发展模式，加快实现“从要素驱动、投资规模驱动发展，向以创新驱动发展为主转变”，跳出“低端”竞争，迈向“高端”循环。

创新推动钢铁企业加速转型升级

记者：作为我国最大的钢铁材料制造和综合服务商之一，过去五年，河钢在创新发展方面做了哪些有益的尝试？

于勇：十八大以来，河钢以理念创新为引领，以管理创新、科技创新、商业模式创新为重点，实施全面创新，迅速提升竞争实力，推动企业加速转型。

在管理创新方面，围绕全面建立市场化体制机制，在组织运行模式、资金管控模式和资源配置模式等方面，有针对性地实施了一系列创新举措，有效激发了企业活力。

在技术创新方面，通过持续加大技术创新投入，技术创新能力和品牌影响力显著提升，产品档次和品种结构实现了质的飞跃。2017 年上半年河钢品种钢比例提高到 65%，高端产品量两年来提升 229%，成为 2017 年国家首批绿色制造体系示范工厂，获得世界钢铁工业可持续发展卓越奖。

在商业模式创新方面，通过构筑差异化竞争优势，以为客户创造价值为目标，迅速打开了经营发展的新境界。“十三五”期间，河钢将通过快速推进转型升级，实现由传统产业的跟随者向新产业新业态的领跑者转变，成为新竞赛规则的重要制定者、新竞赛场地的重要主导者。

对全要素进行“总动员”和“全释放”

记者：钢铁是我国供需结构矛盾突出的传统产业，是深化供给侧结构性改革的重点领域。未来，河钢集团在供给侧结构性改革中将有哪些新举措？

于勇：改革开放以来，我国钢铁产业实现了持续快速发展，在供给侧拥有了雄厚的产业基础和技术实力，具备了以需求侧拉动供给侧快速提升的有利条件。

党的十九大报告指出，我国经济已由高速增长阶段转向高质量发展阶段，正处在转变发展方式、优化经济结构、转换增长动力的攻关期，建设现代化经济体系是跨越关口的迫切要求和我国发展的战略目标。这一论述不仅是对全国所有企业的要求，更是国有企业奋力拼搏的目标和必须承担的责任。深入学习领会党的十九大精神的过程中，我们深刻意识到，建设现代化经济体系必须把提高供给体系质量作为主攻方向，显著增强我国经济质量优势；必须把创新作为引领发展的第一动力和战略支撑；必须创新经济增长方式，以新技术、新模式引领结构性改革；必须坚持质量第一、效益优先，以供给侧结构性改革为主线，不断增强我国经济创新力和竞争力。

未来，河钢将坚定不移地聚焦“市场”和“产品”，在供给侧结构性改革中对“技术、人才、管理、装备、资源、资本”等全要素进行“总动员”和“全释放”，以“为市场、客户提供最优质的产品和服务”为目标，进行最科学、最有效的配置，全力围绕解决影响“满足客户需求”和“提升有效供给”的重点问题，研究、设计和理顺企业的发展路径、主攻方向和战略举措，不断扩大有效和中高端供给，为市场客户提供更好的产品与服务。

在促进全球钢铁融合发展中贡献中国力量

2018年5月17日，在由中国钢铁工业协会主办，中国贸促会冶金行业分会、冶金工业国际交流合作中心承办的第十届中国国际钢铁大会期间，记者就中国钢铁工业如何实现与全球的协同发展等问题采访了中国钢铁工业协会会长，河钢集团党委书记、董事长于勇。

记者：中国钢铁为全球钢铁业融合发展做出了哪些贡献？

于勇：在促进全球钢铁融合发展中，中国钢铁做出了三个重要贡献：

第一，中国钢铁有力支撑了中国经济的快速发展，也为世界钢铁工业发展做出了突出贡献。2017年，中国经济对全球经济增长的贡献率约占三分之一。这其中，中国钢铁工业发挥了不可忽视的作用，全球钢材消费中相当一部分的增量得益于中国经济特别是钢铁产业的拉动。据世界钢协对全球钢材需求的预测，中国钢材消费增量占全球钢材消费增量的79.8%，中国对世界钢铁消费增长的贡献突出。

2005年以前，中国一直是钢铁净进口国，直到近年来才出现了钢铁产品出口量的大幅增长。这主要归功于中国钢铁产品国际竞争力的提升，同时也反映了经济全球化和国际分工的客观规律。2017年，中

本文原载于《中国冶金报》2018年5月23日。

国钢材出口数量同比下降了30.5%。中国钢铁产业的发展从来都不是以出口为导向的，贸易政策不仅没有按照国际通行做法对出口产品增值税予以全额返还，而且还对部分钢铁产品加征了出口关税，保障了世界钢铁贸易平稳运行。

中国钢铁工业的快速发展为全球钢铁及其相关产业创造了广阔的市场空间，相应地带动了钢铁原燃料、冶金设备及技术服务的增长。2017年，中国进口铁矿石10.75亿吨、炼焦烟煤6935万吨等，世界上主要矿山公司的收入及利润也因此实现较大幅度增长。同时，中国还通过机电产品的进口间接地带动了进口来源国家和地区的钢材消费，仅2017年的中国机电产品进口额就高达8545亿美元。

第二，中国钢铁工业为全球化解钢铁过剩产能发挥了表率作用。产能过剩是产业发展的客观规律。面对产能过剩这一全球性的难题，中国钢铁按照“市场倒逼、企业主体、地方组织、中央支持”的原则，综合运用经济、行政和法律等手段，大力推动了去产能工作。

目前，中国是全世界唯一一个公布了钢铁去产能目标并且付诸实施的国家，2016年和2017年共化解钢铁过剩产能超过1.2亿吨。特别是2017年上半年，中国依法依规全面取缔了困扰钢铁行业健康发展的“地条钢”，有效化解了国内钢铁产能过剩的问题，产能利用率基本恢复到了合理水平，优质产能得到更好释放。2017年，中国钢铁工业协会会员企业的经营形势也因此出现显著好转，行业平均销售利润率恢复到4.7%。在前两年去产能工作的基础上，今年中国将再压减钢铁产能3000万吨左右，届时将提前两年实现钢铁去产能的上限目标，为中国及全球钢铁产业平稳向好发展做出新的贡献。

第三，中国钢铁工业在绿色发展方面发挥了积极引领作用。中国正在大力推进污染防治攻坚战，钢铁行业实施了更加严苛的环保标准，很多已经超过了世界许多的国家和地区。同时，国家还出台了一系列环保法律法规，钢铁企业绿色发展取得了显著成效。2017 年，中国钢铁工业协会会员企业的吨钢综合能耗同比下降 2.16%。目前，世界上最清洁的钢厂在中国，最先进的钢铁环境治理技术也不断在中国得到广泛应用，中国钢铁行业正在成为改善全球环境质量、推进绿色制造的引领者。

记者：下一步，中国钢铁如何更好地服务于全球经济？

于勇：当前中国经济正在由高速增长转向高质量发展，结构调整与转型升级成为新时代中国钢铁业健康发展的重要主题。未来，中国钢铁总需求波动下降和产能过剩并存的格局还将持续相当长一段时间，中国钢铁的结构性过剩矛盾还将不断出现。但是我们坚信，钢铁在世界经济发展中的战略地位和重要作用还不会改变，钢铁材料仍然是不可完全替代的工业基础原材料，钢铁工业仍然是世界经济发展不可或缺的支撑产业。下一步，中国钢铁将以质量、效率、动力变革为中心，重点通过以下三个途径，更好地服务于中国与世界经济发展：

一是深化供给侧结构性改革，实现转型升级发展。中国钢铁将在巩固去产能工作成果的基础上，利用法律、市场化、金融杠杆和兼并重组等手段，继续化解过剩产能。到 2025 年，实现粗钢产能 10 亿吨以下、产能利用率 80%左右的目标。

统筹考虑区域市场需求、原燃料供应、交通运输、环境容量和资源能源等支撑条件，推动布局优化与工艺调整。鼓励新设备、新技术和新工艺应用，加速废钢铁循环利用，实现钢铁发展与区域环境和谐共生。

按照市场运作、企业主体、政府引导的原则，以国有企业混合所有制改革为突破口，推动企业组织结构优化调整。推动行业龙头企业兼并重组，形成若干家世界一流的超大型钢铁企业集团，避免高端产品的同质化恶性竞争。

二是坚持生态优先，实现绿色发展。近年来，中国钢铁工业不断加大环保投入，节能环保水平不断提升，为建设美丽中国做出了积极贡献。全面推动钢铁绿色制造，适度鼓励钢铁短流程工艺发展，实现节能环保技术全覆盖，遏制能源消耗总量和主要污染物排放总量增长，降低污染物排放强度，加强冶金二次资源高附加值利用，实现钢铁企业清洁生产、绿色制造。

推广全生命周期理念，建立绿色产业链，发展绿色钢铁材料。充分发挥钢铁制造、能源转化、社会资源消纳功能，推动钢铁从依托城市向服务城市转变，努力使钢厂与城市共存、与社会共融，体现钢铁企业的低碳绿色价值。

三是坚持合作共赢，实现开放发展。改革开放以来，中国钢铁工业充分利用国际市场原燃料等生产要素，实现了快速发展。中国钢铁行业站在新的历史起点，将进一步加快全球化发展，以高层次开放推动更高质量发展。

积极促进钢铁产业国际产能合理布局，加快与海外矿山企业深度经贸合作，提高资源安全保障能力。建设全球化企业集团，从原燃料保障、剪切加工配送中心与国际产能合作等方面入手，实现钢铁价值链与产业链的全球布局。

推动世界钢铁贸易平稳向好发展。按照满足内需为主、参与国际竞争的原则，促进钢铁多边贸易体制共赢发展，形成公正、合理、透明的国际经贸规则体系，努力建设能够充分发挥中国钢铁比较优势的全球钢铁市场协调机制。

记者：如何推动全球钢铁工业融合发展？

于勇：当前，经济全球化已经成为一种不可逆转的客观趋势，中国经济社会的发展离不开世界，世界的发展也需要中国。中国作为目前世界上最大的钢铁生产与消费国，愿与全球钢铁同行携手合作，主动顺应历史潮流，公平参与国际竞争，营造一个合作共赢、互惠互利、开放共享的世界钢铁发展新秩序。就促进全球钢铁工业融合发展，我提出四点建议：

一是保持全球钢铁平稳向好发展，需要世界所有国家与地区的共同努力。钢铁的主要功能是服务于本国经济社会发展，每个国家生产出来的钢铁也都是要用来消费的。只有全世界一致行动，重视和加快本国经济发展，才能直接拉动本国的钢铁消费增长，全球钢铁产能过剩以及由此衍生出来的各种问题，才能得到根本性解决。

二是化解全球钢铁产能过剩问题，世界钢铁同行应加强合作。解决全球钢铁产能过剩问题，需要全球性解决方案的顶层设计，更离不开世界范围的政策合作与集体行动。目前，中国钢铁已经在化解过剩产能方面做出了积极努力，取得了显著成效，为世界其他国家和地区提供了借鉴。借此机会，我呼吁世界所有的国家和地区都要高度重视本国的钢铁产能过剩问题，建立公平对话机制，共同采取应对措施，防止钢铁产能过剩问题继续恶化。

三是加快推进国有企业改革，逐步向社会化、公众性公司转变。改革开放以来，中国的国有企业主要是依靠自身积累和银行贷款滚动发展而来，并不是依靠政府补贴发展起来的，同时由于历史原因还承担了大量本应由政府承担的社会责任。目前，中国正在加快推进国有企业的混合所有制改革和分离办社会职能。未来，国有企业与民营企业将平等地参与市场竞争。

四是坚持开放共享、优势互补，加强国际产能合作。在刚刚过去不久的2018年博鳌亚洲论坛上，中国领导人明确表示："中国开放的大门不会关闭，只会越开越大!"面对全球性挑战，开展国际合作是共同应对挑战、实现发展的必然选择。全球钢铁行业应主动顺应国际分工新趋势，携手合作，融合发展。坚持"合作共赢、开放包容、市场运作”的原则，以“一带一路”建设为契机，充分发挥本国比较优势，优化资源配置，进一步消除投资壁垒与贸易保护，为建设可持续发展的全球钢铁而共同努力。

中国钢铁工业经过多年的快速发展，已经成为世界钢铁大家庭的主要成员。我们愿在新的历史起点上，加强与国际同行和投资者、供应商及下游用户的全球深度合作，为世界钢铁工业更加美好的明天做出积极贡献！

与世界共舞

2019年12月，由央视财经频道和大公报举办的第十届“中国财经论坛”在香港举行，于勇董事长作为新一届世界钢协主席应邀参加，并接受了中央电视台和大公报记者的采访。

记者：假设我们建立一个坐标，横轴是年份，纵轴是中国钢铁行业的国际竞争力，您能否结合您的亲历、亲闻，给我们描述一个变化曲线？是否能够提供几个在节点上的小故事、回忆、数据，来印证当时中国钢铁产业的情况以及国际竞争力？

于勇：我列出的五个点，并非都是亲历，但我认为这是代表中国钢铁70年发展历程的关键节点，也是几代钢铁人共同铭记的历史时刻。

1949年，新中国成立。这一年，全国钢产量15.8万吨，即使去掉品种质量的因素，也仅够建造一座机场（刚刚落成的大兴国际机场总用钢量13万吨），还不够全国每户人家造一把锄头；人均铁路长度不足5厘米，还没一根香烟长。

1978年，改革开放元年。这一年中国钢产量3300万吨，已经是建国时的200倍，约等于今天全国钢铁行业两周的产量和30座港珠澳大桥的用钢量。

1996年，跃居世界第一产钢大国。这是近代工业革命以来，全球

本文原载于《大公报》2019年12月28日。

出现的第五个钢铁第一大国，前四个分别是 19 世纪的英国，20 世纪 70 年代前的美国，以及之后的苏联和日本。

2006 年，成为钢材净出口国。2006 年至 2018 年，中国钢铁工业在满足国内钢材消费需求的同时，累计向世界各地出口钢材 8.58 亿吨，开始为世界经济做出贡献。

2015 年，深化供给侧结构性改革，推进高质量发展，99%以上的钢材品种实现自给。在走向钢铁大国的同时，中国也在向钢铁强国迈进。这一年，中央提出供给侧结构性改革，钢铁行业踏上高质量发展之路。到 2018 年，中国钢材品种的自给率已经接近 100%，近 14 亿人口全面通电，将公路延伸至每个偏远角落，4G 基站超过全球总量的一半……

记者：您觉得纵轴上的国际竞争力，应该包含哪些因素？

于勇：一是全世界规模最大的现代化钢铁生产体系。1949 年，中国钢产量只有 15.8 万吨。1996 年，中国钢产量突破 1 亿吨，至今连续 23 年稳居全球钢铁生产和消费第一位，占世界钢产量的半壁江山，创造了世界钢铁发展史上的奇迹。

二是全世界品种规格最齐全的钢铁生产体系。新中国成立初期，我国只能冶炼 100 多个钢种，轧制 400 多个品种规格的钢材。到 1978 年，我国 1/3 的外汇都用来进口钢材。2006 年，我国实现了历史性的转折，钢材钢坯折合粗钢净出口 3463 万吨，成为钢材净出口国。如今，钢铁工业可以满足国民经济发展所需绝大部分钢材需求。同时，高强度高性能钢材生产和应用比例不断提高，满足了下游用钢行业技术进步和产业升级换代的发展要求。以百万千瓦级核电用钢、超超临界火电机组用钢等为代表的高端装备用钢已实现产业化；高强船板产量大幅提高，约占船板产量的一半；电工钢板、冷轧卷板、镀锌板等高端产品逐步替代进口。

三是已经步入世界钢铁工业综合能力最强国家行列。1949 年，我国修复后勉强能够进行生产的 7 座高炉、12 座平炉、22 座小电炉，如今，大型高炉、转炉技术实现了对韩国、日本、美国等几十个国家的出口，我国钢铁工业自主设计、制造、工程建设和掌握运用新技术达到了一个新高度。

记者：如果找一样能够反映这种变化的承载物，可能是什么？

于勇：首先是产量，这是基础，没有量的积累，绝无可能有质的嬗变。如果将中国钢铁放在现代钢铁工业近 200 年发展史中进行考察，不难发现，正在发生的一切，竟似曾相遇。“大”和“强”从来都是辩证统一的关系，大是强的前提基础，强是大的目标方向。从全球维度看，19 世纪以来，产业重心经历了四次变化，19 世纪 80 年代前的英国，20 世纪 70 年代前的美国，20 世纪 70 年代到新世纪之初的苏联和日本，21 世纪的中国。四次变化，与量的关系高度一致，对应着经济强国的崛起。

作为一种基础材料，钢铁是工业化的粮食，在可以预见的未来，还未出现规模化取代钢铁的材料，因此，钢铁产业还将在现代工业体系中扮演主角。新中国成立特别是改革开放以来，我国能够成为全球唯一可以生产全部 525 种工业类产品的国家，作为原材料的钢铁功不可没。从“天眼”探空、“蛟龙”探海，到“神舟”飞天、高铁奔驰……钢铁如同坚硬的骨骼一般，强力支撑了大国崛起。

还有一个是绿色制造水平。自 2008 年起，河钢唐钢以卓有成效的“绿色转型”，宣告中国钢企有能力打造全球最清洁的钢厂。2019 年 9 月 11 日，15 家中国钢铁企业联合签署并共同发布《中国钢铁企业绿色发展宣言》，成为新时代中国钢铁践行绿色发展理念的新起点。

目前，中国实施世界最严格的污染物排放标准，有世界最先进的钢铁环境治理技术。在行动上，中国可以说是全球少有的切实践行生态经济学理论的国家之一。一批先进中国钢铁企业也在国际舞台上留下了“绿色足迹”：河钢凭借“城市中水替代地表水、深井水作为钢铁生产唯一水源”项目获得世界钢协可持续发展卓越奖，宝武“LCA优秀案例”获世界钢协生命周期评价领导力奖，等等。中国钢铁工业正在成为世界钢铁工业绿色发展的参与者、贡献者、引领者。

与2005年相比，2018年，重点统计钢铁企业平均吨钢综合能耗由694千克标煤降至555千克标煤，与世界先进水平的差距大幅缩小，其中一些企业指标甚至已达到世界先进水平；吨钢耗新水由8.6吨下降到2.75吨，水重复利用率由94.3%提高到97.88%；重点钢企在节水和废水治理减排方面已达到国际先进水平，吨钢外排废水量由4.71吨下降到0.74吨，下降了84.3%；吨钢二氧化硫排放量由2.83千克下降到0.53千克，削减幅度达到81.3%；吨钢烟粉尘排放量由2.18千克下降到0.56千克，削减幅度为74.3%。

记者：您觉得当前中国钢铁的国际形象是怎样的？或者说世界怎么看我们？我们拥有的话语权是否与体量匹配？如何评价中国钢铁产业的创新力？就当下的中国钢铁企业来说，我们能够为世界发展贡献怎样的中国力量？

于勇：当今世界正处在一个大发展、大变革、大调整时期，只有更加开放合作才能实现钢铁行业的美好未来，中国钢铁工业的发展离不开世界，世界钢铁工业的发展需要中国。麦肯锡全球管理合伙人凯文·斯奈德在2019年夏季达沃斯论坛上指出：“世界对中国市场的需要超过中国对世界市场的需要。”获得这样的评价，离不开大国钢铁在国际舞台上发挥越来越重要的作用。

首先，中国钢铁工业为国际市场提供了大量有竞争力的产品和服务，有力支持了世界经济的发展。值得一提的是，随着高质量发展时代的到来，中国钢铁品种质量持续改善，钢铁产品的出口结构不断优化。2013年至2016年，我国板材出口量占总出口量的比重一直在44%左右徘徊；2018年，这一比例上升至58%。近年来，以极低铁损取向硅钢、第三代超高强汽车板、不锈钢精密箔材等全球首发或领先产品为标志。中国的高端钢铁产品研发正在发力向前，在世界钢铁工业发展中发挥了至关重要的推动作用，满足了国际钢铁市场多层次和多样化的需求，赢得了世界的尊重和认可，也获得了更广泛的话语权。

与此同时，中国钢铁工业的快速发展为全球钢铁及相关产业创造了广阔的市场空间，带动了钢铁原燃料、冶金设备及技术服务的增长，在世界钢铁舞台上发挥了举足轻重的作用。

其次，大国钢铁逐渐改变了世界钢铁竞争格局，有利于维护自由、公平、有序的国际钢材市场竞争秩序。

自2001年正式加入世界贸易组织（WTO）后，中国钢铁人逐渐掌握了国际市场竞争规则，“在游泳中学会了游泳”。

从2002年我们面对美国限制钢铁进口的“201”条款成功运用保障措施对钢铁行业依法进行保护，到2018年中国钢铁企业在美国“337调查”案反垄断、窃取商业秘密、反规避3个诉点全部胜诉……中国钢铁工业在世界舞台上彰显着实力和自信，同时也在一定程度上遏制了贸易保护措施的滥用，促进了自由、公平市场环境的形成和全球治理的科学化、公正化，体现了大国钢铁的责任担当。

最后，世界领先的生产能力，使中国钢铁工业有能力为世界钢铁工业做出更大贡献。

通过对国外先进技术装备的引进消化再创新、集成创新、自主创新，中国钢铁工业技术和装备国产化、大型化、现代化取得重大进展，开始实现从“外为内用”到“内为外用”的转变。2007年以来，我国大型冶金成套装备开始走出国门，国际竞争力不断提升，尤其是“一带一路”倡议提出以来，中国钢铁企业以更大的抱负，积极推动国际产能合作，产生了河钢塞钢管理团队这样的“时代楷模”。

记者：近几年，中国钢铁工业取得了多项世界第一：产量第一、出口量第一、消费量第一，在全球产业格局中走到了台前，应当履行怎样的责任？

于勇：正如您所说，近几年中国钢铁工业取得了多项世界第一，已经走到了世界舞台的中央，正在引领世界钢铁工业的发展。从我国作为世界第二大经济体的稳健发展态势以及发展潜能来看，中国引领世界钢铁工业的时间跨度必将是一个较长阶段。

未来中国钢铁工业为国家经济社会、世界钢铁工业发展的贡献，不能仅仅停留在创造经济效益层面，必须站在可持续发展和国家民族的高度，从技术革新的角度去寻找突破口，把既有现实价值又有战略价值的方向作为主攻方向，持之以恒付诸实践，为世界烙下中国印记。

首先，要进一步拓宽绿色发展的内涵，在创新和服务上实现突破。

中国钢铁工业在能源循环利用方面处于世界领先地位，像河钢已经在行业内率先实施绿色矿山、绿色采购、绿色制造、绿色产品、绿色物流、绿色产业“六位一体”的绿色发展行动计划。绿色钢铁更应该去关注工艺创造、能源使用本身的绿色，在工艺结构上特别是在能源结构上要实现突破。未来，在重大技术改造、能源介质、重大工艺革新上，要有“中国印记”。如探索氢能冶炼技术的解决方案，将带来一次重大的冶炼技术革命，引领传统钢铁冶炼技术的创新与变革。目前，河钢正在与中科院、清华大学等科研院校合作，积极推进氢能在钢铁领域的应用。具体来说，就是通过清洁能源，比如太阳能、风能等制氢，利用氢气还原矿石，彻底实现包括碳排放在内的零排放，从源头开始，实现绿色发展。

其次，要在智能制造上进一步实现新的突破。

钢铁工业最现实的问题是大型化的钢铁企业如何应对多元化的细

分市场变化。随着智能制造的应用特别是5G技术的出现，钢铁行业将能够实现单一生产线在不同时段生产不同的品种和规格的愿景，赋予一条生产线实现多条生产线的功能。当前，中国钢铁工业在智能制造上已走在世界前列，进一步实现新的突破，既有重大的现实意义，又将产生示范效应，对世界钢铁工业自动化、信息化和智能制造起到促进作用。目前，河钢已经开始试点智能制造，目的不仅是效率和管理、品质的提升，而且是要能解决用户的个性化需求与工厂的批量化生产之间的矛盾。

最后，中国钢铁工业更要实现由关注钢铁本身向关注材料的转变，进一步深化市场对接，通过材料向下游产业链传递企业的专有技术。

目前，很多高端制造业企业的技术来自上道工序提供的材料。未来，钢铁行业更大的市场和高质量发展的更广阔空间，在于从钢铁向材料的转变。目前，中国钢铁工业拥有庞大的技术研发团队，应当加速推进在深入市场、了解下道工序的需求的情况下进行有针对性的材料研发，补齐钢铁竞争力延伸上的短板。学习国际优秀钢铁企业对材料的解读，建立材料研发和下道工序的对接机构。在做好钢铁产品本身的同时，围绕下道工序乃至为下游行业提供钢铁材料解决方案，进一步挖掘企业技术和创新的潜力，在未来的钢铁新材料中传递出独有的专有技术，更好地引领世界钢铁工业的发展。

在这方面，河钢也进行了积极探索和实践。通过推进“传统销售团队”向“技术营销团队”转变，加快“钢材供应商”向“材料服务商”的转变，向客户提供定制化“一站式”材料解决方案服务，实现定制化、个性化的中端服务。

回首过去，展望未来，中国钢铁人有信心、有能力创新攻坚、锐意进取，以更加蓬勃的生命力融入全球化的大潮，进一步彰显造福世界的责任和担当。

记者：您是如何当选这一届钢铁协会主席的？过程中有哪些细节？

于勇：今年10月15日，在墨西哥蒙特雷召开的2019年世界钢铁大会上，我当选世界钢铁协会第41任主席。世界钢铁协会总部设在比利时布鲁塞尔，是世界上规模最大、活跃度最高的行业协会之一，会员遍布世界各主要产钢国。世界钢铁协会会员覆盖钢铁生产企业、国家和地区钢铁行业协会及钢铁研究机构，会员粗钢产量占全球粗钢总产量的85%左右。

河钢是2014年加入世界钢铁协会，几年来，我们始终运用全球化思维审视自己并促进自我提升，借助世界钢协这个相互开放、彼此合作的广阔平台，从欧美发达经济体在工业化进程中造就的百年优秀企业中汲取成长经验，为高质量发展提供了活力源泉；从一家区域性传统钢铁企业快速成长为具有全球竞争力的世界级跨国集团，找到并坚定了高质量发展的“路径自信”。2017年以来，河钢成为钢铁行业国际化程度和海外收入最高的企业，2019年海外收入将超过1000亿元。

当选世界钢协主席，是中国钢铁工业全球影响力提升的最好印证。我们这一代钢铁人，伴随改革开放脚步一路走来，见证了中国钢铁产业由小到大，由弱到强，直至打下世界钢铁半壁江山的雄浑壮阔。特别是随着中国经济由高速增长向高质量发展迈进，中国钢铁行业主动实施转型升级，正加速向“绿色、材料、智慧、全球化”迈进。中国已启动全国碳排放交易体系，积极推进全国碳排放权交易市场建设，为控制温室气体排放、加速产业结构升级提供助力。中国钢铁也正在适应客户个性化需求的变化，应用新一代信息技术，加快智能化改造升级。我们愿意和全球钢铁行业同仁一道，不断赋予钢铁新的内涵，致力于实现钢铁行业绿色可持续发展，向全社会提供环境友好型的钢铁材料。

记者： 从一个中国企业的领导者转变为一个世界行业协会的领导者，对您来说，在利益重心和考虑问题的视角上，有怎样的调整和变化？担任这项职务，你觉得最大的挑战是什么？

于勇： 唯有开放合作，方能共享机遇。中国钢铁工业发展到今天，已不能只局限于本土的竞争，而是要着眼于在世界钢铁舞台上发挥更大的作用，科学制定符合自身实际的国际化发展战略，为中国积极参与全球治理，促进人类和平与发展的崇高事业做出钢铁人的更大贡献。这是走进新时代的中国钢铁人的职责使命。

站在促进中国钢铁工业更上一层楼的高度，我们当以更开放的心态聚合全球资源。今天，中国钢铁早已深深烙上了全球资源要素互补和产业链协同的显著特征，随着中国经济结构的深度调整和世界钢铁产业发展格局的不断变化，快速发展的中国钢铁产业迫切需要新的空间，在产业发展的原始创新方面携手共进；同时，中国钢铁企业也需要在国际化进程中，创新借鉴世界先进的经营理念和商业模式，完善提升管理水平，实现全球配置资源。

实现超常规发展迈向更高更强，就要与强者为伍、与时代同行。走向国际舞台，让我们拥有了与强者为伍的机会，通过跨界融合创新，在打通迈入高端循环的战略通道的同时，更为创新理念，推进发展方式、体制机制和商业模式创新提供了最直接的学习借鉴平台。这也正是我担任协会主席的使命担当。

我将积极发挥平台优势，推动世界钢铁产业的交流与合作，让先进技术、先进管理及先进经验更好地共通共融，让全球钢铁企业更紧密地互动，携手共创美好未来。

记者： 从您个人的意愿来说，在任期内，您最想推动的事情是什么？你给自己树立了怎样的目标？

于勇： 让更多的人认识钢铁，理解钢铁。钢铁可以让世界更加美好。

相比昨天，今天的“钢铁”已汇聚了现代社会最活跃的创新元素，从钢铁到材料，从结构性材料到功能性材料，从提供产品到提供材料综合解决方案，展示出新的内涵、新的价值和新的生命力。

经济全球化决定了钢铁产业全球化发展方向。从“资源整合配置和贴近市场”的角度来看，加快推进国外、国内协同发展是大势所趋。作为新任主席，我将致力于推动建设更加开放的合作、交流与共享平台，促进全球钢铁业在持续创新中实现高质量发展，共同打造一个健康可持续的绿色钢铁形象。

以绿色、智能、材料创新突破引领世界钢铁工业未来

2019 年 10 月 28 日，世界钢铁协会主席，河钢集团党委书记、董事长于勇受邀到中国钢铁工业协会做《中国钢铁如何引领未来》的专题报告，站在可持续发展和国家民族的高度，从绿色、智能、材料为落脚点，系统阐述了中国钢铁工业如何引领世界钢铁工业的未来，并为国家的发展留下钢铁印记、为世界的进步烙下中国印记。中国钢铁工业协会党委书记、执行会长兼秘书长何文波主持报告会。

何文波：首先恭喜于勇董事长当选世界钢铁协会主席。走进新时代，我们的中国钢铁使命是什么？中国钢铁如何在未来世界钢铁工业中发挥积极作用，甚至成为主导的力量？下面，请于勇董事长给我们做《中国钢铁如何引领未来》的报告。

于勇：特别感谢中国钢铁工业协会全体干部和各位领导多年来对河钢各项工作的大力支持。中国钢铁工业经过 70 年的发展，不仅产量占全球总产量的一半，而且各方面已逐渐步入世界钢铁工业的前沿，走上了世界钢铁舞台的中央。今天的辉煌是中国几百万钢铁大军辛勤付出的结果，“军功章”上也有中钢协的一半。中钢协是中国钢铁工业发展中的重要力量，政治立场坚定，拥有一支权威专业的队伍，这些年来在钢铁项目规划、发展方向引领、企业文化建设等方面，特别是搭建企业与政府之间的桥梁和纽带，做出了重大的贡献。

从1856年英国发明酸性底吹转炉炼钢法开始，世界钢铁工业经历了美国实施现代钢铁产业化、苏联钢铁产业崛起，以及日本实现炼钢技术革新等时期。在此过程中，不仅推动了第一钢铁生产国经济的快速发展，也把现代钢铁技术、工艺和理论推向了一个新高度，更为世界经济、钢铁工业发展留下了各自深深的印记。自1996年世界钢铁工业发展重心转向中国以来，中国钢铁工业不仅仅向国内、世界提供越来越好的材料，而且在绿色制造、智能制造、产业结构调整等方面的经验做法，对国家经济、世界发展的贡献越来越大。特别是今天的中国已经成为世界第二大经济体，用70年的发展横跨了西方工业国家200多年的发展史，取得的巨大成就让我们深刻感受到中华民族的伟大，更让我们引以为傲的是，“共和国的大厦”是中国钢铁人用“钢铁骨骼”来支撑的。历史证明，任何一个发达经济体的发展，都与钢铁产业的强势发展紧密联系。

今天中国钢铁工业走到了世界舞台的中央，正在引领世界钢铁工业的发展。从我国作为世界第二大经济体的稳健发展态势以及发展潜能来看，中国引领世界钢铁工业的时间跨度必将是一个较长阶段。在引领世界钢铁发展的时期，我们能为世界钢铁工业贡献什么？当我们不再是钢铁发展中心时，我们能为世界钢铁工业留下哪些“中国印记”？所以，未来中国钢铁工业为国家经济社会、世界钢铁工业发展的贡献，不能停留在创造经济效益层面，必须站在可持续发展和国家民族的高度，从技术革新的角度去寻找突破口，把既有现实价值又有战略价值的方向作为主攻方向，持之以恒付诸实践，真正为国家留下钢铁印记、为世界烙下中国印记。

中国钢铁工业要进一步拓宽绿色发展的内涵，在创新和服务上实现突破。我们在能源循环利用方面处于世界领先地位，但把绿色发展仅仅落实为节能环保、循环利用还不够，绿色发展应有更深刻的内涵。

排放的数量级改变绝对不是靠回收利用和生产流程减排就能够实现的，必须通过重大工艺突破才能实现。充分利用可再生能源，如探索氢能冶炼技术的解决方案，将带来一次重大的冶炼技术革命，引领传统钢铁冶炼技术的创新与变革。目前，河钢正在与中科院、清华大学等科研院校合作，积极推进氢能在钢铁领域的应用。世界的发展离不开钢铁，但随着对碳排放量的高度关注，人类对高质量生活的美好追求，正在呼唤着新的钢铁工序、新的钢铁创造。从可持续发展的角度来看，未来中国钢铁工业要在绿色制造上下功夫，除了生产流程的绿色外，也要关注工艺创造和能源使用本身的绿色，更重要的是在重大技术、工艺流程、能源结构上实现突破，以中国制造打上中国印记。

中国钢铁工业要在智能制造上发力，更好地应对客户端小型化、个性化、定制化的需求，匹配多元化的细分市场。以往为满足国家基础设施大发展、批量式使用钢材的需求，钢铁企业的定位多是装备大型化、规模化生产。在我国经济高质量发展阶段，钢铁行业的客户端越来越向制造业倾斜，与此同时制造业的需求正在由宏观向微观转变，更多地追求个性化、定制化、多元化的产品，规模化的发展模式与客户端的需求形成了一个新的瓶颈。因此，中国钢铁工业最现实的问题是大型化的钢铁企业如何应对多元化的细分市场。随着智能制造的应用特别是5G技术的出现，钢铁行业原先实现不了的工业场景将变成现实。除了保证质量稳定性、精度控制和效率提高外，智能制造能使单一生产线在不同时段生产出不同产品，具备多条生产线的功能。所以，大型化必须匹配智能制造，应对市场和客户端在高质量发展中的新需求。目前，中国钢铁工业在智能制造上已经走在世界的前列，进一步实现新的突破，既有重大的现实意义，也将产生出示范效应，对世界钢铁工业自动化、信息化和智能制造起到促进作用。

中国钢铁工业要由关注钢铁本身向关注材料转变，进一步深化市场对接，通过材料向下游产业链传递企业的专有技术。目前，很多高端制造业企业的技术不是来自自己本身，而是来自上道工序提供的材料。未来钢铁行业更大的市场和高质量发展的更广阔空间，在于从钢铁向材料的转变。以蒂森克虏伯为例，它为制造业提供的不是简单零部件，更多是以材料为载体来传递自己的专有技术。所以，当钢铁企业不再卖钢铁产品本身，而是通过材料输出企业的专有技术，这是一种提升。中国钢铁工业拥有庞大的技术研发团队，但是材料研发没有深入到市场、了解下道工序的需求时，势必在行业可持续发展、延续钢铁竞争力上造成缺失。因此，要学习优秀的钢铁企业对材料的解读，建立材料研发和下道工序的对接机构。在做好钢铁产品本身的同时，围绕下道工序乃至再下游行业提供钢铁材料解决方案，进一步挖掘企业技术和创新的潜力，提高系统的材料研发能力，在未来的钢铁新材料中传递出独有的专有技术，更好引领世界钢铁工业的发展。

今天的中国钢铁工业让中国钢铁人昂首挺胸。河钢成为世界钢铁协会的主席单位，这不是一个偶然、孤立的事件，它是中国强大综合国力的象征，也是世界对中国钢铁工业发展高度的认可。未来，我们要始终沿着习近平总书记指引的方向坚定前行，深入践行新发展理念，加快推进中国钢铁工业高质量发展，为实现中华民族伟大复兴的中国梦贡献出更大的钢铁力量。谢谢大家！

钢铁将为人类创造更加美好的生活

记者： 首先祝贺您当选世界钢协新一届领导人，可否请您谈谈中国钢铁工业在世界钢铁业中的地位及所处的发展阶段？

于勇： 我认为，中国将在较长时间内主导世界钢铁工业。70 年来，在新中国从站起来、富起来到强起来的伟大进程中，钢铁工业始终以“钢铁报国”的使命情怀，创造了世界钢铁史上最辉煌、最壮丽的成就，为共和国的伟大复兴发挥了“钢铁脊梁”的强大支撑作用。我们这一代伴随改革开放成长起来的钢铁人，有幸见证了中国钢铁工业由小到大，由弱及强，直至打下世界钢铁半壁江山的雄浑壮阔。进入新时代，面对新的历史机遇，我们必将重新踏上征程，迎接新的挑战，创造更加美好的未来。

一是世界钢铁发展的重心已经转向中国。纵观 160 多年世界钢铁工业的发展历程，全球格局不断调整，生产和消费重心几经转移，先后从英国、美国转移到苏联、日本，现在已经进入“中国时代”。我国钢产量从 1996 年突破 1 亿吨开始，连续 23 年保持世界第一，尤其是近 10 年来，基本占据了世界钢铁总产量的半壁江山。据世界钢铁协会统计，美国曾经保持世界钢铁生产和消费主导地位长达 81 年。从我国作为世界第二大经济体的稳健发展态势，以及人口基数、市场容量和经济发展阶段来看，中国主导世界钢铁工业的时间必将更长（不会少于美国）。

本文原载于《中国冶金报》2019 年 9 月 13 日。

二是中国钢铁已经成为中国乃至世界经济发展的重要推动力量。

作为一种材料，钢铁是工业化的粮食，在可以预见的未来，还没有哪种材料可以规模化取代，钢铁产业还将在现代工业体系中扮演主角。我国经济长期稳健增长，为钢铁工业快速发展及世界钢铁消费增长创造了强大动力。据世界钢铁协会统计，2017 年，中国钢材消费增量占全球钢材消费增量的 79.8%，除直接出口外，以机电产品和装备制造产业为代表的间接出口，极大提振了进口国家和地区的钢材消费，为世界经济发展做出了重要贡献。此外，我国钢铁产业的稳步发展拉动了全球原燃料消费，并积极影响了全球相关产业发展。

三是中国钢铁当前面临的困难和压力，也是发达国家钢铁工业的经历与过往。

1945 年二战结束以来世界钢铁工业的发展史对我国钢铁工业发展极具参考价值。这 70 多年的发展历程可划分为四个阶段：战后重建和经济繁荣黄金期、发达国家钢铁工业结构调整期、中国钢铁工业黄金十年期、中国钢铁需求峰值平台期。钢铁产业进入峰值平台期，往往要承受产能过剩、区位布局优化和环保压力等重重挑战。这些都能从发达国家的发展历程中得到印证。中国钢铁工业要保持较长时期的平稳发展，必须从发达国家钢铁工业的发展历程中吸取经验，主动实施转型升级，特别是深化供给侧结构性改革，向全球价值链中高端迈进。

记者：请您展望一下中国钢铁工业未来的发展趋势？

于勇：钢铁工业未来大致有四个发展方向。未来，中国钢铁工业将加速向“绿色、材料、智能、全球化”迈进，必将长期引领世界钢铁工业的发展，必将为人类创造更加美好的生活。

一是中国钢铁工业要树立强烈的绿色发展理念。坚持绿色发展是我国钢铁工业健康发展的根本，也是我们钢铁工业改变在全社会广受质疑状况的根本。当前由于我国的钢铁产能基数较大，环保水平不均衡，无论是在国外还是在国内，都面临极大的环保挑战和关注，许多企业的发展因此遇到了瓶颈。但我坚信，我国钢铁工业在绿色发展方面积累了很多经验，形成了专有技术，只要下决心，就能实现绿色发展。

二是中国钢铁工业要高度关注由钢铁向材料、由材料向技术的转变。发达经济体的钢铁企业，除了实现了较好的产业链延伸，也将钢铁产品延伸到了下道工序的半成品和零部件。更重要的是，这些零部件已经成为专有技术的载体。我国钢铁工业应灵活运用好钢铁零部件这个载体，向下道工序出售专有技术。

三是高度关注工业互联网和5G技术在钢铁未来发展中的应用。我国钢铁工业目前和世界经济发达地区钢铁工业的一个明显区别是，我们在进一步追求产线的大型化和规模化，而发达国家已经完成了生产线的去规模化，遵循的是产线多元、小众、定制的生产模式。5G是解决连续生产和不同规模定制问题的最好手段。我国钢铁工业要想解决装备大型化、产线规模化与未来客户的多元和定制需求问题，必须依靠5G技术。

四是以钢铁全球化增强协同发展优势。经济全球化决定了钢铁产业全球化发展方向。从“资源整合配置和贴近市场”的角度来看，加快推进国外、国内协同发展是大势所趋。

70年来，中国钢铁工业走过了一条曲折而辉煌的奋斗之路，取得了举世瞩目的发展成就，为我国经济社会发展做出了突出贡献。新时代、新钢铁、新征程，只要我们坚定地以习近平新时代中国特色社会主义思想为指导，树牢“四个意识”，坚定“四个自信”，做到“两个维护”，团结奋进，开拓创新，中国钢铁工业必将在实现“两个一百年”奋斗目标、实现中华民族伟大复兴的历史进程中，挺起“钢铁脊梁”，展现新的作为，中国钢铁工业的明天必将更加美好！

我是 500 强

陈伟鸿：大家好，欢迎各位收看《对话》，就在不久之前的 7 月 22 日，《财富》杂志公布了 2019 年世界 500 强的名单，在这份名单当中一共有 129 家中国企业，数量首次居于首位。这些年来，《对话》见证了在世界 500 强的阵营里，中国企业的从无到有，从小到大，这些改变究竟是如何发生的呢？当我们对企业的评价标准已经不再是唯一的增长，或者是数量变化的时候，到底未来的这些中国企业，他们又瞄准了怎样的发展目标呢？让我们今天再一次走进世界 500 强，走进上榜的中国企业。首先欢迎于总，您是如何看待这次入选 500 强的？

于勇：在所有产业人的眼中，应该说世界 500 强是很有诱惑力的，它的确代表世界上不同行业最具实力、影响力的领军企业。河钢是全球第三大钢铁材料制造和服务商，已经连续 11 年进入这份榜单。但这次稍感出乎预料的就是今年我们在世界 500 强排名较上个年度提升了整整 25 位，这个位次的提升如果结合河钢这几年的发展历程来讲，还是有它特殊性的。因为从 2015 年开始，在国家经济供给侧改革的大背景下，我们整个钢铁行业在全面推进去产能和减量化，河钢集团很多企业在河北，河北是产钢大省，又肩负着钢铁去产能的一个更大的责任。“十二五”到现在为止我们已经去掉了 1000 多万吨钢、500 多万吨铁，相当于减掉了一个特大型的钢铁企业。从另一个角度来说，一

本文为 2019 年 8 月 4 日中央电视台《对话》栏目访谈。

个企业在短短几年内，生产规模大幅度缩减的情况下，产值却逆势大幅提升，应该说这次河钢25位的跃升，反映出不是规模的因素，更多的是品质，是可持续发展的能力，可以说更具含金量，这个让我们感觉到很振奋。

陈伟鸿：于总用到了一个词我特别赞同，就说世界500强对很多的中国企业，尤其是早年间的中国企业是有诱惑的，诱惑这两个字的内涵非常的丰富。我记得在1995年的时候，《财富》宣布它们要把所有产业都一起纳入评选范围的时候，很多企业都觉得我们的机会来了，像当年张瑞敏先生就说我未来要率领海尔进入世界500强，那种诱惑感在你们成长的过程当中起到什么作用吗？

于勇：当然会有。这也是当年许多中国企业的努力方向。就企业来说，这标志着进入了全球特大型企业“俱乐部”，可以说，能够极大地提升品牌价值。依托这一品牌，企业能够更好地在全球范围内参与市场的竞争与合作，充分利用国内外两个市场两种资源，提升发展质量和效益，不断增强综合竞争实力，在为经济社会发展做出更多更大贡献的同时，也增强广大员工的自豪感和获得感，从而向着更高的目标迈进。

河钢是2009年进入世界500强的，当年排名375位，我们也是河北省首家进入榜单的企业。到今年，连续11年进入到500强榜单。名次前进了161位，销售收入也从1770亿元，提升到了3200多亿元。

在这十年中，应该说有个特殊的年份就是2015年，这一年应该说钢铁行业，从市场、效益、供需关系都发生很大变化的一年，相对来讲走得很艰难。也就是从那时起，我们提出来，要像卖家电一样卖钢铁。这几年，我们持续聚焦“市场”和“产品”，以客户结构调整推动产品升级，全面提升产品高度和综合竞争力，优化客户结构，全方位对接终端市场，高端客户和高端产品占比获得大幅提升。成为了国内最大家电板、第二大汽车用钢供应商，国内核电、海洋工程、建筑桥梁用钢领军企业。我们也在不断推进技术进步，与中科院、北科大、西门子等世界一流科研院所、高校和企业合作，建设全球技术研发平台成效卓著，科技创新能力持续增强，推动企业实现高质量发展，整体盈利水平创造了历史最佳，获得了冶金行业竞争力极强“A+”最高评级。

陈伟鸿：我觉得从那个时候就奠定了您今天和国内主流家电板企业并肩作战的一个基础。

于勇：是的。从那时起步到目前为止，我们是中国家电彩板最大的供应商，我们已经占中国家电彩板市场近50%的份额，就是说每两个家电产品当中就有一个使用河钢钢材产品来制造。一个偏于传统的钢铁制造企业，从那时起，可以说真正把发展这个指挥棒交给了市场，追求规模、追求批量生产的传统模式在河钢已经成为过去，生产的定制化、小微化和个性化成为新的追求，产品和市场也就这样实现了对接，产品的开发和生产由此进入“定制”时代。今天的河钢，产品和市场是工作主线，各个产线成为创效单元，大客户服务体系推进直供，德高海外业务网络扩大出口。去年，河钢商品材直供比例达到70.03%，与110多家重点战略客户建立稳固合作关系。多年积累的装备优势、人才技术优势、创新能力、品牌影响力以及全球化企业资源配置能力和海外布局等要素得到充分释放，在“定制”生产中倒逼产品结构提档升级，迈向高端。

陈伟鸿：你看我们在世界的榜单上，排在前列的，我们都会用巨头这个词来形容他们，比如说制造业巨头，比如说科技业的巨头。有人说，你们之所以能够上榜世界500强，就是因为你们体量太大了，请您谈谈对这个问题的看法。

于勇：历史是有其内在逻辑的。我觉得至少钢铁行业，大和强，这两个概念有很多内涵是重叠的。如果将中国钢铁放在现代钢铁工业200余年发展史中进行研究，不难发现，“大”和“强”是辩证统一的关系，大是强的前提基础，强是大的目标方向。回过头看，历史并未事先给今天的中国钢铁划定这样一条发展轨迹，而是特定背景下，几代人几十年艰苦卓绝的探索实践，迭经艰难与曲折，才最终将中国钢铁导向强盛之路。我们再从全球维度看，19世纪以来，世界钢铁重心经历了四次转移的历程，作为最早的产业重心，19世纪初英国钢产量已经占到全球的一半以上；其后拿到接力棒的是20世纪70年代前的美国，20世纪70年代到90年代的苏联和日本，新世纪以来的中国。每一次产业重心的变化，都与量的逻辑关系高度印证，呼应着经济大国的崛起。毫不夸张地讲，中国钢铁诞生在一片废墟之上，新中国成立特别是改革开放以来，我国能够成为全球唯一可以生产全部525种工业类产品的国家，作为原材料的钢铁功不可没。新世纪以来我国生产了80多亿吨钢，如果没有这80多亿吨钢，哪来鳞次栉比的高楼大厦、纵横交错的铁路公路？如果没有钢铁工业的支撑，航空母舰、大飞机、深海勘探采炼、极地探险装备等国之重器的突破更无从谈起。从“天眼”探空、“蛟龙”探海，到“神舟”飞天、高铁奔驰……钢铁如同坚硬的骨骼，强力支撑着大国崛起。这也足以让我们这些从业者感到自豪。1949年我国年产钢15.8万吨，我们是弱国，需要站起来；1978年全国钢产量刚过3000万吨，我们是贫国，需要富起来。改革开放后钢铁工业质与量齐跃，国家才有了强起来的基础。可以说，钢铁从来与国家命运休戚相关。

同时，作为一种材料，钢铁是工业化的粮食，在可以预见的未来，还没有哪种材料可以规模化取代，专家预测在未来50年或者近百年，钢铁依然会是国民经济当中一个基本材料，但钢铁的外延形式也在时刻发生变化，今天的钢铁汇聚了整个社会最活跃的元素，它包含着科技，包含了现在的商业模式，所以钢铁是传统产业，但是钢铁也孕育着高科技产业。钢铁虽然大，但是钢铁不是傻大黑。钢铁依然在快速跟进共和国发展的步伐，和我们整个科技发展是同步前行的。

陈伟鸿：实际上从我们旁观者的角度来说，我们还关注另外一个能力，就是挣钱能力。我做了一个统计，就是在世界500强的排名当中，前十大盈利能力最强的企业，在这当中我们看到有4家来自中国，但你再仔细看，这4家全都是银行。如果扣除了银行业的利润，那么500强当中中国企业的平均利润是19.2亿美元，而美国的企业是52.8亿美元。两相比较，差别还是挺大的。我们中国企业在世界500强的阵营当中，盈利能力是不是不够强？

于勇：盈利是企业存在的根本目的，这个不用讳言，更不用遮掩。我个人观点看，其实单纯讲一个企业或者一个行业的盈利能力，特别是跨越国界去比较，还存在一个不可或缺的所处不同历史发展阶段的隐形因素，包括整个社会宏观经济水平阶段、企业的生命成长周期，以及你所承担的社会责任等。新中国成立之初可以叫做一穷二白，现在讲起来许多人可能都不敢相信，中国的经济基础远远落后于同期印度，脱胎于半殖民地半封建社会洋务运动的民族工商业，本身就先天不足，底子薄，又在战争中遭遇破坏，可谓千疮百孔：1949年，全国钢产量只有不到16万吨，放到今天，仅够建造一座鸟巢（总用钢量11万吨），还不够全国每户人家造一把锄头；人均铁路长度不足5厘米，还没一根香烟长。今天，我们一座港珠澳大桥的用钢量甚至近百万吨，所以，假定那时你有造桥技术水平，也是想都不要去想的。我们就是在那么一个低的水平上发展起来的。河钢作为一个中国的国有企业，我们对这70年，重点还是改革开放40年的发展支撑，更多的是基础设施用材的制造和提供，这是客观，我们超越不了这段历史。另外，这个可能不够完全客观，中国的国有企业，包括河钢在内，我们和韩国浦项和蒂森克虏伯这些企业做对标的时候，除了我们产业链比较短，在中低端我们的盈利和吨钢售价比较低之外，另外有一个不容忽视的内容就是我们的各项费用。虽然是国有企业，但实事求是地讲，我们的发展更多是靠自身的积累和银行的支持，这不是一句空话，相应的我们就要付出财务费用，我们动辄一个企业超过50%的负债率，相对还都是比较低的。我们必须要面对现实，更多地去思考如何靠我们自身努力，尽快去补齐这个短板。我们需要有危机感，但是也希望能得到更多的体谅和包容，要对自己的企业发展有耐心。

陈伟鸿：当前“中国制造”正在加速转向“中国创造”，这一过程需要有效创新。我们如何通过创新，来加速这个转变的过程？

于勇：创新驱动是河钢的四大支撑体系之一。河钢实施全面创新，在全球范围搭建营销、技术、制造三大平台，既有技术创新，也有管理创新、商业模式创新，更有理念创新和战略创新。我们既抓基础性创新也重视改进型创新，通过集成创新走在行业前列。我们的目标，应该说还是很明确的，主要是两点：第一点是专注地做产品，制造业企业最终的盈利还是体现在产品上。对一个产品来讲，质量和品质完全是不同的两个概念，未来可能关注就是品质和品牌，我想这也和一个国家的发展周期是连在一起的契合点。从这个方面讲，河钢是从关注客户入手，用户满意就是工作尺度，以客户高端化倒逼产品升级。我有一个观点，在未来，客户结构的调整将成为拉动产品结构升级的最大引擎，客户端能走多远，产品端就能有多高。近年来，河钢跨行业、跨时期，向市场化程度最高、发展最成熟的家电行业深入学习，改变过去“远离客户端、大量依赖中间商”的批发式营销模式，在行业内率先实施大客户服务经理制，开展对高端客户“一对一”“点对点”的个性化服务，建立起用户导向型的营销服务模式和需求驱动型的商业模式。我们在业内率先推行大客户经理制，有效提升了客户关系的牢固性和忠诚度。

高端客户的产成品多为高度定制化产品，客户更多地关注钢企的技术支持、产品价值含量和购物体验。如今，在河钢每名大客户经理的背后，我们都有一个集产销研资源于一体的专业化团队作支撑，为用户提供定制化的“一站式”服务，用户通过客户经理这一个点，就可以辐射到整个生产供应流程，省力更省心。

河钢明确了“满足市场与客户个性化需求，产线产品由满足国际标准向满足客户个性化需求转变”的发展路线。结合市场和用户需求制定产品对应的质量标准，建立严于国家标准等通用标准的企业标准，建立全部直供用户的用户标准，严格按照个性化要求对应的质量标准供货。仅2018年，就发布和实施了《海洋工程用钢板》河钢内部企业标准57项，以客户为核心开展质量提升工作。

从过去的产品“卖出去”后销售就基本结束，到现在产品“卖出去”只是创造价值的开始，河钢投入更大力度，不断增加与用户的黏度。仅核心子公司，每天就有100至200名员工在高端客户现场或奔赴高端客户现场的途中。来自河钢的营销、研发、技术和质量管控等人员入驻重点客户的产线提供服务，已经成为常态。目前，河钢大客户涵盖了著名汽车制造商、知名家电生产商、大型工程机械制造企业和大型国有企业，大客户总数达到357户，月均签订合同量超过百万吨，占内贸总销量三分之一以上；月均销售品种钢占总销售的70%以上。

第二点就是希望中国制造业企业更多地走出去，学习借鉴发达经济体成功的经验和做法，打开新视野，最重要的是不断培育企业自身的成长性。包括河钢在内，我们感觉到中国企业一个很大的问题就是，我们原来更多地把注意力放在了厂内，关上门搞内部的管理，搞自己的工艺管理，搞细节。过度关注了自己和当下，导致忽略了外面的世界，忽略了未来，失去了客户体验。国外的领先企业可能很大一部分主要关注点是在市场和客户，企业发展指挥棒是来自于市场端。这两年河钢在结构调整、产品升级，一个巨大的改变恰恰是得益于这方面经验的形成。在不断推进海外发展的同时，河钢坚持“走出去同时要更好带回来”理念，注重吸收欧美发达经济体的客户关系、市场行为、商业模式等先进理念，并反哺到国内企业，强化海外企业的协同性和国内企业的互补性，进一步提升了国际化经营能力。

从另一个意义上讲，在复杂多变的全球经济环境中，未来的竞争，不再是一个企业单独面对市场的竞争，而是一个产业链条的竞争，需要企业和企业之间形成产业链条，共同面对新的竞争环境。近年来，河钢集团通过发挥河钢德高全球营销服务网络和金融贸易平台优势，成为世界上营销网络最发达的钢铁企业之一，借此搭建起迈向国际高端市场的“桥头堡”，叩开了众多欧洲高端客户的“大门”。目前，河钢在110多个国家和地区从事商业活动，与全球331个钢厂建立了业务往来，产品销往4.4万家客户，奔驰、宝马、卡特彼勒、西门子等越来越多的世界级巨头与河钢形成了稳固的合作关系。依托国际化经营理念，提升河钢南非矿业公司和河钢塞钢的资源配置能力，企业实现了连续盈利，提振了中国企业在国外投资的信心。

在企业全球化进程中，最重要的是自身的成长性和顺势而为的能力。河钢德高位于瑞士卢加诺的总部，有来自40多个国家和地区的300多名员工，国际化氛围浓厚。我们每年选派十余名具备良好基础、有培养前途的业务骨干到这里，深入学习国际先进的管理理念和业务知识。不只是河钢德高，河钢南非PMC公司、河钢香港公司等众多行业前沿的公司，都成为河钢培养国际化优秀人才的“训练营”。与此同时，利用与国际顶尖科研机构和高等学府合作优势，打造国际化人才培养基地。2017年，河钢与世界排名前50位的名校和顶尖高等科研学府之一的澳大利亚昆士兰大学签署合作协议，在昆士兰大学建立河钢国际化人才培养基地。首批选派的 22 名优秀骨干已经赴基地进行学习。

陈伟鸿：当越来越多的中国企业进入世界 500 强的时候，我们的《对话》依然在关注，并且见证着他们的成长。今天，在世界 500 强的标签之外，中国企业已经对自己有了更高的期许和要求。我们把世界 500 强您所处的行业当中的其他企业做了一个不完全的统计，在这个名单当中，有您瞄准的、赶超的对象吗？

于勇：有，浦项、蒂森克虏伯等。应该说，这几个企业你列得很准确，它可以代表当今世界钢铁发展的先进水平，也都是河钢学习的对象。当下，我们捕捉的一个学习的主要目标是蒂森克虏伯。这是一家德国企业，其实它的产量规模并不大，在中国来讲算一个中型钢铁企业，1000 多万吨钢，但是它的产业链很长，也非常高端，它在为全球的汽车，包括航空、医疗、很多高端制造业提供零部件服务。感触最深的就是，像这样的企业，它已经不仅仅是在做产品，已经在为下道工序做材料，而且它给下道工序做的材料，也不单纯是一个基本零部件。举个例子，我们原来一直认为奔驰、宝马很多零部件都是这些汽车企业的一些主要产品，其实是错的。现在，在很多世界级汽车企业当中，它的配件是由上游企业来提供，比如汽车方向盘的助力器，就是蒂森克虏伯独家供应的，这是它的专利产品。世界上再高端的汽车，这套系统是由它配套供给的。河钢的下一个目标就是这样的，不仅要出钢材，而且要出材料，未来要为我的下道工序提供有河钢专有技术和创意的专有材料。我想这也是中国所有的制造业企业下一个发展目标。从未来看，包括钢铁在内的中国制造业转型升级的基本方向是从主要依靠低成本要素的发展模式向更多依靠创新和知识资本等高级要素的发展模式转型。具体讲，主要有：一是适应信息化、智能化、网络化的技术方向，加快工业化和信息化的深度融合，着力推动传统制造业部门的改造和战略性新兴产业发展；二是通过服务业与制造业的不断融合延伸制造业的产业链和价值链，提高制造业部门的附加值和竞争力；三是努力促进制造业部门生产要素的战略性转换，提升无形资产和非物质要素投资在制造业投资中的比重，构建制造业长期可持续的竞争优势。

当然，最终的目标我们也一定是要赶超。中国现在经济体量已经是第二位，中国的产品怎么走出去？我们考虑更多的是国际分工的问题。也就是作为中国这个行业的代表，在国际化分工中，自己是一个什么样的定位，扮演一个什么样的角色，一个什么样的国家担当的问题。所以它们几个是我们学习的榜样，也是我们追赶的目标。中国创造任重而道远，唯有埋头苦干，迎头赶上。处于从量的积累向质的飞跃、从点的突破向系统能力提升转变关键时期的中国钢铁，亟须耐得住寂寞，以苛求之心，造极致之美，跳出“低端”竞争，迈向“高端”循环。唯有如此，中国钢铁才能真正让世界尊重，在新一轮产业价值链分工中获得先机。

陈伟鸿：我们来做这样一个假设，今天虽然我们从头到尾都在谈世界500强这个榜单，但未来如果我们世界上还会新产生另外一种榜单，您最渴望自己企业上榜的是哪一个榜单？

于勇：结合我们这个行业吧，我想了想，我争取上全球最绿色的榜单，但这个肯定不是股票榜。为什么最绿色呢？传统的钢铁的确是个高能耗的行业，但是随着科技进步，人们环保意识的增强和科技水平的提升，钢铁作为一个传统的污染行业，但是现在越来越绿色了，河钢旗下的一个主要子分公司河钢唐钢，是业界公认的全球最清洁的钢厂。2016年，世界钢铁协会第50届年会上，在现场全球104家钢铁生产企业、行业协会和研究机构的共同注目下，第七届“Steelie”奖中备受关注的“可持续发展卓越奖”颁发给河钢，这是中国钢铁企业首获此殊荣。在全球共同建设可持续发展的未来征程上，河钢人用行动展示出了中国钢铁企业的责任与担当、自信与智慧，更赢得了世界钢铁同行的尊重。4月18日，世界钢铁协会技术委员会第48届会议在中国召开期间，来自奥钢联、日本新日铁住金、韩国浦项、美国纽柯等11个海外钢铁企业和机构技术负责人慕名现场参观，连连赞叹：“世界最美的钢厂在中国，在河钢！”这也标志着我们已经实现了这一个阶段性目标。从中国走向世界，河钢展示出中国钢铁企业的绿色担当，证明了中国钢铁工业的可持续发展一样能够做到世界一流，这一切得益于河钢坚持“生态优先、绿色发展”的理念，不断探索可持续发展并为之付出的巨大努力。迄今为止，河钢已经投资超过195亿元，实施了重点节能减排项目400余项，创造了钢铁工业清洁生产、绿色发展的重大典范。包括河钢在内的中国钢铁企业正以世界舞台上的卓越表现，悄然改变着世界钢铁对中国钢铁发展进步的看法。习近平总书记说“绿水青山就是金山银山”。追求永无止境，我想在实现绿色智能制造、可持续发展方面，达到一个至臻至美的水准，这是钢铁人一个最高的价值取向。

陈伟鸿：世界正在逐渐地了解中国，而更多的中国企业，也把中国发展的动力和实力呈现给了世界。所以在今天节目的最后，我想请您为我们呈现一张特殊的企业名片，让世界对你们有更多的了解，有更多的认知。

于勇：河钢集团名片绰号叫钢铁侠，籍贯是河北，特长是百变成钢，我们的座右铭就是钢铁报国。

我们清醒地认识到，适应新时代我国社会主要矛盾的转化、发展阶段的转向，进一步深化改革开放，推进结构调整、转型升级，实现钢铁工业高质量发展，还会触及更多深层次的利益关系和矛盾，非壮士断腕的勇气和凤凰涅槃的决心不能克难制胜。重任上肩，整装再发，一如40年来在改革开放的路上爬坡过坎、勇毅笃行。

不忘初心，方得始终。我们的目标明晰而又坚定，做品质更好的钢铁，让共和国的身躯更强大。在新的历史方位下，以创新推开机遇的大门，把命运掌握在自己的手里。在这个大有可为的新时代，河钢也必将更加奋发有为。

陈伟鸿：接过每一张中国企业的名片，其实是接过了一分力量，接过了一分责任，也接过了一份担当。伴随着中国经济的腾飞，随着中国企业的不断成长和壮大，已经有越来越多的中国企业跻身世界500强。今天的它们，是别人眼中的一道风景，而对它们来说，它们其实是风景的创造者和描绘者。今天，越来越多中国企业的心声是：世界，请收下我的名片，请你了解我，请你认识我，请你给我更多的掌声，更多的鼓励，更多的鞭策。

以一流品牌引领河钢高质量发展

4Cr13 高端模具钢宽度达到 2300mm，创世界之最，打破了该领域 2000mm 以上宽度产品的国外垄断；

研发的 430g/m² 极限厚锌层锌铝镁产品填补国内空白；

批量供应世界最高时速 350 公里百米高速轨；

从 0.4mm 到 3.0mm，国内唯一一家实现极薄规格镀铝板厚度规格“全覆盖”……

每一个数字都代表着一座高峰，每一项突破都是河钢实力的新迸发。经过抗疫大考，这些上半年从河钢集团频频传出的喜报，见证了河钢人追求高质量发展的坚定信心，彰显出保持品牌优势的充足底气。

河钢集团作为世界最大的钢铁材料制造和综合服务商之一，聚焦建设“最具竞争力钢铁企业”，以国际视野、跨界思维、市场理念，倾力打造超越规模优势之上的企业品牌竞争力，已经从一个区域型钢铁企业迅速发展成为具有全球竞争力和世界品牌的跨国集团，成为中国企业“金名片”。为了探寻河钢品牌建设的原动力，日前，凤凰网记者专访了河钢集团党委书记、董事长于勇。

加强品牌建设是高质量发展的时代要求

记者：您长期从事钢铁大型企业经营管理工作，您对钢铁企业

本文原载于凤凰网 2020 年 6 月 29 日。

加强品牌建设有哪些感受？

于勇：企业的品牌建设在历史上任何一个时期都不像现在这样受到关注，这也是我国进入高质量发展阶段的时代要求。随着整个经济社会的发展，人们的消费理念从物质层面追求，逐渐上升到精神层面的追求，由关注价格、关注质量向关注品牌转变，这些转变代表一个国家经济正在逐步走向成熟。钢铁产业作为国民经济的重要基础产业，钢铁作为人类生产生活中应用最广泛的金属材料，在生活中无处不在。随着钢铁企业围绕满足消费升级的需求，不断发掘新的品牌建设亮点，实现由制造向创造、由速度向质量、由产品向品牌转变，这个行业也在进一步走向成熟。

一个企业最终的竞争力体现在品牌价值上。品牌价值凝聚着一个企业的产品竞争力、文化竞争力、资源配置能力、技术标准和质量管理等。在“产品竞争力”方面，河钢以客户结构优化倒逼产品结构升级，持续提升两个结构，大力培育行业第一、唯一和替代进口产品，在超高强汽车钢、覆膜家电板、海工钢等领域打造更多“单打冠军”。在“资源配置能力”方面，通过实施国际化战略，大力提升全球资源配置能力，真正做到“全球拥有资源、全球拥有市场、全球拥有客户”。通过国际化打开眼界、走向世界，融入世界经济体，它所带来的不仅仅是经济效益，更重要的是企业的高度、战略和未来。在“文化竞争力”方面，河钢明确了“为人类文明制造绿色钢铁”等发展理念，倡导担大任、做大事，在创新发展、绿色发展、高质量发展方面主动求新求变求突破，在世界钢铁工业发展史上留下中国印记。2019年，河钢正式当选世界钢铁协会主席单位，并将连任一届，标志着河钢品牌正式驶入世界钢铁舞台中央，进一步彰显了河钢集团、中国钢铁在世界的影响力。

用产品和技术支撑起企业发展新高度

记者：在塑造产品品牌过程中，河钢在创新、质量、服务等方面做出了哪些努力与探索，取得了哪些成果？

于勇：创中国名牌，出世界精品，始终是河钢的不懈追求。在市场竞争中，品牌是质量的象征，质量是品牌的根基。高质量发展阶段，对钢铁产品需求由品种、数量的增长已转向质量和品质的提升，提出了更高的要求。河钢把提高产品和服务质量作为转型之要，实现从钢铁到材料，从材料到技术，加快由“钢铁制造商”向“材料服务商”转变，不断赋予河钢品牌更高的价值。

客户结构的优化是产品竞争力提升的强大引擎。客户的高度决定产品的高度，产品的高度决定企业的高度。河钢主动适应客户个性化、差异化需求，引入跨界思维，推行大客户服务经理制，实现了对重点客户“点对点的服务”和“像卖家电一样卖钢材”。先后成立两级客户服务中心，建立自主营销网络和客户服务体系，以定制化的“一站式”材料解决方案服务满足客户个性化需求，培育了一大批极具黏度的战略客户集群。在客户端优化的过程中，河钢打破与客户之间的传统“买卖”关系，打造技术、服务、资本、股权等多种形式的新型纽带关系，构建上下游协同发展的“共享平台”和“利益共同体”。通过收购海尔特钢，将钢铁产业链深度嵌入家电产业链条，树立了河钢家电板品牌；在汽车等高端制造企业推广复制“海尔特钢合作模式”，实现产业链资源共享、深度融合、优势互补、协同发展。

抓好支撑体系是产品竞争力提升的坚实保障。产品升级，市场是推手，产线是核心，保障是关键。经过多年来的发展，河钢的主体装备已经到达行业先进水平，拥有一流的科技人才、职工队伍，这些资源让我们有条件、有实力走高端路线。围绕充分发挥产线效能，河钢建立以产线为中心的资源配置方式，加快构建技术、质量、人才、自动化和信息化“四大支撑体系”，其中，实施了以产线为独立市场单元的组织结构扁平化变革，各钢铁子公司成立由子公司领导担任总经理、产销研一体化的产品事业部，去“中间层”和“行政化”，关键人才配置到一线（产线、技术、营销一线），关键待遇配置到一线，以“定制化制造”满足“个性化需求”，极大提升了企业快速响应市场与客户的质量和效率，加速了产品升级和结构调整。

科技创新突破是产品竞争力提升的根本所在。河钢整体装备已达到了一流水平，未来，我们给社会贡献的应该是技术含量更高的钢铁材料，因而比任何一个时期都更加需要技术平台和研发力量的支撑。“十三五”迄今，我们先后与中科院、东北大学、昆士兰大学、西门子等一流科研院所和高端用户合作，共建了28个协同创新平台，联合承担了18项国家重大科技专项，构建起全球技术研发平台，有力引领和支撑了产线升级、结构调整、绿色制造和智能制造。

依靠创新，河钢高技术含量、高附加值的品种钢比例由2014年的29%提升到2019年的72%，高端产品量由438万吨提升到2300万吨。有53种产品获冶金产品实物质量金杯奖称号。实现家电知名品牌“全覆盖”“整车造”，已成为国内第一大家电板和第二大汽车用钢供应商，核电、海洋工程和建筑桥梁用钢领军企业。以“舞钢牌”为代表的宽厚板产品长期处于行业引领地位，Ni系耐海洋环境桥梁钢等一大批产品打破了国外垄断，超宽高延伸率核电用钢等300多个产品填补了国内、国际空白。国家散裂中子源项目等国家尖端科学装置，国产大飞机制造、卫星发射、载人航天等航天工程，“华龙一号”等国家核电工程，国产航母、新型主战坦克等军工领域，港珠澳大桥、大兴国际机场、中国尊等一大批国家重点项目和城市地标性建筑，河钢的高端产品被大量使用，发挥了不可替代的关键性作用。

推动绿色高质量发展要从技术革新寻找突破

记者：近年来，河钢的绿色发展品牌形象得到了社会各界的瞩目和称赞，贵企业在推动绿色高质量发展方面有哪些心得？

于勇：一个企业的品牌，体现着这个企业为社会创造的价值和承担的责任。高质量发展阶段，绿色代表了人们对美好生活的追求，绿色化是我国钢铁业转型升级的必由之路。河钢坚持“生态优先、绿色发展”理念，在国内率先实施“绿色制造、绿色产业、绿色产品、绿色采购、绿色物流和绿色矿山”六位一体总布局的绿色发展行动计划，彻底颠覆了钢铁企业粗放发展的传统形象，以建成“世界最清洁工厂”的事实证明，钢铁可以是“绿色的”，探索走出了一条适应生态文明要求和制造强国战略的钢铁企业绿色化道路，引领了行业绿色发展。

在绿色制造方面，河钢累计淘汰炼铁产能 820 万吨、炼钢产能 1272 万吨，相当于淘汰了一座千万吨级的大型钢铁企业。累计投资 195 亿元实施了 460 多个重点节能环保项目，形成以能源、水资源、固体废物“循环圈”为核心的“绿色制造”体系，实现了国内领先的环保绩效和花园式工厂的宜游景观。率先研发钢铁行业源头—过程—末端全过程绿色制造技术，形成了覆盖重点工序的多污染物超低排放技术体系，使河钢成为国内首家实现超低排放的钢铁企业，成为中国钢铁工业绿色发展、节能环保的典范。所属钢铁子公司获国家绿色工厂称号，核心子公司被誉为“世界最清洁钢厂”。

在制造绿色方面，河钢发挥产品制造、能源转换和消纳社会废弃物“三大功能”，利用工业余热为城市提供住宅生活采暖面积上千万平方米，一年自发电量达百亿千瓦时，相当于一座千万人口特大城市居民一年的用电量。研发推广高强钢等绿色产品，带动下游用钢产业低碳发展。凭借“城市中水替代地表水、深井水作为钢铁生产唯一水源”，获世界钢铁工业可持续发展卓越奖，成为我国唯一获此殊荣的企业，在世界上树立了中国钢铁企业的绿色品牌形象。连续三年获中国最具影响力绿色企业品牌。

在发展绿色产业方面，按照“纵向更深、横向更宽”的发展思路，大力培育发展以现代工业服务业为代表的战略性新兴产业。河钢在数字技术、工业技术服务、氢能应用等领域已经布局，全面启动了与华为、东北大学联合组建的工业互联网赋能钢铁智能制造联合创新中心项目，建设全球首例120万吨规模的氢冶金示范工程，探索钢铁低碳发展佳径，为世界钢铁工业绿色、健康、可持续发展贡献力量，在世界钢铁工业发展史上留下“中国印记”。所属企业中有26家被认定为高新技术企业，河钢集团入选全国供应链创新与应用试点企业。

在参与全球竞争中锻造中国企业品牌

记者：河钢已经成为国内钢铁行业“走出去”的领军企业，请您谈一下这方面的情况。

于勇：提质量、强品牌要放眼全球竞争。当今世界，品牌的力量不断彰显，品牌国际化已成为我国面对全球化竞争，提升国家竞争力的重要战略。钢铁产业具有全球配置资源的属性，也是我国最具国际竞争力的传统产业之一。河钢按照“全球拥有资源、全球拥有市场、全球拥有客户”，建设“世界的河钢”的定位，主动参与国际竞争来提升全球品牌竞争力。特别是高度契合国家战略，积极响应“一带一路”倡议，顺势而为建设具有国际竞争力的世界一流品牌。

2015年，河钢完成了对全球最大钢铁营销服务网络——瑞士德高公司的收购。德高公司长期处于激烈的国际市场竞争之中，有着出色的风险控制能力、营销组织能力、全球资源配置能力，在110多个国家从事商业活动，与全球331家钢厂和超过4.3万个客户合作，钢材和原材料年销量超过2000万吨。这次收购，让河钢一举拥有了全球最大的钢铁营销服务网络、更多的高端人才和先进理念、世界级的品牌和良好的商业信誉，拥有了进军国际市场的“桥头堡”，极大地提升了国际化形象。2016年，河钢获“中欧企业合作大奖”，成为我国唯一获此殊荣的制造企业。

2016年，河钢收购塞尔维亚斯梅代雷沃钢厂，并得到了中塞领导人和两国政府的高度重视。河钢通过输出先进管理和技术，全球配置优质资源，让河钢塞钢由一个区域性企业转变为全球性企业。我们坚持“用人本地化、利益本地化、文化本地化”管理原则，赢得了塞方员工的尊重和信任。如今，河钢塞钢已完全恢复到最好时期的生产经营状况，成为塞尔维亚最大的出口企业，对塞尔维亚国内生产总值的贡献率达到1.8%以上。河钢塞钢成为国际产能合作和“一带一路”建设的标志性工程。2019年，河钢塞钢管理团队被中央宣传部授予“时代楷模”称号。

目前，河钢已经形成了“四钢两矿一平台”全产业链海外发展格局，在全球五大洲、30多个国家和地区参控股海外公司70多家，在110多个国家有战略伙伴和客户，控制运营海外资产近百亿美元，成为中国国际化程度最高的钢铁企业。河钢被评为“中国企业全球化50强”“‘一带一路’十大先锋企业”，在激烈的全球化竞争中锻造了响当当的中国企业品牌。

永远在路上

记者：今年已经是河钢连续第 11 年进入 500 强，在这 11 年中，哪一年给您留下的印象最深刻？

于勇：2009 年河钢首次进入世界 500 强的榜单，排在 375 位；之后一直处在上升态势中，今年营业收入首次突破 500 亿美元，相较首次上榜实现了翻番。

印象最深的是供给侧结构性改革提出的 2015 年，新常态下的钢铁业面临全新挑战，随着经济增长拉动作用的减弱，钢材需求总量由过去的持续增长转为下降，当年 9 月份钢铁价格指数更是创下 20 年新低。严峻市场形势，让行业感受到空前“寒意”。

我在企业内部常讲，遭遇困难，但不能失去梦想，改变不了市场，但可以改变自身。从 2015 年开始，河钢以客户结构的优化推动产品升级，实现了品种结构的快速提升和效益空间的强力释放，找到了适应自身的发展快车道。以产品升级和结构调整为例，2015 年至今年 6 月，河钢高技术含量、高附加值品种钢比例从 41%提升到 72%，2018 年粗钢产量相较 2015 年，产量降低了 100 万吨，产值却增加了 44 亿美元，这一阶段也成为河钢历史上品种结构提升速度最快、幅度最大的时期。如今，河钢已经实现了家电板“全覆盖”、汽车“整车造”，成为国内第一大家电板、第二大汽车用钢供应商，核电用钢、海洋工程用钢、宽厚板、高强钢筋成为国内一流品牌。

本文为 2019 年 7 月 28 日中央电视台《财经》频道访谈。

记者：那一年发生的变化，给你们今天带来的最大影响是什么？

于勇：最重要的是理念的转变。从一定意义上讲，理念的领先优先于资源的领先。改变带来希望，改变创造未来，尤其对钢铁这个传统行业来说，一味地重复过去，路子只会越走越窄。因此，我们必须主动求新、求变、求突破，在改变中寻求希望与未来。2015 年以来，河钢以全新的市场化思维重新审视自我，瞄准客户端日益高端化、个性化、小微化定制需求与企业传统管理体制不相适应的突出矛盾，彻底打通市场与产线之间的“墙”，以谋赢一域推动谋赢全局。钢铁工业发展历程中，没有哪一个时期像现在这样对我们提出的挑战更多，也没有哪一个时期像这样，让我们能够得到如此的锤炼和提升。现在返回头去看，我们必须感谢这个转型期，能够让我们破釜沉舟，主动求变，进而赢得在全球任何一个区域和任何一个企业竞争的能力和自信。

记者：企业能做大当然是好事，人们只是担心规模的优势以及这种长期延续下来的发展惯性，会让我们对市场、对创新缺乏敏感，这种担心有没有道理？

于勇：企业发展到一定规模之后，“大企业病”曾经病倒了许多企业。河钢作为全球最大的钢铁材料制造及综合服务商之一，人们对河钢有这种担心，也是可以理解的。

企业做大后，如何提高对市场、对创新的快速响应效率和质量？世界先进钢铁企业的“大公司管理、小微化经营”为中国钢铁企业提供了很好的借鉴。历经 20 世纪全球钢铁业三次联合重组浪潮，钢铁企业向大型化、专业化发展：一是成为品种多元的大型集团，如安赛乐米塔尔、美国钢铁公司、新日铁住金等。二是成为结构单一的专业公司，如瑞典 SSAB、美国纽柯钢铁公司等。为克服企业规模扩张带来的

“大企业病”，国外大型钢铁企业纷纷围绕市场细化和产品细分进行内部业务资源优化重组，通过业务整合，使以产线为中心、产线直面市场的业务线条更加清晰化，组织架构更加扁平化。

河钢持续深化市场化改革，2016年启动了河钢发展历史上一项颠覆性的改革举措——以产线为独立市场单元的组织结构扁平化变革，以产线为中心优化资源配置，去“中间层”，去“行政化”，实施“关键人才配置到产线、关键待遇落实到产线”，挖掘一个流程最短、资源配置最优、路径选择最合理的制度设计，从根本上解决了产线与市场脱节问题、解决管理者与产线脱节的问题，全面提升了产线对接市场、对接客户的效率和能力，有力推动了品种结构改善和效率效益的提升。

未来不管集团体量有多大，面对市场的单元依然是每条产线。产线深度对接市场、小微化生产、订制化服务、EVI先期介入等，是我们必须要走的过程。我们的一切资源都要围绕产线来配置，实现深度对接市场，提高产品档次，增加有效供给，创造和引领高端需求。

记者：还有一个指标是利润，《财富》统计了今年500强里利润最高的10家公司，上榜的4家中国企业全部是银行，如果扣除银行业的利润，500强里中国企业的平均利润是19.2万美元，美国企业是52.8万美元，将近3倍。数字摆在这里，对于这种“中国企业赚钱能力不行”的说法，你们同意吗？

于勇：中国企业的盈利水平确实同世界顶尖水平有所差距。但这也意味着，中国企业的成长空间也是巨大的。个人认为，企业的发展不是孤立的，他不可能脱离宏观经济的发展阶段，也离不开特定历史阶段的国际分工。“中国仍处于社会主义初级阶段”，总体判断，我们还处于工业化的中期阶段。以钢铁行业为例，打个比方，如果把世界钢铁业比喻为一座金字塔，我们身处塔层上部，但距塔顶的位置依然还有距离。历经改革开放 40 年，中国钢铁产业从整体规模、装备水平、工艺技术、绿色发展等方面都已处在全球第一方阵，被视为欧美钢铁强国举足轻重的对手。但另一方面，新一轮技术革命和产业变革方兴未艾，钢铁的产业形态、发展方式正在经历前所未有的变革。发达国家依托“制造业回归”战略，加强科技创新和前沿领域战略布局，依然把持顶端市场制高点，这样的国际分工格局尚未根本扭转，决定了我们的盈利水平。

500 强榜单，其实是一项你进我退的斗争，谁能有更快的增长速度，谁就能将竞争者挤下去。回顾 30 年前，这份榜单上还只有中国银行一家中国企业，而今已经有 129 家上榜，从这个数据看，我们用二十年，翻了 129 倍。成长速度，也是中国企业的优势，这体现了中国经济的巨大飞跃，也蕴含了中国企业追求卓越的刻苦努力。从这个角度看，相信不远的未来，中国企业的盈利能力也将会得到提升。

记者：所以从这些年的发展当中，您觉得制造业到底要从哪些方向去突破和提升，才能够提高利润，增加附加值？

于勇：纵观世界各大制造强国，无不具有雄厚的产业规模、优化的产业结构、良好的质量效益，以及持续的发展能力，特别是自主创新能力。中国制造的腰杆能不能硬起来，由大变强能否如期实现，也很大程度上取决于创新能力。钢铁行业作为我国传统基础产业，正处于转型发展的关键历史时期，必须彻底颠覆传统的经营理念和发展模式，加快实现“从要素驱动、投资规模驱动发展，向以创新驱动发展为主转变”，跳出“低端”竞争，迈向“高端”循环。

从未来看，中国制造业转型升级的基本方向是从主要依靠低成本要素的发展模式向主要依靠创新和知识资本等高级要素的发展模式转型。具体讲，主要有：一是适应信息化、智能化、网络化的技术方向，加快工业化和信息化的深度融合，着力推动传统制造业的改造和战略性新兴产业发展；二是通过服务业与制造业的不断融合延伸制造业的产业链和价值链，提高制造业部门的附加值和竞争力；三是努力促进制造业部门生产要素的战略性转换，提升无形资产和非物质要素投资在制造业投资中的比重，构建制造业长期可持续的竞争优势。